Kristin
Dimitrova

Wenn du
ankommst,
ruf mich an

Ausgewählt, aus dem Bulgarischen übertragen und
herausgegeben von Viktoria Dimitrova Popova

⌐ traduki ⌐

Die Herausgabe dieses Werks wurde gefördert durch TRADUKI, ein literarisches
Netzwerk, dem das Bundesministerium für Europa, Integration und Äußeres
der Republik Österreich, das Auswärtige Amt der Bundesrepublik Deutschland,
die Schweizer Kulturstiftung Pro Helvetia, die Interessengemeinschaft Über-
setzerinnen Übersetzer (Literaturhaus Wien) im Auftrag des Bundesministeriums
für Kunst, Kultur, öffentlichen Dienst und Sport der Republik Österreich, das
Goethe-Institut, die Slowenische Buchagentur, das Ministerium für Kultur
der Republik Kroatien, das Ressort Kultur der Regierung des Fürstentums
Liechtenstein, die Kulturstiftung Liechtenstein, das Ministerium für Kultur
der Republik Albanien, das Ministerium für Kultur und Information der Republik
Serbien, das Ministerium für Kultur Rumäniens, das Ministerium für Kultur von
Montenegro, das Ministerium für Kultur der Republik Nordmazedonien, das
Ministerium für Kultur der Republik Bulgarien, die Leipziger Buchmesse und die
S. Fischer Stiftung angehören.

Der Verlag und die Herausgeberin und Übersetzerin danken der Stadt Zürich,
der UBS Kulturstiftung und dem Kanton Zürich für die Unterstützung der Arbeit
an diesem Buch und der Publikation der Bulgarischen Reihe.

Ausgewählte Erzählungen

Blind Date

Sein Gesicht war länglich, nachdenklich, aber die Augen leuchteten wie bei einem Wildtier im Scheinwerferlicht. Wahrscheinlich waren sie grün. Oder blau. Sogar gelb hätte gut gepasst. Leider war die Seite mit den Draufgängern, die ihrem Steckbrief ein Foto hinzugefügt hatten, schwarz-weiß. Damit die Rubrik nicht ganz so nach Todesanzeigen aussah, hatte die Redaktion von „Tango am Meer" den Kontaktanzeigen einen Rahmen aus stilisierten Herzchen verpasst, deren linker Vorhof sich hypertroph aufblähte.

Suche Freundin, bis 35, Nichtraucherin, Nichttrinkerin, die mich versteht. Ernsthafte Absichten.
R. D.

Es folgte eine Postfachadresse in Tărgoviște.

Krassimira sah aus dem Bürofenster in den Innenhof, und prompt hoben zwei fette Katzen die Köpfe in der Hoffnung, der Rest von einem Sandwich käme geflogen. Sie versank in Gedanken und machte, um besser nachdenken zu können, eine Packung Studentenschnitten auf. R. D. war offenbar etwas borniert, aber gutmütig. *Suche Freundin* klang gut, *bis 35,* klang schlecht, besonders, wenn du 38 bist und dich gerade durchringst, ihm zu antworten. *Nichtraucherin, Nichttrinkerin* soll sie sein – schöner Mist, ist aber auch kein Drama – dann wird halt am Anfang aufs Rauchen und Trinken verzichtet. „Wenn das jemandem heutzutage überhaupt noch möglich ist", fuhr ihr durch den Kopf, und sie kratzte ihren verschwitzten Rücken mit dem Kugelschreiber. Seine Augen waren jedenfalls bemerkenswert, als hätte ihm jemand Phosphoraugen implantiert. Phosphoraugen mit ernsthaften Absichten.

In der Hoffnung das Büro noch mindestens eine Viertelstunde für sich allein zu haben, beugte sich Krassimira vor, um hinter den Gardenientöpfen, die wie ein Schutzwall ihren Schreibtisch säumten, eine Antwort zu schreiben.

*Hallo! Ich heiße Krassimira und arbeite im Aquarium von Varna.
Ich bin Ichthyologin, aber so sehr ich meinen Beruf auch liebe, fühle
ich mich doch einsam. Eigentlich hatte ich vor, zuerst beruflich Fuß
zu fassen und dann eine ernsthafte Beziehung zu suchen. Aber
jetzt bin ich 34 und weiß nicht mehr, ob ich richtig gehandelt habe.
Hier habe ich mich zusammen mit dem Hund eines Freundes
fotografiert.
Ich würde mich freuen, wenn Sie mir schreiben.
Krassimira*

In diesem Augenblick kam Stefana, einen dramatischen Mittelscheitel in der Form eines Blitzes auf ihrem graumelierten Kopf, herein, um, gerade bevor sie ihren eigenen Schreibtisch erreichte, ein scharfes Umgehungsmanöver einzubauen und sich vor Krassimira hinzustellen.

„Na, na, na, was schreibst du denn da auf diesem lila Papier!", donnerte ihr tabakgesättigter Kontraalt auf.

Krassimira zog das Blatt weg, aber Stefana bekam es zu fassen, beide krallten sich daran, bis Krassimira schließlich losließ, weil sie es nicht zerreißen wollte. Stefana machte sich ans Lesen, zuerst mit einer demonstrativen Siegermiene, dann mit steigendem Interesse.

„Sieh an, sieh an, das Aquarium von Varna! Meine Liebe, wir sind Koordinatorinnen in einer wohltätigen Stiftung, falls du das noch nicht bemerkt hast. Von was für einem Aquarium träumst du?"

„Na, und wenn schon, du hast dich doch auch mal am Telefon als General Dašev ausgegeben?", wurde Krassimira wütend. „Außerdem hatte ich meine Diss über die Populationen in der Kamčija fast fertig, und wären die Löhne nicht derart mickrig, würde ich noch heute im Aquarium arbeiten."

„Den Stöcker füttern", korrigierte sie Stefana.

„Hier fülle ich Formulare aus. Bin ich das überhaupt?"

Krassimira griff sich ihren lila Brief wieder, legte das Foto dazu und machte sich ans Abschreiben der Adresse. Stefana beugte sich über ihre Schulter, um die Tätigkeit zu überwachen. Nach dem letzten Buchstaben schüttelte sie den Kopf und meinte „Au Backe!".

„Ach komm, Stefka, lass doch die Leute in Frieden", protestierte Krassimira, diesmal wirklich an der Schwelle zum aufrichtigen Zorn.

Da sah Stefana drein, als hätte man sie fälschlich des Diebstahls beschuldigt. Ging zu ihrem Schreibtisch, setzte sich allerdings nicht, sondern schleifte ihren Stuhl direkt vor Krassimiras Schreibtisch.

„So so, du antwortest also irgendeinem Typen, den du gar nicht kennst?", fragte sie.

„Na klar, was denn sonst? Bevor du jemanden kennenlernst, kennst du ihn ja so oder so nicht."

Stefana presste die Lippen zusammen, schüttelte den Kopf und unterstrich ihr Nichteinverständnis schließlich mit Worten.

„Du redest Unsinn."

Die Härte, mit der die letzte Behauptung ausgesprochen worden war, machte mindestens zwanzig Grad Junihitze wett. Stefana holte tief Luft für eine längere Erläuterung.

„Ein Nachbar von ner Cousine von mir war Lebensmittelhändler und oft geschäftlich unterwegs. Die Leute aus dem Quartier kannten ihn als friedfertigen und dienstbereiten Menschen – ging jemandem abends der Zucker aus, sei derjenige gleich zu ihm gerannt, und der Mann habe prompt welchen aus dem Keller geholt. Er hat den Leuten Öl, Kaschkaval, ja sogar Kängurufleisch zu günstigen Preisen verkauft, weil er Hauptvertreter für Bulgarien war.

Eines Nachts seien aus seinem Haus die Schreie einer Frau zu hören gewesen. Man habe die Polizei gerufen. Diese habe über eine Viertelstunde geklingelt und geklopft. Schließlich habe der Mann aufgemacht. Er habe saubere Kleider angehabt, aber sein Haar sei voller Blutspritzer gewesen. In seinem Keller habe man eine Frau gefunden, bereits ohnmächtig, die an einem Haken von der Decke hing, und sechs im Boden vergrabene Köpfe – ohne die Körper."

„Ist nicht dein Ernst!"

„Doch! Was ist aber das Scheußlichste? Der Typ war gar kein Kaufmann. Er hatte angeblich ein Vermögen aus Immobiliengeschäften, und jedes Mal, wenn er den reisenden Geschäftsmann spielte, habe er sich mit seinem nächsten Opfer im Keller eingesperrt. Die Lebensmittel habe er auf dem Großmarkt gekauft, um den Nachbarn vorzugaukeln, er hätte sie zur Hand."

„Auch das Kängurufleisch?"

Stefana presste die Lippen zusammen.

„Ha, so wie ich ein Känguru bin! Zu allem Überfluss war ich damals bei meiner Cousine zu Besuch, und es gab Schnitzel."

Der süße Duft der Gardenien durchströmte die Hitze wie die Klänge eines Kinder-Kirchenchors. Ein weißes Blütenblatt kullerte auf den Schreibtisch und kam vor Krassimiras roten Nägeln zum Stillstand.

„Und was hat das mit meinem Brief zu tun?", fragte sie schließlich.

„Gerade das versuche ich dir ja zu sagen! Er hat seine Opfer offenbar im Internet gefunden."

„Und ich habe meinen R.D. in der Zeitung gefunden", sagte Krassimira und machte sich fertig zum Gehen.

In diesem Moment klingelte das Telefon, und Stefana ging ran. Krassimira rief ihr noch von der Türschwelle zu: „Das ist vollendeter Blödsinn", worauf Stefana meinte:

„Nein, nein, nein, Schulen unterstützen wir nicht, nur Menschen mit Behinderung und Kindergärten."

Allerdings war das Nein sehr kategorisch und nachdrücklich, es breitete sich jenseits der Menschen mit Behinderung und der Kindergärten aus, während ihr auf die im Gehen begriffene Krassimira gehefteter Blick keinen Zweifel ließ, wem es galt.

Als erstes musste Krassimira bei der Post vorbeigehen und den Brief einwerfen, um Stefanas Einfluss am Ende nicht übermächtig werden zu lassen. Danach sah sie sich allein einen Film an. Als sie aus dem Kino trat, ließ die Sonne die Stadt bereits hinter sich und schleifte die Sommerhitze mit sich wie einen Schleier, irgendwo in den fernen Westen. Krassimira bog unversehens Richtung Unterführung ab und machte sich auf den Heimweg durch den Meeresgarten, was sie seit der elften Klasse nicht mehr getan hatte. Sie setzte sich auf eine Bank, riss die Verpackung einer Schokolade auf und blickte aufs Meer hinaus. Es kam heran und zog sich zurück wie ein Mensch mit Übergewicht, der keinen Entschluss fassen kann. Es hatte sich ganz verdunkelt, nur von Zeit zu Zeit schwappte über seine dreckig-schäumende Oberfläche irgendeine leblose Alge, die ihrer stillen Bucht entrissen und von den Strömungen hierher verschleppt worden war. Dann kehrte mit dem Umschlagen der Welle alles wieder um, und die Alge tauchte nicht mehr auf. Oder war zumindest nicht wiederzuerkennen.

Wie die meisten Menschen, die am Meer leben, schenkte ihm Krassimira kaum Beachtung. An diesem Abend aber sah sie ihm ergeben zu, sie stellte sich vor, es sei ihre bewegte Seele, und versuchte, die Hoffnung und Erregung über die neue Bekanntschaft mit dem geheimnisvollen Schönling im Vorhinein auszukosten. Stattdessen aber, und trotz der Hitze, lief ihr ein Schauer den Rücken hinunter. Ihr kam vor, als strecke sich ein dunkler Arm aus Tărgoviște zu ihr aus und packe sie an der Gurgel.

„Vollendeter Blödsinn", sagte sie noch einmal, diesmal zu sich selbst, und erschreckte ein verliebtes Paar, das auf der Bank nebenan knutschte. Nachdem auch der Abendhauch der Wellen die aufsteigenden Zweifel nicht besänftigen konnte, erhob sie sich und machte sich immer schneller werdenden Schrittes auf den Heimweg, um die Füße in heißem Wasser mit Meersalz zu baden.

Über dem Wasserbecken durchfuhr sie aber der grausigste Gedanke. Sie konnte das Treffen nicht mehr absagen. Auf dem Briefumschlag hatte sie ihre Adresse notiert und auch ein Foto war drin. Zwar von vor zehn Jahren, aber ihr immer noch vollkommen gerecht. Der Typ konnte also in den Zug springen und ihr zwei Stunden später die Kehle durchschneiden, es sei denn, er ging zuerst zum Aquarium. Sie musste einen neuen Brief schreiben, aber was für einen? Dass sie es sich am Nachmittag anders überlegt hatte und ihn nun nicht mehr treffen wollte? Nein, das würde ihn nur misstrauisch machen.

Sie holte einen Bleistift und eine Unterlage und kehrte, nasse Spuren auf dem Linoleum hinterlassend, zu ihrem Fußbad zurück, von wo sie schrieb:

Sehr geehrter Herr R. D.,
ob Sie Herr sind oder Genosse, geht mich nichts an. Zufällig habe ich bei Krassimira im Büro vorbeigeschaut und in der Zeitung Ihre Adresse erspäht, mit einem Kreis darum herum, während sie neben den Blumentöpfen über einem Brief saß. Ich

gehe davon aus, dass sie Ihnen geschrieben hat, und warne Sie deshalb – lassen Sie die Finger von ihr. Sie ist ein faules Ei. Ich sage es Ihnen von Mann zu Mann. Ich bin ein Kollege von ihr, von Beruf Ingenieur, im Bereich Siedlungsentwässerung spezialisiert, und ich kenne sie nur zu gut, meine (unsere) gute Krassi. Sie raucht wie ein Schlot, und außerdem wurde sie des Öfteren auf Meetings der BSP gesehen.

Krassimira hielt kurz inne und versuchte sich zu erinnern, welchen Bürgermeister man in Tărgoviște zuletzt gewählt hatte. Strich BSP durch und schrieb SDS. Dann strich sie die Meetings der SDS durch und schrieb:

bei politischen Zusammenkünften, sowie in Gesellschaft von Ausländern vor dem Hotel „Schwarzes Meer".

Sie dachte kurz nach und fügte rachedurstig hinzu:

Zusammen mit ihrer Freundin Stefana. Wäre sie es wert, wäre sie längst unter der Haube.
Hochachtungsvoll: Ivan Aslandžiev

Letzteres war der Name ihres Chefs im Büro. Schließlich konnte er auch mal was für sie tun. Sie las den Brief noch einmal durch und fand, dass die darin beschriebene Person selbst einem Serienmörder zuwider wäre. Zu allem Übel war ihr diese Person viel ähnlicher. Mit leichterem Herzen, wie ein Patient, der dem Arzt soeben seine Geheimnisse anvertraut hat, schlief sie ein, um am nächsten Morgen vor der Arbeit den Brief einzuwerfen.

Das erste, was ihr im Büro auffiel, war, dass die Zeitung mit R.D.s Adresse auf Stefanas Schreibtisch lag. Diese tippte mit der Geschwindigkeit eines Webstuhls Protokolle am Computer ab, während aus ihrem Mundwinkel ein Stummel qualmte. Als sie Krassimira hereinkommen sah, machte sie ein paar dem Zweck nach unklare, weite Handbewegungen, mit denen es ihr gelang, die Protokolle über die Zeitung zu schieben.

„Sieh mal einer an, was macht denn meine Zeitung mit den Mördern auf deinem Schreibtisch?"

„Na, was schon, ich hab ein wenig reingelesen und ein paar spannende Dinge entdeckt", gab Stefana zurück, während sie unausgesetzt tippte.

„Nicht etwa aus Tărgovište?"

„Ach, hör mir auf mit deinem Typen aus Tărgovište. Ich kann Männer mit hellen Augen nicht leiden."

Krassimira nahm die Zeitung an sich und musterte die Kollegin, die aussah, als würde sie in Arbeit ertrinken, mit misstrauischem Blick. Dann setzte sie sich an ihren Schreibtisch, und eine tiefe Verbitterung zog ihr Herz zusammen. Sie war verraten worden. In der Nachmittagspause lief sie zur Post und schrieb:

Lieber R. D.,
an meinem Arbeitsplatz habe ich Feinde. Als ich heute zur Arbeit kam, stellte ich fest, dass die Zeitung mit Deiner Adresse weg war. Die ganze Nacht habe ich geträumt, wie wir uns am Meer treffen und einander Geschichten aus unseren Leben erzählen, bis die Sonne untergeht. Jetzt aber habe ich Angst, dass etwas oder jemand versuchen wird, sich zwischen uns zu stellen. Auf dem Flur begegnete ich Ivan Aslandžiev, einem groben Klotz, der eine Frau niemals nach ihrem Intellekt, sondern nur nach ihrem Äußeren beurteilt. Er lachte mir ins Gesicht und sagte: „Da führt jemand was im Schilde, aber wir werden noch sehen."

Ich habe Angst. Ich habe Angst um unsere Beziehung, noch bevor sie begonnen hat.
Ich warte voller Ungeduld auf Deine Antwort!!!
Deine: Krassimira

Sie machte den Umschlag zu und warf den Brief ein. Stefana war eine falsche Schlange. Sie handelte nie geradeaus. Stets versuchte sie, einen mit Worten einzulullen, um sich dann zu holen, was sie brauchte. Aber der Fehler war behoben. Den ganzen Nachmittag trällerte Krassimira laut „Delila" vor sich hin, während Stefana ihr sorgenvolle Blicke zuwarf. Am Ende des Arbeitstages knöpfte diese sich die Jacke zu und sagte:

„Weißt du was, nicht, dass ich dir was schulde, aber ich will, dass du weißt, dass ich am Ende doch auch ein Liebesbrief- chen hingekritzelt hab."

„Stefana! Wie konntest du nur!"

Krassimiras Gesicht wurde rot, und sie brachte kein Wort mehr heraus.

„Warum denn?! Die Zeitung ist öffentliches Gut. Manchmal bist du unglaublich kleinlich."

Stefana wartete ab, bis Krassimira draußen war und schloss das Büro ab. Krassimira verabschiedete sich nicht und knallte die Tür zu.

Sie sah sich wieder einen Film an und kehrte zurück ins Büro. Auf der Etage war kein Mensch mehr. Es schien, als atmete der Flur die vom Tag verbrauchte Luft durch die Kiemen der Akten aus, die sich an den Wänden stapelten. Sie schloss auf und setzte sich an den Computer ihrer Kollegin. Der Raum lag im Schatten, aber weil das Fenster geschlossen war, stand darin immer noch Stefanas beißendes Parfüm und eine Note abgestandenen Schweißgeruchs. Da der Großteil der Dokumente schreibgeschützt war, öffnete sie ein neues und schrieb:

Mein Schatz,
ich bitte Dich, schick Deine Antwort an mich an die Adresse
meiner Freundin Krassimira, da mein Mann seit gestern in
meinen Sachen herumschnüffelt und Verdacht schöpfen könnte.
Ich küsse Deine süße Nasenspitze: Stefana.

Letzteres hatte Krassimira ihre Kollegin dem Chef persönlich
androhen gehört, während sie ihm das Geburtstagsgeschenk
vom Team überreichte. Stefana mit der fetten Stimme dem
Chef mit der fetten Nase. Solche Worte vergisst man nicht.

Sie warf den Brief ein, kehrte heim, und weil sie das Gefühl
hatte, nicht alles gesagt zu haben, schrieb sie rasch noch einen
Brief im eigenen Namen.

Am nächsten Tag brachte Krassimira trotz Stefanas Necke-
reien kein Wort über die Lippen. Am Ende sagte diese:

„Ist doch halb so schlimm, auch ich hab einem Menschen
geschrieben, den ich nicht kenne, aber ehrlich gesagt, als ich
dich gesehen habe, hat mir das Mut gemacht."

„Es hat dir Mut gemacht? Und was hast du dir dann gesagt?
Die Krassimira, die ist ja eh fett, logisch zieht der meinen
hageren Hintern vor."

Stefana hob einen erschütterten Blick von den Akten.

„Was? Ich hab doch nicht deinem Typen geschrieben! Ich
hab dir doch gesagt, ich kann Männer mit hellen Augen nicht
leiden. Wie konntest du so was von mir denken!"

Die Situation erforderte einen neuen Brief.

Lieber R. D.,
eine Kollegin von mir hat ihren Freund gebeten, ihr an meine
Adresse zu schreiben, hat aber was verwechselt und den Brief
falsch adressiert…

Ach, Unsinn! Wieso zum Teufel sollte diese Kollegin ihren Brief an R. D.s Adresse schicken? Selbst wenn sie es schaffen würde, die Verwechslung der Adressen zu erklären, so könnte man ihr immer noch Kuppelei vorhalten, wie ihr bewusst wurde. Sie nahm ein neues Blatt und schrieb:

Sehr geehrter R. D.,
es schreibt Ihnen wieder Aslandžiev. Vorgestern habe ich versucht, Sie vor etwas zu warnen, dessen Dimensionen Sie sich gar nicht ausmalen können. Allerdings habe ich heute begriffen, dass auch ich sie mir nicht ausmalen kann. Stefana, die Freundin der fraglichen Krassimira, ist eigentlich meine gesetzmäßige Ehefrau. Ich wünschte, ich könnte „Lebenspartnerin" schreiben, doch leider ist das in unserem Fall unmöglich. Ich hege seit Längerem den Verdacht, dass sie hinter meinem Rücken etwas im Schilde führt, komme aber nicht dahinter. Nun hat also sie Ihre Adresse eingekreist und nicht Krassimira. Gestern habe ich sie ordentlich in die Mangel genommen, und sie hat alles zugegeben. Dann aber ist sie davongerannt und ist jetzt wohl bei ihrer Freundin, woanders kann sie nicht sein, mit diesem blau und grün geschlagenen Gesicht. Hören Sie zu, ich warne Sie klipp und klar.
HALTEN SIE SICH FERN VON STEFANA!
Sonst fließt noch Blut.

Worauf sie noch einen Brief schrieb, auf lila Papier.

Lieber R. D.,
immer noch unbekannt, aber schon so vertraut. Meine Freundin ist bei mir. Sie ist verzweifelt. Ihr Mann, dieses Monster, hat ihr ein blaues Auge geschlagen. Vor einigen Tagen hat sie ihrem Freund aus der Kindheit – einem Anwalt – über den bevorstehenden Ehescheidungsprozess geschrieben, allerdings hat ihr Mann offenbar Lunte gerochen, hat angefangen, das Haus auf

den Kopf zu stellen, und sie hat es mit der Angst gekriegt. So hat sie es denn auch nicht geschafft, ihm zu sagen, dass sie auf der Suche nach einem Anwalt sei, um ihr widersinniges Ehebündnis aufzulösen. Sie meint, sie habe einfach geschwiegen, während er ihre persönlichen Sachen durchwühlte, um am Ende auch noch eine schreckliche Ohrfeige abzukriegen. Diese Ohrfeige wird ihn die Wohnung kosten, merk dir meine Worte!

Nun wohnt Stefana bei mir. Seltsam ist nur, dass sie bis jetzt noch keine Antwort von ihrem Anwalt bekommen hat. Schließlich sind sie doch von klein auf zusammen aufgewachsen, nie würde er sie hintergehen. Sie sind so süß zueinander – immer „Liebes" hier, „Liebes" da – so gehen sie von klein auf miteinander um. Nein, nie würde er sie hintergehen. Ich gehe davon aus, dass ihr Brief verloren gegangen ist. Wenn ich so darüber nachdenke, ist mir ein an Dich adressierter Umschlag abhandengekommen, und ich weiß nicht, was ich von alldem halten soll. Nun ja, sollte Stefanas Brief bei Dir gelandet sein, mach ich mir keine Sorgen, schlimm wäre, wenn mein Brief an Dich beim Anwalt landen würde. Schließlich tauschen wir zwei doch intime Dinge aus. Ich küsse Dich, mein Liebster:

Krassi

Es war Freitag, und Aslandžiev hatte sich schon mittags aus dem Staub gemacht. Stefana, die daran glaubte, dass man nicht hinter dem Rücken des Vorgesetzten arbeiten sollte, packte eine halbe Stunde nach ihm ihre Sachen. Krassimira schrieb den Brief zu Ende, stocherte mit dem Kugelschreiber ein bisschen in der Erde der ewig durstigen Gardenien herum, schloss das Büro ab und machte sich auf zur Post. Ihre Schläfe schmerzte, und unter ihrem Herzen wuchs wie der im Entstehen begriffene Kopf eines Schneemanns ein Nervenkloß. Während sie den Brief in den Schlitz schob, fügten sich die Worte in ihrem Geist schon zu einem nächsten zusammen, noch sorgenvoller als der vorhergehende.

Sie setzte sich in die nahegelegene Konditorei, um auf andere Gedanken zu kommen, und bestellte Sahnetorte. Ein Mann blickte über den Rand seiner Zeitung zu ihr herüber, aber sie war echt nicht in Stimmung, um ihre Zeit mit solchen Mätzchen zu vergeuden. Die Torte mit ihrer trostspendenden Creme schmolz in ihrem Mund, doch auf dem Weg in den Magen verwandelte irgendeine verhängnisvolle chemische Reaktion sie in Schnee, um sie dann dem Kloß unter dem Herzen hinzuzufügen. Die Dinge liefen schief, ganz und gar schief. Sie ließ die Torte stehen, ging nach Hause und schrieb:

Liebster,

nun weiß ich nicht mehr, was Du von mir hältst, aber mein Leben ist nicht mehr dasselbe. Seit einigen Tagen lebe ich in einer Hölle, die mir jede Hoffnung raubt, dass eines Tages alles wieder gut sein wird. Das Schicksal hat mich in Umstände verwickelt, die nichts mit mir zu tun haben, und nun bleibt mir nur noch, deren schrecklichen Ausgang abzuwarten. Stefana ist bei mir, sie weint den ganzen Tag, und ich mache ihr Mut, nicht aufzugeben und weiterzukämpfen mit dem Leben. Doch sie ist sich sicher, dass ihr nicht mehr lange bleibt. Ihr Mann bewahrt eine Axt im Keller auf und hat ihr nicht nur einmal gedroht. Von Scheidung darf sie kein Wort sagen. Nun hat er schon mehrmals hier angerufen. Er verlangt von ihr, wieder nach Hause zu kommen. Aber wie? Wie, nach alldem, was zwischen ihnen vorgefallen ist? „Ich würde lieber sterben", meinte Stefana zu mir. Und er: „Du hast die Wahl, entweder kommst du von selbst, oder ich komme dich holen."

Aslandžiev ist ein Ex-Militär. Möglich, dass er seine Dienstpistole noch hat, ich weiß es nicht. Ich weiß nur, dass ich meine Freundin beschützen werde, wie ich nur kann.

Deine – jetzt und für immer:

Krassi

Dann warf sie sich aufs Bett und brach in Tränen aus. So schlief sie ein, ohne ihr Freitags-Make-Up abzuschminken. Am nächsten Tag ging Krassimira als erstes den Brief, der neben ihr übernachtet hatte, einwerfen. Er war noch immer feucht von den Tränen und zerknittert, weil sie draufgelegen hatte. Dann ging sie wieder nach Hause, zog die dicken Vorhänge zu, machte sich einen Kaffee und blieb im Dunkeln. Die Sonne störte sie beim Nachdenken. Sie brachte sie dazu, an den sorglosen Sommer der Touristen zu denken, die in Badehosen über den Strand hüpften, einander aufblasbare Bälle zuwarfen und in einer vierzehn Tage währenden irrealen Welt lebten. Sie riss eine Schokolade auf, zog ein weißes Blatt Papier hervor und schrieb:

Mein Liebster,

es scheint unser Schicksal gewesen zu sein, dass unsere Liebe von Anfang an verdammt war. Was bin ich nur für ein Pechvogel: Kaum winkt mir das Glück, ist es im nächsten Moment unerreichbar! Aslandžiev hat bereits den ersten Versuch unternommen, in mein Haus einzudringen. In der Nacht habe ich die Tür knarren gehört und dachte mir nichts, bis er anfing, mit der Schulter dagegen zu drücken. Ich bin leise aufgestanden und habe ihm gesagt, er solle gehen. Da hat er derart zu poltern begonnen! Stefana und ich haben den Schuhschrank dagegen geschoben, um sie von innen zu verstellen, während die Tür unter den Schlägen eines Hammers – oder eines Baseballschlägers? – knackste. Kann auch sein, dass er gleich die Axt dabeihatte! Ich rief die Polizei, aber bis sie da waren, hat er sich unter neuerlichen Androhungen vom Acker gemacht. Was aus uns wird, weiß ich nicht.

Mein Schatz, sollte es mein Schicksal sein, jetzt zu sterben, so möchte ich nur, dass du weißt, was für ein Licht Du mir in meinen dunklen Nächten warst, während ich voller Angst auf

den Tag wartete. Ich wollte nur, dass Du weißt, dass ich Dich immer geliebt habe.
Ich wünsche Dir Glück, und vergiss mich nicht!
Deine: Krassi

Den Sonntag verbrachte Krassimira bei geschlossenen Vorhängen, am Montag fand sie gegen Mittag die Kraft, zur Arbeit zu gehen. Ihr Gesicht war aufgedunsen.

Stefana war bestürzt.

„Meine Süße, was ist denn mit dir los? Aslandžiev hat überall nach dir gesucht! Ich habe ihm gesagt, dass du zum Monitoring in die Kindergärten bist. Ojojoj, wie du nur ausschaust. Geh und wasch dir das Gesicht mit kaltem Wasser."

„Ach bitte, Stefka, lass mich in Frieden", sagte Krassimira und verschwand hinter den Gardenien.

Am Abend des folgenden Freitags, gerade als sie sich bereit machte aus dem Haus zu gehen, wurde an ihrer Tür geklingelt. „Ich komme", rief sie mit einer Haarklemme zwischen den Zähnen und machte auf. Davor stand ein Mann mit graumeliertem Haar und beklommener Miene. Er sah sich unbehaglich um und fragte halb flüsternd:

„Ist alles in Ordnung?"

„Was soll in Ordnung sein?"

„Alles", wiederholte er.

„Sind Sie von den Wasserbetrieben, für die Messung?"

Der Mann, mitten im Sommer von einem grauen Jackett straffgezurrt, sah nun noch verdatterter aus.

„Ich suche Krassimira", sagte er. „Ich bin Raduš Dinkov."

„Ich bin Krassimira", antwortete sie, noch bevor sie es schaffte, ans Lügen zu denken. Und begriff nach und nach, wer an ihrer Schwelle stand.

„Krassimira, ist alles in Ordnung? Ich wäre früher gekommen, bin aber erst zum Aquarium. Dort haben mich deine Kollegen angelogen, sie sagten, du hättest schon lange gekündigt. Klar, sie wissen nicht, wer ich bin, und schützen dich. Aber ich habe sofort gemerkt, dass sie schlecht lügen können. Darf ich reinkommen?", fragte er und sah sich erneut um, wahrscheinlich um, falls nötig, rechtzeitig in Deckung zu gehen.

Krassimira machte ein paar Schritte zurück, nur bis zur Mitte des Flurs. Der Unbekannte hatte kleine, engstehende Augen und hatte sich einen schrägen Scheitel gezogen, um sein gelichtetes Haupthaar zu kaschieren.

„Du siehst dir gar nicht ähnlich auf dem Foto", sagte Krassimira.

„Naja, ist ja auch gar nicht meins", lachte er. „Stell dir vor, in Tărgovište würden sie mich geschniegelt in ‚Tango am Meer' entdecken, wie würde man über mich herziehen…"

„Wessen Foto ist es dann?"

„Vom jungen Peter O'Toole, glaube ich. Was weiß ich, ich habe es aus einer Zeitschrift ausgeschnitten. Aber das ist nicht der Rede wert, das Äußere spielt keine Rolle, wichtiger sind die inneren Werte. Aber wie soll ich ein Foto von meinem Inneren beifügen, hm? Soll ich ein Röntgenbild hochladen? So haben wir uns endlich gefunden…", sagte R. D. und machte eine kleine Pause, um Krassimiras kräftigen Körperbau genauer in Augenschein zu nehmen. Man sah, dass auch er ein wenig überrascht war, aber bereit, den Schlag zu ertragen. Krassimira erwiderte betreten seinen Blick. Immerhin war er schlank und groß.

„Weißt du was, Raduš, ich glaube, ich kenne dich gut. Allerdings bin ich nun ein neuer Mensch. Ich habe die Kraft gefunden, dem Abgrund zu entkommen. Ich habe die Krise überstanden. Und glaube jetzt, dass zwischen uns alles vorbei ist."

„Wie?", sagte Raduš und versuchte sich auf den Schuhschrank zu setzen. Krassimira sah seine Absicht voraus und packte ihn mit beiden Händen unter den Armen, um ihn wieder zur Tür zu befördern. „Ich weiß, ich komme wahrscheinlich zu spät, aber... Bis die Briefe da waren... Und wir beide, wir ...“

„Nein, auf keinen Fall“, sagte Krassimira und schob ihn mit der Tür hinaus. Sie war spät dran. Stefana wartete auf sie in der Konditorei des Hotels „Schwarzes Meer“. Sie hatte sich einen neuen Freund angelacht, und die beiden hatten sich einiges zu erzählen.

Der Schulhof

„Komm, Alter, kick jetzt endlich, genug gehampelt!"

Im Fußballtor des Schulhofs nahm Dejan eine federnde Haltung ein. Seine kräftigen Beine, in staubige Turnschuhe gekleidet, machten zwei, drei Schritte, bis sie ihre stabilste Position fanden. Unter seinem gestreiften T-Shirt lugte ein männliches Bäuchlein hervor, doch sein rundes Gesicht zeigte mit der Präzision eines Zifferblatts elf Jahre an.

Simeon, der mit Schießen dran war, bog sich vor Lachen. Er kauerte sich über den Ball, rollte auf dem Boden und hörte nicht auf zu gickeln. Sein zotteliges Haar bebte über seinem dünnen Nacken. Aufgrund seiner hellen Augen und einer entfernten Ähnlichkeit mit dem kleinen Prinzen hatte Simeon in der Schule einen besseren Notenschnitt.

„Gehampelt! Ha-ha-ha! Gehampelt! Und warum hampelst du so rum, Dejan, hä?"

Auch Dejan brach in Gekicher aus. Der Tag, anfangs warm, wurde langsam heiß. Das Fußballtor war ein nackter Rahmen aus Eisen, an dem auf beiden Seiten Jacken hingen. Beide waren sie am Morgen von ihren Großmüttern angewiesen worden, sie für alle Fälle mitzunehmen.

„Nicht doch, Alter, du bist der, der rumhampelt. Ich hampel nicht rum. Ich steh nur so da, alles klar, aber du so – hampel, hampel…"

Und Dejan begann sich im Torraum hin und her zu wiegen. Simeon fasste sich als erster vom Gekicher und knallte ihm einen Vollspannschuss mitten ins Tor.

„Heey, das gilt nicht", sagte Dejan, der vom Pfosten aus nur mehr der Parabelzeichnung des Balls folgen konnte. Er erwartete, seinen Freund erwidern zu hören „Klar gilt das!", was ja auch die richtige Antwort war. Stattdessen flüsterte Simeon, durch die Eisenteile des Zauns starrend:

„Sie kommen." Dejan drehte sich um.

Von der Nebenstraße her zogen vier junge Männer in Sportanzügen auf. Sie sahen die Kinder ebenso, und ihre Schritte wurden länger. Der erste, der vor dem Betreten des Schulhofs eben noch den Ball unter dem Arm gehalten hatte, begann ihn von der einen in die andere Hand zu spielen. Sein stoppeliges blondes Haar wuchs in der Form des Buchstabens M um die Stirn. Er näherte sich dem Tor, musterte es kritisch wie ein neuer Besitzer und sagte:

„Nehmt die Jacken da weg."

Die Jungs hängten sie rasch ab und machten sich auf zur Straße.

„Wenn ihr wollt, könnt ihr bleiben und mitspielen", sagte der Blonde und sah rüber zu den anderen aus der Clique. Als Antwort zuckten diese gleichgültig die Schultern. Einer von ihnen, mit bläulichem Bartwuchs, kaute an seinem Daumennagel.

Auch Dejan und Simeon wechselten Blicke. Dejan nervöser, Simeon argloser.

„Onkel Petzo, wir... wollten eh grad heim ", sagte Dejan.

„Hey, Sportsfreund, du wiegst jetzt schon fast hundert Kilo, hast aber Schiss, mit den Männern zu kicken."

Die drei Großen warteten etwa einen Schritt hinter ihm ab, um zu sehen, welchen Lauf die Ereignisse nehmen würden. Sie teilten Onkel Petzos Vorstellungen von Unterhaltung vielleicht nicht, hatten aber auch nicht vor, ihm den Spaß zu verderben. Dejans Blick sprang von Gesicht zu Gesicht, und weil er in keinem was lesen konnte, spürte er, dass er weglaufen musste. Stattdessen sagte er:

„Nein, nein, ich hab keinen Schiss!"

Simeon folgte ihm mit klaren Augen, zenbuddhistisch distanziert. Onkel Petzo teilte sie den Toren zu. Der Ball fiel auf den Boden, und schon kochten um ihn herum haarige Beine in hochgerollten Hosenbeinen. Dejan ging in die Knie und öffnete die Hände in Torwartstellung. Er kannte Onkel Petzo und seine Quartiermeute zu gut, um wie im Spiel locker zu lassen. Auf der anderen Seite des Schulhofs stand unter dem netzlosen Metallrahmen Simeon: konzentriert das Spiel im Blick, mager, ganz klein geworden. Rundherum umgab eine Mauer aus Plattenbauten den Schulhof, der da lag wie eine Tasse, und ersetzte das Publikum. Aus den Balkonen flatterten frischgewaschene Laken.

Die Männer rannten ungestüm und in wildem Vergnügen. Kurze Zurufe, Flüche und Provokationen wurden ausgetauscht. Irgendwann landete der Ball auf dem rechten Fuß des Bärtigen, und der knallte ihn mit einem Piekenstoß auf Simeons Tor. Der Junge schaffte es gerade noch, die Arme um den Kopf zu legen und ihn zwischen die Schultern einzuziehen. Der Ball flog wenige Zentimeter an seinem Haarschopf vorbei und zauste ihn wie ein Sturm.

„He, Digga, ist das deine Art, auf deinen Kasten achtzugeben, hä?", fragte Onkel Petzo und machte dem wie gelähmt dastehenden Simeon ein Zeichen mit den Fingern, ihm den Ball zu bringen. Dann befahl er ihm, in Stellung zu gehen.

„Nicht doch, ich hab wirklich aufgepasst, aber der Ball war einfach zu schnell…"

Onkel Petzo hatte nicht vor zuzuhören. In seinem Gesicht flimmerte eine pädagogische, leicht erheiterte Strenge.

„Los, umdrehen, Arsch recken."

Dejan machte sich auf zu ihnen, um seinen Freund rauszureißen. Er hoffte, ihm würde auf dem Weg einfallen, wie.

„Nein sowas, wer verlässt denn da sein Tor!", sagte der Bärtige. „Fettsack, los, umdrehen, Arsch recken, neben deinem Freund."

Dejan ärgerte sich über sich selbst. Was hatte er sich bloß dabei gedacht, als er zu Hilfe geeilt war? Aber so würde wenigstens alles schnell vorbei sein. Er stellte sich neben seinen Freund und streckte wie dieser ängstlich den Hintern raus. Hinter ihnen reihten sich die vier in etwa fünf Metern Entfernung wie ein Schießtrupp auf. Nach kurzer Beratung im Team verkündeten sie, wer den Freistoß machen würde. Es war ein Typ mit pockennarbigen Wangen, vergleichsweise neu in der Gruppe.

Er legte den Ball auf den Boden, drehte sich nach links und nach rechts mit erhobenen Händen, als empfinge er den Applaus des Stadions, nahm ein paar Schritte Anlauf und ballerte volle Pulle. Er zielte auf Dejans fetten Hintern, traf aber die hervorstehenden Knochen von Simeon. Der Junge flog nach vorn wie Baron Münchhausen auf der Kugel und landete mit dem Gesicht voran auf dem Asphalt.

Ein paar Sekunden rührte er sich nicht. Dann hob er das staubige Gesicht, zitternd in einer schmerzverzerrten Grimasse. Kein Laut war zu hören, nur aus seinen Augen und aus seinem Mund sprudelte fast gleichzeitig eine klare Flüssigkeit hervor, die unterwegs weiße Spuren hinterließ. Dejan stieß ihn sachte bei der Schulter an, und die beiden machten sich raschen Schritts zum Ausgang auf, um möglichst weit weg zu sein, für den Fall, dass sein Freund nicht durchhielt und hörbar losweinte.

„Und jetzt verpisst euch", sagte Onkel Petzo, um klarzustellen, dass selbst das seine Idee war.

Im Weggehen bückte sich Simeon und nahm die Jacken und seinen Ball mit. Er bewahrte mehr Gleichmut, als es auf den ersten Blick schien. Seine Tränen sickerten nach innen, nur sein Gesicht blieb dreckverschmiert und rot. Er ging über die Straße, ohne nachzudenken, und Dejan holte ihn ein. Ein Lada mit offener Ladefläche, auf dem zwei Kartons festgebunden waren, ging wiehernd in die Vollbremsung und stoppte vor ihren Füßen. Das letzte Geräusch des Wagens war das Scheppern von Einmachgläsern in den Kartons.

„Hey, ihr Hosenscheißer, wer hat euch beigebracht, so über die Straße zu gehen!", rief der Fahrer durchs offene Seitenfenster. Seine Glatze war schweißgebadet.

„Wir sind Autodidakten", rief Simeon, und die zwei schossen zwischen die Häuserblocks davon.

Sie rannten, solange die Kräfte reichten, um am Ende taumelnd in die Büsche neben einer Trafostation zu schlüpfen. Sie atmeten schwer. Unter dem grünen Tunnel aus Wildwuchs war die Erde abgetreten und feucht. Zwischen zwei Zweigen sah man den unteren Teil eines entfernten Balkons, wo Füße in ausgelatschten Hausschuhen hin und her liefen. Simeons Kinn war ein wenig aufgeschürft.

„Hey, Alter, was hampelst du so auf der Straße rum?", fragte Dejan und stieß seinem Freund den Ellbogen zwischen die Rippen. Der Effekt ließ nicht auf sich warten. Simeon setzte ein Grinsen auf und rammte seinerseits den Ellbogen in Dejans Speckbauch.

„Ja was, ich soll rumgehampelt haben? Und du, hast nicht rumgehampelt, wie?", sagte Simeon und steckte die Finger in die Jackentasche, zog eine zerknitterte Zigarette heraus und zündete sie mit zitternder Hand an. Er sog den Rauch tief ein und reichte sie seinem Freund, der sie mit Daumen und Zeigefinger entgegennahm. Dann lehnten sich die beiden zurück gegen die Betonmauer, versunken im Sonnenspiel der Blätter.

Die Stufen bis oben

Heute Abend blieben die Schritte aus.

Unter der kühlen Daunendecke, die sich langsam an die Temperatur seines Körpers anpasste, lag Sava mit dem Rücken zum Fenster und wartete. Er hatte sich auf seiner rechten, weniger schmerzenden Seite zusammengekauert. Das, was er durchs Fenster hinter sich nicht sah, war die frostige Bergnacht hinter den Scheiben, die unverschämten Sterne über den schwarzen Gipfeln ringsum, die Steinmauer um den Garten, den Feldweg, der direkt an der Gartenpforte vorbeiführte, und das Flussbett darunter, in dem unablässig Wasser donnerte, so unablässig, dass Sava es seit Kindesalter nicht mehr hörte. Jenseits des Flusses stand die Kirche, ihre dunklen Fensterchen glänzten im Mondschein mit falscher Ausdruckslosigkeit. Links von der Kirche lag der Friedhof, rechts, ein wenig abseits, das Heim für verlassene Kinder, wo Sava just bis zu seiner Pensionierung gearbeitet hatte. Nicht dass irgendjemand im Dorf seine Pensionierung anerkannt hätte, geschweige denn dem jungen Doktor Vertrauen entgegenbrachte, der mit großen Verspätungen per Krankenwagen aus der Stadt herfuhr, elektrische Zigaretten rauchte und ihnen unbekannte Medikamente anzudrehen versuchte. Sava war ein Einheimischer, und ob er nun pensioniert war oder nicht, keiner genierte sich, ihn wegen der kleinsten Erkältung mitten in der Nacht aus dem Schlaf zu reißen. Und doch hatte sich die Welt verändert, und er mit ihr. Seine Patienten waren immer älter geworden, weniger an der Zahl, kränklicher. Und zuletzt noch weniger. Die Zeit war für ihn gekommen, sein eigener Arzt zu sein, allerdings glaubte er nicht, dass ihm das gelingen würde.

Sein Blick legte sich auf den glühenden Ofen, dessen oranges Auge ihm verschwörerisch zuzwinkerte. Unweit davon, auf einem der Gestelle des mit Ölfarbe gestrichenen Bücherregals, stand in einem durchsichtigen Plastikrahmen ein Foto, welches nicht anzuschauen sich Sava besonders bemühte. Darauf hatte sich sein Sohn stolz in der Mitte seiner Familie aufgestellt, als diese noch dreiköpfig war. Vater, Mutter und Tochter umarmten einander lächelnd vor dem Hintergrund ihres kanadischen Hauses zwischen den kanadischen Bäumen, während hinter ihnen die kanadischen Berge aufragten. Sava erfuhr nie, warum sein Sohn die umliegenden Bäume gegen die kanadischen eingetauscht hatte, war sich aber gleichzeitig im Klaren, dass er ihm nichts als die Bäume zu bieten hatte.

Zu Füßen der lächelnden Familie schnaufte mit heraushängender Zunge ein massiger Hund, ein Tigerboxer mit dem Körper eines Gewichthebers und dem Blick eines Schwachsinnigen. Aus seiner krausen schwarzen Lefze hing ein langer Sabberfaden. Um seinen Hals war ein roter Riemen gezurrt, dessen Zügel in der Hand der Enkelin auslief.

Durch die kühle Berührung der Decken verklang der Schmerz ein wenig, und Sava war beinahe bereit zu glauben, er würde für immer ausbleiben. Vielleicht hätte er, wäre er kein Arzt, ganz daran geglaubt.

Unbewusst horchte er, die ausgemergelten Finger in die Daunendecke verkrallt. Schon viele Male waren über die Jahre Schritte zur Tür hochgekommen, und üblicherweise verhallte ihr Klang in einem kurzen Augenblick des Zögerns auf der obersten Stufe, dann aber folgte zwingend ein Pochen. Tagsüber stürmten die Patienten direkt ins Haus und durchsuchten die Zimmer nach ihm. Sie duckten sich durch die Tür, und während sie sich nach ihm umsahen, blieben ihre Füße als Zeichen von Taktgefühl draußen vor der Schwelle stehen. Manchmal klopften sie ihm durch das Küchenfenster zu. Sava hatte sich schon lange mit dem Gedanken abgefunden, dass er in keinem der Zimmer im Erdgeschoss je darauf vertrauen könnte, allein zu sein. Da er aber in der Tat allein lebte, brauchte er den oberen Stock überhaupt nicht. Der zweite Teil der Holztreppe am Ende des Flurs war von einer dicken Staubschicht bedeckt, und er wollte sich schon lange aufraffen, ihn zu putzen. Es gab Tage, an denen es ihm gelang, sich aufzuraffen, dann aber sah er nicht ein, warum er seine Energie zum Putzen verbrauchen sollte.

Die Schritte der Menschen, die ärztliche Hilfe suchten, endeten mit einem Klopfen. Dieser Besucher jedoch ging nur einige Stufen hinauf, blieb auf halber Höhe stehen und kam nicht bis zur Tür. Er suchte wohl kaum einen Arzt. Er war schon mehrere Male gekommen, immer nach Einbruch der Dunkelheit, ohne sich je zu melden. Was dann weiter geschah, wusste Sava nicht. Vielleicht entschied sich der Fremde jedes Mal um, ging mit lautlosen Schritten zurück und davon. Oder vielleicht schlief Sava einfach ein, erschöpft von der Anstrengung zu atmen, und hörte nicht, wie der andere sich entfernte. So jemand ist nicht auf der Suche nach einem Arzt, nein. Aber warum kam er dann?

Einmal richtete sich Sava in seinem Bett auf und sah hinaus. Da war nur die übliche nächtliche Finsternis, die einzig von der blauschimmernden Lampe über der Tür des Waisenhauses zu hellen Prismen gebrochen wurde. Unten in der Schlucht klatschte der Fluss zwischen den zackigen Kämmen der umliegenden Gipfel gegen sein schwarzes Bett. Nur der Himmel mit seiner ozeanischen Tiefe gab einem das Gefühl einer möglichen Errettung aus der Schwärze, in der es von versteckten Dingen nur so wimmelte.

„Ich muss eine Glühbirne vor dem Haus anbringen", dachte Sava bei sich. Und fügte hinzu: „Auch wenn es sich kaum noch lohnt."

Auf der Treppe stand, soweit er sehen konnte, keiner. Vorsorglich hatte er die Lampe im Zimmer ausgemacht, doch das Feuer im Ofen brannte immer noch und überzog die Fensterscheibe mit Glanz.

Was ihm Sorgen machte, waren die Überfälle in letzter Zeit. Früher hatte keiner die Tür abgeschlossen, dann deckten sich alle mit Riegeln und Sicherheitsschlössern ein, aber das machte das Leben nicht sicherer. Die meisten Erdgeschossfenster lagen tief und ragten im Sommer gerade übers dichte Gras und die Himbeeren. Die Häuser waren in anderen Zeiten gebaut worden. Jetzt hatten sich die meisten Dorfbewohner Metallgitter besorgt, aber welches Gitter hat die Hungrigen je aufgehalten? Der Arzt war zwei Mal ausgeraubt worden und immer tagsüber. Beim zweiten Mal hatte er sie sogar gesehen. Zwei hagere Männer in speckigen Sportanzügen wühlten die Schubladen unter seinem Bett durch. Der größere von beiden hielt in seiner linken Hand einen rostigen Schraubenschlüssel, als wäre er hergekommen, um das Haus abzubauen. Als sie Sava in der Tür stehen sahen, richteten sie sich auf, starrten einander an, der Große verlegte den Schraubenschlüssel von der linken in die rechte Hand. Und während Sava überlegte, was er ihnen sagen sollte, änderten sie offenbar ihre Meinung, packten von beiden Seiten seinen Fernseher und trugen ihn hinaus.

Sava trauerte diesem Fernseher kaum nach. Seine Fernbedienung funktionierte nur vom ersten bis zum neunten Sender. Überlassen hatte ihn ihm ein ehemaliger Waisenhauszögling, der nach Spanien auswanderte. Was die Diebe betraf, so erfuhr Sava nie, wer sie waren. Ein paar Monate nach dem Raubüberfall, mitten im Hitzehoch der Hundstage, kam ein kräftiger, grimmiger Mann in einem offenen Jeep vorbei, um ihn zu einem Unfall in den Bergen zu holen. Er brachte ihn zum Ort des Geschehens, wo mehrere Baumstämme einen Holzfäller überrollt hatten. Sava meinte, den kleineren der beiden Diebe vor sich liegen zu sehen, doch da der Mensch zerquetscht worden war, eine Art Flachrelief seiner selbst, bereits tot und seiner üblichen Mimik beraubt, bestand keine Möglichkeit, es herauszufinden.

Sava glaubte nicht, dass es noch allzu viel gab, was man aus seinem Haus hätte hinaustragen können. Seine größte finanzielle Investition über die Jahre waren seine medizinischen Fachbücher, aber angesichts ihres Publikationsdatums und der heutigen Möglichkeiten des Internets hätte der Gewinn, den man damit erzielt hätte, dem Gewicht des Papiers entsprochen. Nur Savas Verlust wäre unermesslich. Und wenn sie ihm seinen Ölofen wegnahmen? Oder die Daunendecke? Sava wurde plötzlich bewusst, wie viele Dinge er noch zu verlieren hatte, und er war nicht in der Verfassung, sich auch nur eines davon zurück zu erkämpfen. Immerhin hatte derjenige, der sich schon mehrmals nachts der Tür genähert hatte, bislang noch nicht versucht hineinzukommen.

War es vielleicht sein erstes Mal?

Sava lauschte den Geräuschen draußen. Nach und nach tauchte aus dem, was er für Stille hielt, das Donnern des Flusses auf. Ein Vogel klatschte mit den Flügeln, und sein Herz fing an zu rasen. Zwei Autos fuhren nacheinander vorbei, hinauf zum Unfallort. Da war nichts. Da war niemand. Nur die Kälte von der Außenwand hinter seinem Rücken blieb ungebrochen und zwang ihn dazu, sich an die vordere Kante des Betts zu drücken. Urplötzlich fragte er sich, ob er die Haustür abgeschlossen hatte und stellte mit Grauen fest, dass er es nicht mehr wusste. Nacht für Nacht schloss er die Haustür ab, sorgsam und pedantisch wie eh und je, allerdings hinderte ihn gerade das jetzt daran, herauszufinden, ob seine Erinnerung an das Umdrehen des Schlüssels von heute oder von einem früheren Abend stammte. So, wie er sich selbst kannte, hatte er wohl abgeschlossen. Doch so, wie er seinen Zustand kannte, würde er die Kraft nicht aufbringen, aufzustehen und nachzusehen.

„Als hätte ich noch alle Zeit der Welt", dachte er bei sich. „Als müsste ich noch um irgendetwas zittern."

Und trotzdem zitterte er.

Er nahm noch eine Tablette, schluckte sie mit dem vorsorglich neben dem Bett deponierten Wasser hinunter und lehnte sich zurück. Sich vor Schritten zu fürchten, wenn man sie kommen hört, ist verständlich. Sich aber zu fürchten, wenn sie ausbleiben, das ist zwangsgestört. Er musste lachen. Es war schlicht und einfach jemand, der irgendetwas brauchte, bis zur Schwelle gekommen war und es sich dann anders überlegt hatte. Wahrscheinlich ein Kinderstreich.

Im Dorf gab es keine Kinder.

Wahrscheinlich irgendein Nachbar. Wahrscheinlich jemand, der gekommen war, um ihn zu fragen, wie es ihm ging, und ihn im letzten Moment lieber doch nicht stören wollte. Wahrscheinlich war es das. Warum denkt man immer ans Schlimmste? Wie dem auch sei, die letzten zwei Abende war keiner vorbeigekommen. Sava ließ die Lider sinken und bettete den Kopf nach hinten. Das Medikament wirkte bereits.

In diesem Augenblick hörte er sie. Sie kamen die Stufen zur Haustür hoch. Leise. Sachte. Nicht unsicher, eher behutsam. Heimlich oder eher noch kaum vernehmlich. Oder doch eher heimlich. Die Sandkörner auf der Steintreppe knirschten bei jeder Berührung. Sava faltete die Hände ineinander. Sie waren beide kalt.

Die Schritte erreichten die Türschwelle und blieben, wie bisher jedes Mal, auf halbem Wege stehen. Eine Zeitlang war nichts anderes zu hören als das Rauschen des Flusses. Sava wagte nicht, sich zu rühren, um mit seiner Bewegung nicht das leiseste Zeichen der Absicht seines Besuchers zu übertönen. Auch wenn er es wollte, er würde sich nicht bewegen können.

Die Haustür öffnete sich einen Spalt breit, und jemand ging auf sein Schlafzimmer zu. Er zögerte keinen Moment, bog nicht erst Richtung Küche ab, die auf der anderen Seite des Flurs lag. Sava drehte langsam den Kopf und sah, wie die Türklinke nach unten sank.

Es trat seine Enkelin ein.

Sie ging vorsichtigen Schrittes, wie um ihn nicht zu wecken, doch ihr Gesicht erstrahlte in einem Lächeln. Er sah sie zum ersten Mal seit fünfzehn Jahren wieder; sie war sogar über das hinausgewachsen, was er vom letzten Foto von ihr kannte. Sie trug ein dünnes gelbgeblümtes Kleid, darüber eine Strickjacke. Sava schluckte.

„Du hast mich nicht vergessen?"

Sie zuckte mit den Schultern und bedeutete ihm, im Bett zu bleiben.

„Du hast es keinem gesagt, stimmt's? Oma weiß es nicht. Nicht mal mein Vater weiß es."

Sava hatte die ganze letzte Woche mit keiner Menschenseele gesprochen.

„Was nützt es mir, ihnen was zu sagen? Deine Oma wird Himmel und Hölle in Aufruhr versetzen, wird herkommen, angeblich, um sich um mich zu kümmern, wird alle meine Sachen durcheinanderbringen und wird mich dann zu ihrer Schwester in die Stadt mitnehmen wollen. Dein Vater wird nicht einmal kommen. So geht es mir besser."

„Naja, jetzt bin ich hier."

Er nickte und schwieg. Sie spazierte durchs Zimmer und schaute sich um, als wollte sie sehen, welche von den ihr bekannten Gegenständen noch am selben Ort standen.

„Von wem hast du die kleine Statue da?"

„Von einem Mieter. Er hat vor ein paar Jahren hier gewohnt."

„Sie ist echt hässlich."

Sava musste lachen. Auch er hatte sie von Anfang an hässlich gefunden. Allerdings hatte er es sich zur Gewohnheit gemacht, die Dinge aufzubewahren, nicht weil sie schön waren, sondern weil sie etwas bedeuteten. In ihnen steckte gespeicherte Zeit, die man nicht wegwerfen konnte. Zudem gab's im Haus viel Platz.

„Bist du schon lange hier?", fragte er sie.

Sie drehte sich zu ihm, um zu antworten. Unter der dicht um den Hals geschlagenen Strickjacke ragte der obere Rand eines roten Schmuckstücks hervor.

„Ja… das könnte man sagen. Ich war schon mehrmals hier, aber es war nicht der richtige Moment."

„Du hättest früher kommen können! Also bist es du gewesen…"

„Es ging nicht", sie fuhr mit dem Finger über das untere Regalfach und stoppte vor einem Atlas mit hartem Umschlag, der maschinell mit Stoff eingebunden war.

„Ich kann nicht glauben, dass du das immer noch aufbewahrst. Wie viele Patienten mit Geschlechtskrankheiten hattest du denn schon?"

„Mehr als du dir vorstellen kannst", log Sava. Noch während er es aussprach, wurde ihm klar, dass seine Lüge überhaupt keine Rolle spielte. Sie war fadenscheinig, nutzlos und billiger als die Anstrengung ausgesprochen zu werden. Das Gefühl brachte Linderung.

„Ich habe ihn im Studium gekauft. Wieso kennst du dich damit aus?"

„Von allen deinen Büchern mit Bildern erinnere ich mich nur an die Fotos da drin. Ich wusste schon früh, dass ich keine Ärztin werden wollte."

„Was bist du dann geworden?", fragte Sava und fühlte sich wie ein Volltrottel. Wen fragte er das? Warum fragte er sie?

„Nichts", sagte sie. „Ich bin nichts geworden. Vielleicht habe ich was vom Leben verpasst. Ich kann es nicht beurteilen. Wie fühlst du dich jetzt?"

„Besser", gab er überrascht zurück und versuchte sich aufzurichten.

„Langsam. Du bist es noch nicht gewohnt."

„Das muss von dem Medikament sein, ich fühle mich wirklich besser."

Sie nahm das leere Wasserglas neben seinem Bett, roch mit leicht angeekelter Miene daran und warf es über die Schulter.

„Hey...", versuchte er sie aufzuhalten, überlegte es sich anders und ließ es bleiben. Dann sah er wieder den roten Schmuck um ihren Hals:

„Ist das ein Halsband?"

„Ja."

„Ist das der Riemen, mit dem du..."

„Den ich mir um den Hals gebunden und an der Türklinke festgemacht hab, um dann mit aller Kraft gegen die Tür zu treten? Nein, natürlich nicht. Den bewahrt mein Vater in der untersten Schublade seines Schreibtisches auf. Er brachte es nicht übers Herz, ihn wegzuwerfen. Hat ihn aber seither auch nie mehr angesehen, weil er Angst hat", sie lachte. „Ist einfach so, manche Menschen müssen Ohrringe in den Ohren tragen. Ich trage einen Halsriemen."

„Und jetzt, seid ihr jetzt zusammen, ich meine, du und der, mit dem man dir verboten hat..."

„Nein. Ich glaube, ich habe ihn damals zu wenig gekannt. Als wir uns kennenlernten, war ich besoffen, um nicht zu sagen schlimmer als das. Man macht halt seine Fehler."

„Die macht man, und ob..."

Sie reichte ihm die Hand, und er richtete sich auf. Es war einfacher als erwartet. Er hatte vergessen, wie leicht sich einer von seinem Bett erheben kann.

„Jetzt bin ich halt im Pyjama, und…"

„Du hast Sorgen."

Er schlüpfte in seine Halbstiefel, die ordentlich neben den Badelatschen im kleinen Flur aufgereiht standen. War verblüfft, wie ausgemergelt seine haarigen Beine waren. Öffnete die Tür und wurde von einem durchsichtigen Luftstrom überwältigt.

„Wo willst du denn hin?"

Sava wies unbestimmt in die Finsternis hinter dem Fluss.

„Oh, der Friedhof geht uns gar nichts an", sagte sie, hakte ihn unter und führte ihn in die entgegensetzte Richtung.

Zusammen stiegen sie Stufe um Stufe die Holztreppe hinauf, kamen auf dem verstaubten Absatz an und gingen weiter.

Die schwarzen Seiten

Auf dem Boden des Katzenklos glänzte eine kleine ockerfarbene Pfütze. Dieses sogenannte Klo ist keine besondere Vorrichtung – ein flaches, neben die Heizungsrohre im Bad gezwängtes Becken. Ich lege es mit Zeitungen aus. Manchmal wühlt sich Achill ganze zehn Minuten durch die Seiten, bis er den richtigen Ort für sein Geschäft gefunden hat. Wenn man ihn nicht sieht und einfach neben der offenen Badezimmertür steht, könnte man meinen, dass dort drinnen ein Leser ist, der nach einem bestimmten Artikel sucht. Zuweilen klingt das fiebrige Blättern fast so, als handle der Bericht von einem Börsencrash. Ein anderes Mal sind die Geräusche schroff, nervös, aber von zerstreuten Pausen unterbrochen. Wie beim Durchsehen einer Zeitschrift vom letzten Jahr im Wartezimmer beim Zahnarzt. Dann macht es sich Achill auf dem Papier bequem, heftet seinen gelben Blick auf irgendeinen unsichtbaren, aber wichtigen Punkt vor sich und unter seinen flauschigen Leisten ist ein Rieseln zu hören. Das Becken ist schon lange zu eng für ihn, aber ich wage es nicht, es durch ein neues zu ersetzen. Achill hasst Veränderungen, und ich bin nicht gerade darauf erpicht, wegen eines neuen Klos seinen Zorn auf mich zu ziehen. Vor allem, wenn seine Rache thematisch passend ausfallen sollte.

Achill ist kastriert. Äußerlich ist er ein orangefarbener Stubentiger in weißen Socken. Er ist schon so riesig, dass ich ihn umtaufen und Ajax der Große nennen müsste. Eigentlich hat er seinen Namen in einer sehr frühen Phase bekommen, als noch ungewiss war, was aus ihm werden würde. So ist das mit uns allen.

„Morning, Snežka! Gibt's heißen Kaffee?"

Ja, ich heiße Sneža. Ja, mein Haar ist schwarz und glatt wie das einer Chinesin. Oder einer Inderin. Oder als stammte ich aus sonst einer Weltgegend, wo sie nur selten Schnee zu Gesicht bekommen. Ja, die Namen. So viel dazu.

Während ich die Zeitung auswechsle, umarmt mich Kiril von hinten und drückt mir einen Kuss ins Ohr. Mein Trommelfell fängt an zu pfeifen. Ich bin fünf Jahre älter als Kiril, aber berücksichtigt man, dass ich 31 bin, sollte ich wahrscheinlich sagen, dass er fünf Jahre jünger ist. Auf dem Papier studiert er Industriedesign an einer alternativen Bildungsinstitution, ich habe ihn aber noch keine einzige Skizze machen sehen. Einmal nahm er mich zu einer Modeschau mit, bei der alle Models in Nylon gekleidet waren. Auch er lief über den Laufsteg, herausgeputzt in einem Frack aus Wachstuch und Schuhen aus Fallschirmstoff. Die Clique, mit der wir hingegangen waren, brach in wilde Ekstase aus.

Kiril ist relativ groß, mit dem ebenmäßigen, aber schmalen Körper eines Menschen, der spät mit Fitnesstraining angefangen hat, im Bewusstsein der Vorteile. Nachmittags durchwandert er die Straßen mit einem ironischen Blick und einer aufgestellten Gelfrisur, vormittags schläft er bis um 12. Wer ihn finden will, muss eine bestimmte Anzahl Lokale abklappern und wird ihn im Laufe eines Tages aufspüren. Wenn er daheim ist, sitzt Kiril am Computer, trägt Gefechte mit ehemaligen Mitschülern aus, schaut Horrorfilme oder zeichnet. Ich will gar nicht leugnen, dass das Zeichnen immer noch eine seiner Lieblingsbeschäftigungen ist. Leider – zumindest meiner Meinung nach, weil ich nichts davon verstehe – sehen alle seine Bilder gleich aus. Nackte Frauen, deren Beine sich in Tentakel verwandeln. Die Umgebung ist üblicherweise außerirdisch. Allzu oft habe ich ihn gefragt, was das mit Industriedesign zu tun hat. Seine Antwort darauf ist, dass die Inspiration keine Grenzen kennt, oder ein ähnlich kluger Spruch. Je nachdem, wie zugekifft er ist. Ich lüfte ständig, aber früher oder später werden uns die Nachbarn auf die Schliche kommen. Ich habe das Rauchen in der Wohnung verboten. Bezeichnend für Kiril ist, dass er nie „nein" zu mir sagt. Was immer ich von ihm will, er ist sofort einverstanden. Dann macht er's nicht. Und so leben wir zusammen.

Wegen dem unerwarteten Kuss habe ich einen Teil der Katzenpisse auf den Boden verschüttet und muss sie jetzt mit Bleichmittel aufputzen. Je mehr ich mich beeile, mit meiner Arbeit fertigzuwerden, desto mehr Blödsinn kommt dazwischen. Unterdessen hat sich Kiril mit meiner vierjährigen Tochter an den Tisch gesetzt, und beide essen. Für sie ist es das Mittagessen, für ihn das Frühstück.

„Nelly, hast du dir die Hände gewaschen?"

Kiril hebt die Schultern.

„Du warst doch im Bad, wie hätte sie sie waschen sollen?"

„Du hättest ihr auch einen Stuhl vors Spülbecken stellen können."

„Was soll's, sie wäscht sie nach dem Essen. Nicht wahr, Nell?"

Sie vergöttert ihn, wirft ihm ein verschwörerisches Lächeln zu, der Mund voll mit Pastete. Im Gegensatz zu anderen Männern stört sich Kiril nicht an Nelly. Er hat ein paar unersetzliche Charakterzüge.

„Man wäscht sich die Hände vor dem Essen", sage ich und stelle auch das Reisfleisch, das ich zu Mittag zubereitet habe, auf den Tisch. Mag sein, dass ich nicht die perfekte Mutter bin, weil ich arbeiten muss, aber ich sehe zu, dass die Kleine wenigstens am Wochenende warme Mahlzeiten bekommt. Kiril füllt seinen Teller sofort auf, soweit sein Sandwich Platz lässt. Ich gehe wieder ins Bad, um fertig zu putzen.

Normalerweise besorgen die Leute Sand für ihre Katzen. Aber der Sand ist unpraktisch. Solange er frisch ist, ist alles im

Lot, doch schon nach einem Tag stinkt er alles voll. Außerdem springen beim Wühlen Körner weg, und man muss sie ständig zusammenwischen. Einige fallen ins Wasser und werden zu Matsch. Kiril wischt nie das Bad, wenn er geduscht hat. Er bleibt eine Stunde unter dem warmen Wasserstrahl stehen, und wenn er rauskommt, laufen sogar in der Küche die Scheiben an. Um genau zu sein, Kiril wischt überhaupt nie was auf. Seiner Meinung nach ist alles viel sauberer als für den guten Gebrauch nötig. Er wäscht einzig und allein seinen eigenen Körper. Ich putze immerzu allen hinterher. Meine Freundinnen beneiden mich um Kiril. Ich habe nichts dagegen, wenn sie so denken. Manchmal fragen sie sogar, ziemlich taktlos, was dieser Schönling bei mir verloren hat. Sneže, hast du den etwa verzaubert? Habe ich nicht. Könnte ich zaubern, würde ich was ganz anderes tun.

Sand in Katzenklos ist eine echt lästige Sache. Wenn man einmal Zeitungen für sich entdeckt hat, merkt man bald, dass nicht jede taugt. Ich achte darauf, hellere Seiten auszulegen, weil manche viel zu schwarz sind und Achills Pfoten von der Tinte grau werden. Keine Frage, die Druckerschwärze ist äußerst schädlich. Das Blei gelangt in die Nieren, und man wird in Kürze zum Wrack, nur weil man sich beim Durchblättern die Finger bespuckt hat. Das habe ich mir jetzt selbst ausgedacht. Ich hab versucht mir auszumalen, unter welchen Umständen die Druckerschwärze in den menschlichen Körper gelangen könnte. Bei Achill ist der Weg ein ganz direkter. Er leckt sich die Pfoten. Was für mich bedeutet, dass die helleren Seiten ein Muss sind.

Leider stoße ich an der Stelle auf ein anderes Problem, das eher moralischer Natur ist. Nie lege ich die Zeitung mit den Todesanzeigen nach oben aus. Wenn ich dran denke, dass diese dem Äußeren nach ehrenwerten Menschen, diese in ihren schönsten, von ihren Verwandten wie für einen letzten öffentlichen Auftritt ausgewählten Anzügen und Kostümen herausgeputzten Persönlichkeiten mehrmals angepinkelt werden, dreht sich mir der Magen um. Ich weiß, dass Todesanzeigen bloß Fotos sind, und doch habe ich immer das Gefühl, dass die Augen der Verstorbenen bereits ins Jenseits sehen. Und ich kann nicht zulassen, dass sie Achills haarigen Hintern im Gesicht haben. Manchmal durchstöbere ich eine Zeitung umsonst und finde einfach keine Seite, die ich auslegen kann. Ich schlage die erste Seite auf – Terroristen erschießen Geisel, ich blättere weiter – Sängerin adoptiert Kind mit Behinderung, gehe zur Mitte – wie ich schon sagte, die Todesanzeigen, wende zur hintersten – wundertätige Ikone aus Kloster gestohlen. Gewöhnlich suche ich Interviews mit Politikern. Bei denen habe ich keine Gewissensbisse.

Warum Kiril bei uns wohnt? Das ist nicht so klar. Ich weiß, wie er auf diese Frage antworten würde. Ich liebe Sneža, sie liebt mich, wo soll ich sonst wohnen? Kiril fragt man besser nichts, er antwortet entweder mit fremden Gedanken, oder er lügt. Wer der echte Kiril ist, stellt sich erst mit der Zeit heraus, und dann ist nicht mehr klar, ob sich die Mühe gelohnt hat. Das ist wie das Knacken eines ganz komplizierten Safes. Irgendwann hörst du auf, am Zahlenschloss zu drehen, und nach fünf Minuten öffnet sich die Tür von selbst, weil die Angeln von Anfang an locker waren. Drinnen findest du einen Zettel, auf dem in Grundschulschrift geschrieben steht „Kiril". Einmal haben wir uns ganz schlimm zerstritten, und ich sagte ihm, dass er gehen solle. „Wohin?", fragte er. „Zum Teufel", schrie ich ihn an. „Ist gut", sagte er und schmetterte die Tür zu. Zwei Tage später kam er um drei Uhr in der Früh wieder heim und legte sich in Kleidern zu mir ins Bett. Kirils Mutter pflegt eine 102 Jahre alte Dame in Genua und schickt ihm Geld fürs Studium. Sein Vater ist ein ehemaliger Arbeiter in einer stillgelegten Speiseölfabrik und derzeit Alkoholiker. Kiril gibt sein Geld lieber aus, als Miete zu zahlen. Ich fürchte, das verdeutlicht einigermaßen, welche Rolle ich in seinem Leben spiele. Ich hoffe, ich liege falsch.

Realistisch betrachtet kann Kiril nicht zum Teufel gehen. Vielleicht ist er aber auch schon da.

Während ich den Küchentisch abräume, höre ich Schritte im Flur hin und her gehen. Die Wohnungstür wird aufgeschlossen.

„Wo geht's denn hin?"

„Die Arbeit ruft."

Kiril hat keinen Job, oder zumindest weiß ich nichts von solchen Bemühungen. Was für ihn einer Arbeit am nächsten kommt, ist, ein Casting mitzumachen. Big Brother, Survivor, Music Idol und alle möglichen Reality-TV-Formate, die direkt mit ihren Namen importiert werden, haben seine Unterlagen schon mal erhalten. Kiril glaubt an das Glück aus heiterem Himmel. Eine Zeit lang läuft überhaupt nichts, damit eines Tages in deiner Biografie stehen kann „er machte eine schwierige Phase durch, die jeden anderen zu Grunde gerichtet hätte, aber nicht ihn". Dann, völlig unerwartet, schlägt das Glück ein wie ein Blitz in einen einzelnen Baum mitten im Wald, und dieser geht in Flammen auf. Der Baum ist auserwählt, weil durch seine Rinde die ganze Zeit über goldener Saft emporgestiegen ist, das hat aber keiner gewusst und äußerlich hat der Baum wie alle anderen ausgesehen. Nur äußerlich. Kiril hat eine Menge Pläne, was er mit seinem Geld tun wird, wenn er eines Tages reich und berühmt wird. Wen er belohnen, wem er ins Gesicht spucken wird.

„Hol auf dem Rückweg Milch und zwanzig Eier."

„Geht klar."

Seine Schritte entfernen sich Richtung Wohnungstür.

„Warte, komm zurück."

Kiril streckt den Kopf durch den Türspalt in die Küche. Sein Haar ist seitlich aufgestellt und oben zerzaust. Zwei

Strähnen queren seine Stirn und machen an der linken Schläfe Halt. Das muss ihn einige Zeit gekostet haben.

„Was, hab ich gesagt, sollst du mitbringen?"

Er ist aufrichtig erstaunt und versucht es mit einem dümmlichen Lächeln zu kaschieren. Er durchforscht sein Gedächtnis.

„Was zum Essen."

„Milch und Eier."

„Geht schon klar."

Klar ist, dass ich sie selbst kaufen muss. Nelly hat sich neben Achill ausgestreckt und gibt ihm Puffreis ab. Er will ihn weder fressen, noch will er sie kratzen und dreht nur überheblich seinen großen Kopf hin und her. Vor ihm liegen schon sechs Reiskörnchen aufgereiht. „Na los, Nelly", sag ich ihr, „steh schon auf und lass uns die Schuhe anziehen. Wir gehen einkaufen."

Zur Sicherheit werfe ich einen Blick auf Achills Pfoten. Sie sind weiß, kaum merklich grau um die Ballen herum. So gehört es sich auch. Wenn er nierenkrank wird, wäre es meine Schuld. Nur eines kann ich nicht tun, die Zeitung, die ich kaufe, wechseln. Es gibt zwar ein paar Druckerzeugnisse in hellerer Tinte, vielleicht nicht so sensationell und sogar von der Art, dass sie einen nach der Lektüre kultivierter zurücklassen. Leider kommen sie aber nicht in Frage. Ich kaufe nur die Zeitung, bei der mein Freund Dimo angeheuert hat. Davon weiß keiner was.

Manchmal kommt es mir vor, als spreche von ihren Seiten Dimo zu mir. Als redete er immerfort auf mich ein. Dimo ist dort technischer Redakteur und kümmert sich ausschließlich um die Anordnung der Fotos und der Titel. Die Länge eines Artikels, wie viel Text woandershin verschoben werden muss, die Hintergrundfarben – das sind seine Entscheidungen. Der Inhalt ist nicht sein Bereich, den besorgen die Journalisten. Mit Dimo zusammenzuarbeiten war leicht.

Um zu entschlüsseln, was sein Beitrag ist, sehe ich mir das allgemeine Erscheinungsbild einer Seite an. An einem Titel wie „Der Sicherheitschef erinnert sich noch" sehe ich beispielsweise, dass „Der Sicherheitschef" auf der oberen Zeile platziert und von kleinerer Schriftgröße ist, während „ERINNERT SICH NOCH" in großen Buchstaben darunter steht, und begreife, dass Dimo mir genau das mitteilen wollte. Ein andermal lese ich „Besser später als nie", herausgehoben durch schwarze Kursivschrift über einer Kommentar-Rubrik, und mir kommt vor, als würde er sich nun auf ein Wiedersehen mit mir freuen. Das kann natürlich nicht wahr sein. Allerdings kann ich auch nicht auf meine Lektüre verzichten. Auf meine geheime Post. Ich fühle mich wie ein Schiffbrüchiger, der sich auf eine einsame Insel gerettet hat. Endlich habe ich sicheren Boden unter den Füßen. Ich weiß, dass mich nichts bedroht. Ich habe genügend Nahrung und Wasser, um hundert Jahre zu leben. Dennoch klappere ich von morgens bis abends die Küste ab, auf der Suche nach einer Flaschenpost. Ich mache mir bewusst, wie groß die Chance ist, dass mich im weltumspannenden Ozean genau der Brief erreicht, der für mich bestimmt ist. Tja, halb so wild. Ich bin bereit, in der Zwischenzeit auch andere, für mich nichts bedeutende Briefe zu lesen.

Hier ist die richtige Stelle, um zu sagen, dass Kiril ab und zu allerlei Dinge für zu Hause einkauft. Zum Beispiel hat er mal eine Saftpresse für Nelly mitgebracht. Er habe sie halt gesehen und gekauft. Da sagte ich ihm: „Kiril, das ist ein wirklich seltsames Geschenk für einen Menschen wie dich." Und hätte gerne gesagt: „für einen emotional abgeschotteten Menschen wie dich", fand aber nicht die Kraft dazu. Wir hatten kürzlich gestritten, und auch er war in versöhnlicher Stimmung. „Ich würde für Nelly alles tun, sie ist mehr als eine Tochter für mich." Was „mehr als eine Tochter" genau bedeuten sollte, habe ich leider nicht gefragt. Da hatte ich wieder das Gefühl, dass man auch mit Kiril zusammenleben kann. Jenseits des Schlafzimmers, abgesehen vom Bad. Dann habe ich gemerkt, dass er morgens zusammen mit Nelly einen Saft erwartet.

Schon wahr, jetzt bin ich wirklich wie eine Gerettete auf einer Insel, aber den Sturm, der mich hierhergebracht hat, kann man schwer vergessen. Vor einiger Zeit hatte ich eine gute Stelle und so etwas wie eine Zukunft. Ich war Journalistin bei einer Zeitung, die als wichtig galt. Sie haben mich direkt von der Uni weg eingestellt, mir dies und das versprochen. Die Zeitung war so wichtig, dass sie sich wichtiger nahm als die eigenen Leser. Die Chefs verkehrten direkt mit den, wie soll ich sagen, Stiftern, sie handelten alles mit ihnen aus und sagten uns, was wir besprechen sollen und was nicht. In der Redaktion herrschten strenge Disziplin, Hysterie und Angst. Wenn sie was Verbotenes schreiben wollten, schickten meine Kollegen ihre Artikel den Konkurrenzblättern und zeichneten mit Pseudonymen. Ich möchte nicht in die Details gehen, auf jeden Fall habe ich, aus dem dummen Gefühl heraus, ich könnte mit gutem Beispiel vorangehen, beschlossen, etwas daran zu ändern. Das endete in einem Krach. Ich wurde entlassen und musste sehr schnell überlegen, was tun. Wäre Technik mein Spezialgebiet, hätte ich bei einer anderen Zeitung eine Stelle gefunden, aber ich flog aus dem System. Jemand hat dafür gesorgt. Jetzt studiere ich Wirtschaft im Fernstudium, und das ist alles, was die Leute über mich wissen müssen. Ich habe ja erwähnt, dass ich arbeite. Ich bin Verkäuferin in einem Sexshop. Nahezu den ganzen Tag bin ich allein und habe Zeit, meine Lektionen zu lernen. Im Laden herrscht ein entspannendes Halbdunkel. Die Kunden wissen entweder im Voraus, was sie wollen, oder durchstöbern die Ware mit dem Rücken zu mir und bezahlen dann, ohne mir in die Augen zu sehen. Die Chance, von jemandem erkannt zu werden, ist minimal. Hätte man mich, während ich bei der Zeitung gearbeitet habe, gefragt, woraus die Welt besteht, hätte ich gesagt „aus Wahrheit und Lüge". Würde man mich heute danach fragen, würde ich sagen „aus Perversen".

Dann brachen Nelly und ich zum Einkaufen auf, und ich begriff, dass ich anrufen musste. Oder genauer gesagt, dass ich nicht anders konnte, als anzurufen. Dimo hob gleich ab. Seine Stimme kratzte wie ein metallener Fußabstreifer, allerdings freute er sich und war, so kam mir vor, auch bewegt. Es war heiß, ich sah zu, dass wir durchweg im Schatten der Wohnblocks gingen. Nelly schlenkerte ihre dünnen Beine neben mir her. Mit ihrem gelben Kleidchen und dem Strohhut sah sie aus wie ein voranschreitender Pilz. „Wann sind wir endlich beim See. Wann sind wir endlich beim See", wiederholte sie in einem fort. Sie hatte einen Federballschläger dabei, mit dem sie Fische fangen wollte. Dimo hatte gerade Redaktionsdienst, beeilte sich aber hinzuzufügen, dass er sich für eine halbe Stunde verdrücken könnte.

Das Lokal neben dem See war ein Zufluchtsort für Mütter, die auf ihre Kinder aufpassten und nebenher gerne einen kleinen Wodka kippten. Aber auch für Leute aus den umliegenden Büros, die am Handy erklärten, sie seien in der Bank aufgehalten worden, während sie die eine oder andere Fleischplatte vernaschten. Die Holztische standen im tiefen Schatten mehrerer Platanen, die wahrscheinlich älter waren als der Park selbst. Hinter der Bartheke sorgte ein hoher Zaun aus angespitzten Brettern an düstereren Tagen für Windschutz und hinderte womöglich auch gewisse Kunden daran, vor ihren finanziellen Verpflichtungen in den Park zu verduften. Es roch nach altem verschüttetem Alkohol, nach Getränkeresten am Grund leerer Flaschen, nach Kaffee, nach dem fettigen Rauch aus dem Kamin über dem Grill und nach dem leicht sumpfigen Hauch, der vom künstlichen See her kam. Dies war nicht der

Ort, an dem ich Dimo nach zwei Jahren treffen wollte. Obendrein gab's auch noch Mücken. Und doch war es nicht weit von seinem Büro. Und ich war mit Nelly unterwegs. Und es lag für beide am Weg. Er war schon da und wartete auf mich.

Er war viel schlanker und bärtiger, als ich ihn in Erinnerung hatte. Als er mich sah, versuchte sein Mund sein Lächeln zu bändigen, welches aber durch die Augen, die Haut, das Haar, die leicht abstehenden Ohren und den ganzen Körper hinausdrängte. Dieser streckte sich nach hinten, und als er wieder in die normale Sitzhaltung zurücksank, wirkte er auf eine unbeschwerte Art angriffslustig. Ich schickte Nelly mit dem Federballschläger Fische fangen.

Es fiel uns schwer, wieder bei den Gesprächen anzuknüpfen, die wir permanent geführt hatten, als wir noch zusammenarbeiteten. Wir fragten einander, was in den letzten zwei Jahren aus diesem und jenem geworden sei, allerdings war es uns ein wenig peinlich, weil uns beiden anzusehen war, dass uns diese Leute nicht interessierten. Wir benutzten sie wie treibende Baumstümpfe, auf die wir traten, um einander über den Fluss aus Zeit, der nun zwischen uns floss, näher zu kommen. Dimo hat zwei Söhne, die ins Gymnasium gehen. An seinem Ringfinger blitzt ein zweifarbiger Ehering auf – Gelbgold und Rotgold gemischt. Das ist ein Manierismus, der mir fremd ist. Schon als wir noch zusammenarbeiteten, wusste ich, dass nicht er die Ringe in Auftrag gegeben hat. Natürlich haben wir nie darüber gesprochen. Ich sagte ihm, warum ich ihn herbestellt hatte.

„Unsere Zeitung ist also zu schwarz für deine Katze? Habe ich richtig verstanden?"

„Ja."

„Und du hast sie die ganze Zeit über gekauft?"

„Ich habe keine einzige Ausgabe verpasst."

Er lachte. Wir hatten jeder ein großes Glas der Spezialität des Hauses bestellt – Wodka von unklarer Herkunft. Und Dimo beugte sich vor zu mir.

„Warum tust du das?"

„Als ich damals den Artikel schrieb, hast du mich als Einziger verteidigt und deine Arbeit verloren. Alle anderen blieben stumm wie die Fische."

„Auch du hast deine Arbeit verloren."

„Das war keine Arbeit, sondern nur Dienst."

„Für mich ist alles Dienst. Bereust du es nicht manchmal?"

„Nicht im Traum!"

„Ich auch nicht", sagte er.

Dann schwiegen wir. Nelly kam mit einer Kaulquappe angerannt. Ich schickte sie zurück, damit sie sie wieder in den See brachte.

„Und was nun, soll ich die Zeitung weißer in Druck geben?"

„Ach was… Mir reicht eine Seite. Aber nur nicht die Todesanzeigen."

Dimo tat, als würde er ein Heft aus der Gesäßtasche ziehen und sich das notieren. Wir vereinbarten, uns öfter zu treffen. Und wussten beide, dass nichts daraus werden würde.

Seither sind acht Monate vergangen. Kiril ist zweimal ausgezogen und zweimal zurückgekehrt. Ich glaub, ich muss ihm einfach den Schlüssel wegnehmen. Finde aber jeden Tag von neuem keinen Grund, es zu tun. In der Zwischenzeit wächst er immer tiefer in mein Leben hinein. Er ähnelt einer Gewohnheit, die vortäuscht, notwendig zu sein.

Morgens um zehn gehe ich zur Arbeit, abends um sieben schließe ich den Laden ab. Ich nehme den O-Bus nach Hause. Bereite das Abendessen zu, gieße frisches Wasser in Achills Schälchen. Eine Rentnerin aus dem oberen Stock hat Nelly vom Kindergarten abgeholt. Ich bestehe meine Prüfungen. Es gibt Hoffnung. Ich lebe für die Nachrichten. Nach der Arbeit kaufe ich mir täglich eine Zeitung. Zu Hause schlage ich sie auf und finde die helle Seite. Immer, in jeder Ausgabe, finde ich eine mit luftigerem Schriftsatz, mit transparenten Grafiken. Mit kleineren Titeln.

Es gibt Hoffnung.

Die Werbemenschen

Der Wind blähte die Bettlaken. Weit darüber schossen zwei Schwalben durch die Luft und tauchten durchs Sonnenlicht. Der grüne Rasen reichte hinab bis zu einem niedrigen Holzzaun, jenseits davon waren die Berge zu sehen – weiß die hohen Gipfel, blauschimmernd in der Ferne, smaragdfarben am Fuße. Eine große, kräftige Frau mit nachlässig zusammengebundenem goldenen Haar hängte Wäsche auf. Ihr gelbes Kleid wogte bei jedem Windstoß zusammen mit den Laken. Ihr Gesicht leuchtete. Es war ein rundes, häusliches Gesicht, aber mit ganz reiner Haut, strahlendblauen Augen und zwei entzückenden Grübchen ums Lächeln. Ein neunjähriges Mädchen stand im weißgeblümten rosa Kleidchen neben ihr und sah ihr aufmerksam zu. Sein Haar war aschblond, fast wie das der Mutter, aber im Gegensatz dazu flatterte es in langen, glatten Strähnen frei in der Luft. Es nahm das letzte Laken aus dem Wäschekorb und reichte es der Mutter. Diese schüttelte es im Wind und zog es selbstbewusst über die Leine.

Eben ließ sie die Klammer darüber gleiten, als der Vater durch das niedrige Törchen hereinkam. Er war großgewachsen, kräftig und sonnengebräunt. Der Trainingsanzug, den er trug, war von oben bis unten schlammbespritzt. Der Dreck begann auf den Socken und reichte bis zu seinen hohen Wangenknochen. Sein Käppi war nahezu saubergeblieben, aber auch da waren zwei dunkle Fingerabdrücke zu sehen. In seinen Händen trug der Vater einen ebenso schlammverdreckten Fußball. Gerade als er in den Garten trat, erstrahlte ein breites Lächeln auf seinem Gesicht. Das Lächeln starker und gesunder Zähne, ein Siegerlächeln. Er warf den Ball fort, stürzte auf seine Tochter zu, hob sie in die Luft und drehte sie einmal im Kreis. Dann umarmte er die Mutter.

Der Schlamm auf seinen Wangen ging über auf die ihren. Der Schlamm auf seinem Sportanzug ging über auf ihr gelbes Kleid.

„Schatz", sagte er, „was habe ich getan!"

„Ach, mach dir nichts draus", gab sie zurück und berührte mit dem Zeigefinger zärtlich seine Nasenspitze. „Da, nimm den sauberen Bademantel, den Anzug leg ich in die Waschmaschine. In einer Stunde ist er wie neu."

Der Mann sog tief den Duft des Bademantels ein und blickte begeistert zu seiner Frau auf.

„Du kannst alles", flüsterte er.

„Nicht ohne ‚Dariel'."

„‚DARIEL' KRIEGT AUCH DIE FLECKEN RAUS, DIE SIE NICHT SCHAFFT."

Arm in Arm begaben sich der Mann und die Frau in Richtung Haus, und das Töchterchen folgte ihnen im Hüpfschritt. Ihr Haus war weiß, und aus den offenen Fenstern flatterten lange weiße Vorhänge. Unter der weitläufigen Veranda breitete sich ein kühler Schatten aus, mit Schaukelstühlen und einem niedrigen Tischchen dazwischen.

Ende der Sendung.

„Diesmal ist es gut geworden, oder?", fragte der Mann.

Die beiden schlenderten weiter Richtung Veranda, wo sie sich hinsetzten und ausruhten.

„Ich habe etwas zu dick aufgetragen, meinst du nicht?", fragte sie statt einer Antwort.

„Nein, ganz und gar nicht. Du strahlst immer."

„Ach, was soll ich sagen. Seit Sonnenaufgang waren es sechs Drehs, und langsam wird mein Rücken steif von diesem Korb."

Der Mann nahm ihre Hand in seine.

„Manchmal hab ich all den Schlamm auch satt. Aber was soll's, Arbeit halt! Der Mensch ist das, was er tut. Geht nicht anders. Bleibt mir bis zur nächsten Sendung noch Zeit für eine Dusche?"

Das Töchterchen lief über den Rasen einem Schmetterling hinterher.

„Dari, komm auch kurz im Schatten ausruhen", rief die Mutter, „und wenn du kannst, mach am besten ein Schläfchen. Die nächste Sendung ist erst nach vier Uhr."

„Ich wiiill nicht", rief das Mädchen, während es weiterlief.

Die Mutter und der Vater tauschten gequälte Blicke.

„Halt wenigstens kurz mal an, damit wir ein Schläfchen machen können. Mir dröhnt der Kopf von dem Getrippel", sagte der Mann.

Das Kind blieb stehen und starrte ihn mit seinen großen himmelblauen Augen an.

„Papa, warum bleiben wir immer hier bei der Wäsche?"

„Das sind wir, mein Mädchen. Hier leben wir, und hier gehören wir hin. Gäbe es die Arbeit nicht, gäbe es auch uns nicht. So ist die Welt."

Die Kleine überlegte.

„Können wir nicht mal die Nachbarn besuchen gehen? Bei denen wird dauernd Safthähnchen gegrillt, sie sind eine große Familie, und es ist viel lustiger. Bei uns ist es langweilig."

Die Mutter verzog das Gesicht.

„Was ist denn so langweilig hier? Schau sie einer an, die kleine Göre, kann noch nicht mal ihr eigenes Kleid waschen, hat aber schon genug von der Welt. Haben sie etwa auch so ein großes Haus wie wir? Haben sie nicht! Sie hocken alle auf einander, drei Kinder, die Eltern, eine Großmutter und der Hund oben drauf. Und haben sie so eine Aussicht wie wir? Ha, denkste! Den ganzen Tag sitzen sie in der Küche und stopfen sich mit Safthähnchen voll. Weißt du, wie schwierig es ist, Stabilität herzustellen im Leben?"

„Sie haben auch ein Wohnzimmer", stellte die Kleine klar.

„Na dann halt, sie haben also Küche und Wohnzimmer. Und das war's. Ist es das, was du willst?"

Das Mädchen überlegte und scharrte mit dem Fuß im Gras vor der Veranda.

„Und was ist hinter den Bergen?"

„Das siehst du, wenn du groß bist", sagte der Vater, zog sich die Kappe über die Augen, legte die Füße aufs Tischchen und lehnte sich zurück.

Es sah aus, als hätte er die Dusche stillschweigend abgeschrieben.

Jetzt zogen sich die Brauen der Mutter zu einer besorgten Falte zusammen. Derlei Gemütslagen entsprachen ihrem Wesen nicht und konnten dennoch nicht ganz vermieden werden. In letzter Zeit steckte die Kleine voller Fragen, eine unnötiger als die andere.

„Was hinter den Bergen ist, spielt keine Rolle", sagte sie. „Was dort ist, ist dort. Was erwartest du denn schon zu sehen? Irgendwelche Menschen wird's da geben, Banken, Coca-Cola bestimmt, vermutlich auch irgendwelche Häuser, allerdings werden ihre Waschmittel kaum so hochwertig sein wie unsere. Glaub nur nicht, dass die Welt überall gleich schön ist. Das ist sie nicht! Schau dir die ganzen Pleiten in der Versicherungswelt an, und du wirst verstehen."

Die Kleine hörte ihr mit halbem Ohr zu, ihr Fuß zeichnete weiterhin unsichtbare Figuren ins Gras, und doch war zu sehen, dass sie sich alles merkte. Von Zeit zu Zeit schnarchte der Vater gemächlich unter dem Käppi auf.

„Ich gehe trotzdem zu den Nachbarn", sagte sie am Ende. „Dort geht's immer lustig zu. Bitte, lass mich hingehen. Bitte, bitte, bitte, ich möchte gerne dahin, bitte!"

Immer noch mürrisch, aber schon dabei, ihre Wut zu vergessen, wedelte die Mutter mit der Hand.

„Na gut, dann geh halt. Aber spätestens um halb vier bist du wieder hier, dann gehen wir auf Sendung. Und sei vorsichtig, wenn du von der einen Welt in die andere springst. Zwischen den Welten fließt ein unkontrollierter digitaler Strom, der dich fortreißen kann. Viele Leute sind so verunglückt."

„Puh, das sagst du mir tausend Mal am Tag!"

„Und wenn es zweitausend sind, reicht's nicht. Ich weiß doch, was für eine Träumerin du bist…"

Die Kleine warf sich auf sie und legte die Arme um ihren Hals.

„Du bist die liebste Mama der Welt", flüsterte sie in ihr Ohr und küsste sie mit ihrem schmalen Mündchen.

Das Gesicht der Mutter verfinsterte sich noch mehr – sie kämpfte gegen das Lächeln, das allerdings eine nach der anderen alle Sorgenfalten entzweibrach, um ungehindert hervorzuquellen. Als Antwort folgte ein lauter Schmatzer.

Der Sprung von einer Welt in die andere war ein Leichtes, die kleine Dari praktizierte ihn, seit sie denken konnte. Du hältst den Atem an, schaust nach links, dann nach rechts, und wenn dir kein starker digitaler Strom entgegenkommt, springst du rüber. Die Safthähnchenfamilie wohnte hinter ihrem Haus, unweit von dem kleinen Holzzaun. Das Mädchen schob ein passend gelockertes Brett zur Seite, schlüpfte durch die Lücke und stellte sich aufrecht hin, direkt gegenüber jener Stelle, an der die Landschaft unendlich schien, aber aussah, als wäre sie mit einem gröberen Pinsel gemalt.

Du machst einen Schritt nach vorn. Spürst den starken Strom wie stürmischen Wind. Das Haar kitzelt die Kopfhaut, weil es sich aufzurichten beginnt, als lebte es. Du schaust nach links, dann nach rechts, jetzt ist es still, und du springst voller Kraft nach vorn.

Das Wohnzimmer der Nachbarn brodelte vor Gelächter, Geschrei und fuchtelnden Armen. Die Kinder und die Großmutter warfen einander einen Ballon zu, die Mutter stand an der Wand und versuchte eine große Wanduhr zu reparieren, während der Hund – ein freundlicher, zotteliger Köter – zwischen ihnen herumlief. Der größere Junge bemerkte Dari sofort und legte den Finger diskret auf die Lippen, um ihr anzuzeigen, dass sie still sein solle. Sie war mitten in den Dreh geplatzt. Dari kauerte sich in die Ecke eines größeren Schranks, der nicht im Bild war, und begann zu warten.

Bald strömte aus der Küche ein verführerischer Duft. Ihm folgte die Stimme des Vaters:

„Wer ist bereit für ein Safthähnchen?"

Er war ein wohlgenährter Spaßvogel mit Bart und zerzaustem Haar. Über den einen Arm hatte er wie ein Kellner eine Serviette geworfen, in der anderen Hand, mit einem großen Schutzhandschuh gegen die Hitze bewaffnet, hielt er einen Bräter aus feuerbeständigem Glas mit einem großen, fetten, goldroten, dampfenden, kross gebackenen Huhn darin, eingerahmt von spitzen, knusprigen Kartoffelschnitzen.

Als Erster stürzte der Hund auf ihn zu, danach die Kinder und dann die Großmutter.

„Hast du Abendessen gemacht?", fragte die Mutter.

Diese Mutter war nicht so schön wie Daris Mutter. Diese Mutter war eine kleine, schlanke, dunkeläugige, fröhliche Mutter.

„Nichts leichter als das! Du gibst einfach den ‚Bratentrick' über das Huhn und ab in den Ofen."

Die Kinder machten sich übers Essen her, und jeder schnappte sich, was er nur kriegen konnte.

„Hmmm, Safthuhn!", rief die Oma mit vollem Mund aus.

Die Mutter blickte sie mit wissendem Lächeln an und hängte die Uhr an die Wand, stürzte dann zum Tisch und schloss sich dem Wettstreit um ein Stückchen an.

„Ein echtes Safthuhn!", echote sie.

In der Zwischenzeit hatte die Uhr wieder zu laufen begonnen, und schlug siebenmal.

„Ein perfektes Huhn zur rechten Zeit", sagte der Vater lächelnd und zeigte mit dem Finger auf die Mutter.

„ZEHN ‚BRATENTRICKS' FÜR DAS PERFEKTE HUHN"

Nun saß die ganze Familie um den Tisch, und auch der Hund versuchte, an den Teller ranzukommen.

Ende der Sendung.

„Dari, komm her zu uns", rief das mittlere Kind laut.

Es war ein Mädchen – ein Wildfang mit zerzaustem Haar, was so oder anders ein Merkmal aller Familienmitglieder war. Das kleinste der Kinder war wieder ein Junge, schien aber im Unterschied zu seinem energischen großen Bruder geistig nicht nur an einem Ort anwesend zu sein. Unter den gesenkten Lidern blickten seine Augen ruhig und verträumt.

Krachend stieß die Besucherin die Tür des Schranks auf, in dem sie das Ende der Sendung abgewartet hatte, und stürzte zu ihnen.

„Habt ihr mir was übriggelassen?"

„Iss, so viel du willst", sagte der Vater. „Uns hängt's zum Hals heraus. Und in nur drei Stunden backen wir wieder."

„Und die ‚Eskimo'-Frau hat Eis. EKSTASE AUF DER ZUNGENSPITZE" – sagte Dari mit verstellter Stimme, während sie fortfuhr, sich den Mund mit Huhn vollzustopfen. „Jetzt mit zehn Sorten. Neu mit Cappuccino, Pfirsich, Passionsfrucht..."

Es folgte ein wirklich betretenes Schweigen. Die Mutter und der Vater vom „Bratentrick" erlaubten ihren Kindern nicht, allzu weit weg durch die Welten zu springen. Sie waren eine unzertrennliche, fröhliche Familie, das hieß aber keinesfalls, dass es keine Regeln gab. Die Kinder sahen ihre Eltern flehend an, die Eltern starrten abweisend auf den Boden.

Der Hund kam zu Dari und leckte ihr den Kopf. Er schickte sich an, sie mit zwei Pfoten von hinten zu besteigen. „Kschsch, hau ab", brüllte die Großmutter los, die seine Gewohnheiten nicht akzeptieren konnte. Eben so wenig konnte sie verstehen, weshalb man sich unbedingt einen Hund im Haus halten musste, begriff aber, dass sie in dieser Frage nichts zu melden hatte. Für einen kurzen Moment sah es aus, als sei das Thema Eis vom Tisch.

„Ist es denn angenehm, was Kaltes zu essen?", fragte die Tochter.

„Es ist super", antwortete Dari mit vollem Mund. „Es ist nicht so toll wie eure Hühner, und wenn ich mich für eines entscheiden müsste, würde ich das Huhn wählen. Aber das Eis, das zergeht so in deinem Mund... Wie gesüßte Milch, aber kalt. Und das neueste hat Himbeergeschmack. Mmmh."

Milch war ein erlaubtes Thema. Die Milchwelt lag in nächster Nachbarschaft, und die Kinder gingen oft dorthin, um den Hund auszuführen.

„Na los, gehen wir", sagte der große Bruder, und die anderen Kinder sprangen ihm nach.

Dari wusch sich den Mund am Waschbecken.

„Seid ja vorsichtig beim Übergang!", rief der Vater hinterher, aber keiner schenkte ihm Beachtung.

Die Mutter vom Waschmittel „Dariel" reckte sich und blickte zu ihrem Mann hinüber. Dieser lag nach hinten ausgestreckt, das Käppi über dem Gesicht. Er hatte aufgehört zu schnarchen.

Atmete ruhig und ausgeglichen, vielleicht nicht gerade wie ein Mensch, der schlief, aber so ziemlich wie ein Mensch, der eine Pause braucht und in Ruhe gelassen werden will. Seine großen Hände lagen mit verschränkten Fingern auf seinem Bauch. Die Schwalben schossen nach wie vor um die Veranda herum durch die Luft. Hier ging die Sonne nie unter. Die Wäsche war schon fast trocken. Die Mutter war unschlüssig, ob sie ihren Mann ansprechen sollte, sie hatte Lust, über irgendwas zu plaudern, ohne konkrete Idee worüber, allerdings war sie ein aktiver Mensch und hatte das Bedürfnis, die eigenen Gedanken mitzuteilen, damit sie nicht verloren gingen. Doch seine Pose, ja schon die Verschlossenheit des Gesichts unter der Kopfbedeckung, brachte sie davon ab. Ihr Mann war ein eigentümlicher Mensch, er liebte Sport, er liebte seine eigenen Gewohnheiten, mal ging er auf einen Sprung in die Welt eines Fernsehers, um sich ein Fußballspiel anzusehen, dann wieder in die eines Biers, um Freunde zu treffen. Verfiel er aber in Schweigen, ließ er sich nur sehr ungern stören.

Sie stand auf, brachte rasch ihr Haar in Ordnung und trat durch das kleine Tor. Außerhalb des Gartens war das Gras schnell aufgeschossen und frisch, als wäre es eben von Regen begossen worden. Bienen summten, die Sonne prallte. Die Frau ging einen schmalen Trampelpfad entlang zum nahen Wald hinüber. Das Leben ist schön und sonnig, dachte sie, immer kann man was ausbauen, verbessern. Die neuen Laken waren viel hübscher als die alten, und bei der ganzen Wascherei nutzte sich ja sowieso alles rasch ab. Im Zimmer der Kleinen brauchte es eine neue Nachttischlampe, vielleicht sogar ein größeres Bett. Ehe sie sich's versah, erreichte sie den Schatten der ersten Bäume. Ab da wurde der Wald dichter, und ging man noch tiefer hinein, konnte man bereits den Digitalstrom spüren. Die unbekannten Räume zwischen den Welten machten ihr stets Angst. Sie wollte nicht recht glauben, dass man darin ums Leben kam, vielleicht kam man ja auch nicht ums Leben, wer wusste das schon? Allerdings war von da noch keiner zurückgekehrt. Sie hatten etwas Unbegreifliches an sich, etwas, das fern aller Normalität lag. Kinder akzeptierten es leichter. Sie persönlich nicht.

Du sammelst dich, schaust nach links und nach rechts. Dann – ein Schritt vor. Schauer überlaufen den ganzen Körper. War man einmal losgegangen, durfte man auf halbem Wege nicht ins Stocken kommen.

Im Möbelgeschäft in der Nachbarwelt gab es neue Sessel, Sofas, Schlafzimmer mit vielen Kissen und Buffets. Neben dem Schaufenster lagen Perserteppiche aufgetürmt. Die chinesische Gruppe, die über deren farbige Muster aus dem Häuschen geraten sollte, stand rauchend draußen vor der Tür. Es war Sendepause. Die Neuangekommene sah sich um. Die Verkäuferin am anderen Ende des Raums bemerkte sie gleich und winkte sie herbei.

In dem Moment, als die Mutter in der Möbelwelt verschwand, erhob sich der Vater, warf sein Käppi aufs Tischchen, fuhr sich mit den Fingern durchs Haar in der Spiegelung eines der Erdgeschossfenster und zog los in eine eigene Richtung. Bis zur nächsten Sendung war mehr als genug Zeit.

Nun standen die Kinder vor den unendlichen Wiesen der Milchwelt. In der Ferne entfaltete sich die Erde in grünen Grashügeln, bespickt mit winzigen Bäumchen, während sich die Sonne dem Untergang zuneigte. Es war noch reichlich Zeit bis zur Sendung, denn diese begann am frühen Abend, wenn die Fenster des Bauernhofs im Tal aufleuchteten und die Kühe in einer langen, entspannten Reihe von der Weide heimkehrten, um gemolken zu werden. Jetzt hörte man nur ihre Glocken in der Ferne bimmeln, von den Falten zwischen den Hügeln her, jenseits des Blickfelds.

Der Hund rannte wie irr durchs Gras, mal schoss er vorwärts, mal wälzte er sich, mal brachte er Stöckchen mit der Hoffnung, jemand würde es wieder in die Luft werfen, dann streckte er die Vorderpfoten aus, hielt inne und bellte die Kinder an. Das war seine Art, ein allgemeines Fangenspielen anzuzetteln, doch es sah aus, als sei nur Dari bereit, sich mit ihm abzugeben. Wenn man selber einen Hund hat, sinkt die Lust, ihn an der Leine spazieren zu führen oder auf seine Ideen einzugehen, drastisch.

Die Luft war angenehm warm, aber nicht heiß. Der Himmel senkte sich und nahm eine unentschlossene Färbung zwischen Gold und Lila an. Die Kinder setzten sich unter ein paar krummen Bäumen nieder und ließen den leeren Blick auf dem Hof in der Ferne ruhen. Die Frau, die während der Sendung, ein Kopftuch über dem Kopf, die Kühe von der Weide holte, saß nun unter einem Strandschirm, der an die Steintreppe gelehnt war. Die letzten Sonnenstrahlen hatten längst herausgefunden, wie sie ihn umgehen konnten, doch die Frau schien es nicht zu bemerken. Sie hatte eine Bierdose aufgeschnippt und blätterte etwas durch, das von weitem wie ein Modemagazin aussah. Kurz vor Beginn der Sendung würden alle diese Dinge schnellstens weggeräumt werden. Sie sah die kleinen Ankömmlinge und winkte ihnen zu. Sie winkten zurück.

„Schau, wie gut sie es hat", sagte der große Junge. „Sie wohnt allein auf dem Hof, und keiner redet ihr drein. Während wir bei uns zu Hause ja direkt aufeinandergestapelt sind."

„Sie sieht einsam aus", stellte der Kleine fest.

„Sie sieht glücklich und entspannt aus", verbesserte ihn der große Bruder. „Eines Tages möchte ich mich auch so irgendwo hinsetzen und von keinem gestört werden."

„Und ich möchte ans Meer ziehen", fügte die Schwester an. Es wirkte wie ein Teil desselben Gesprächs, war aber eher eine Replik auf ihre eigenen Gedanken. Einmal, als sie sich zwischen den Welten verlief, fand sie sich unverhofft an einem Hafen mit Fischerbooten wieder. Zurück daheim, gab's dann reichlich Ärger und neue, noch strengere Verbote, doch das Meer ging ihr nicht mehr aus dem Kopf.

„Und das soll das Leben sein?", fragte Dari.

„Klar, was sonst?", sagte der große Bruder.

Dari gefiel ihm, und es passte ihm nicht recht, dass sie solche Fragen stellte. Doch sie sprudelte über davon. Hätte er erklären sollen, was ihm an ihren Fragen nicht gefiel, wäre er wahrscheinlich in Verlegenheit geraten, aber etwas an ihrem ehrlichen, absichtslosen Zweifel an allem reizte ihn. Wer stellt schon Fragen übers Leben, wenn er damit zufrieden ist? Nein, ihre Frage reizte ihn nicht, sie beleidigte ihn ein wenig. Vielleicht betrübte sie ihn auch. Die hübsche Dari mit dem sauberen weißgeblümten rosa Kleid. Was hinderte sie denn permanent daran, sich ganz entspannt ihres Lebens zu freuen?

Der Hund brachte einen ausgedörrten Kuhfladen und legte ihn ihm zu Füßen wie ein Geschenk.

„Hau ab!", scheuchte er ihn davon mit einer Machtbehauptung, die einen Tick stärker klang, als der Hund es verdiente.

„Nein, das ist es nicht", sagte der kleine Bruder.

Über seinen blassblauen Augen lagen die Lider halbgeschlossen vor Seligkeit.

„Was?"

„Das Leben."

„Klar ist es das. Was soll es denn sonst sein?"

Zur Untermalung der eigenen Frage zog ihm der Große eins über die Birne.

„Na, ich denk mir immer", fuhr der Kleine, an die für das rechtloseste Familienmitglied reservierten Manieren gewöhnt, fort „ich denk mir, wenn wir hier so von Welt zu Welt gehen und sie alle verschieden sind, wir sie aber nicht alle gleichzeitig sehen können, dann muss es doch irgendwo eine andere Welt geben, die allen Welten gemeinsam ist, weil nämlich, wenn es die nicht gibt, dann zerfallen die doch. Und fertig."

„Und wie zerfallen sie?", fragte der Große, der Gefallen am Fragenstellen gefunden hatte.

Er hatte schon lange bemerkt, dass der, der die Fragen stellte, der wichtigere von den zwei Sprechenden war und sich auch nicht sonderlich anzustrengen brauchte.

„So halt, mal hier – mal da."

„Und warum zerfallen sie jetzt nicht?"

Der Kleine ignorierte den ironischen Unterton des Großen und war bereit, bis ans Ende zu gehen.

„Na, weil es eine andere, gemeinsame Welt gibt, die sie zusammenhält, sag ich dir doch. Irgendwo über uns. Und keiner von uns kann da rein. Und da leben so Menschen, die uns lenken."

„Wie lenken sie uns?", fragten der große Bruder und die Schwester im Chor.

Der große Bruder mit einem höhnischen Lächeln, die Schwester mit Interesse. Dari hörte schweigend zu.

„Na so halt, ich weiß nicht wie", zuckte der Kleine die Achseln. „Mit Maschinen. Sie schauen uns zu und lenken uns."

„Unsinn!", sagte der Große. Seine Stimme hatte begonnen zu brechen und machte ausgerechnet am Wortende einen beschämenden Kieks. „Na gut, dann sollen sie mich jetzt dazu bringen, etwas zu tun! Na los!"

„Ob sie uns jetzt wohl sehen?", fragte Dari.

Da stand der Große auf und ging mit ausgestreckten Armen und zum Himmel gerecktem Kopf hin und her, wobei er wiederholte: „Na los! Kommt schon!", anfangs ängstlicher, dann lauter. Die Kinder brachen in Gekicher aus. „Kommt schon!

77

Lasst die Ohren von meinem Bruder grün werden! Lasst einen Bären auftauchen und mich auffressen! Lasst gleich ein Paar Hörner auf meinem Hintern wachsen! Kommt schon! Lasst meinen Bruder einen Kuhfladen fressen!" Die Frau vom Hof warf ihm einen uninteressierten Blick zu und vertiefte sich wieder in ihre Zeitschrift.

Nichts geschah. Kein Blitz fuhr herab, keine Hand kam vom Himmel, um ihn heraufzuziehen. Die Kinder kugelten sich vor Lachen, und am Ende fingen sie sogar zu klatschen an. Da seine These bewiesen schien, verneigte sich der Große wie ein Schauspieler und bezog noch mehr Applaus.

„Das ist das Leben, und es wird ewig so sein", sagte er.

„Ich weiß nicht", sagte Dari, wieder zu ihrem Zweifel zurückgekehrt. „Manchmal ändert sich auch etwas. Erinnert ihr euch, dass es mal eine Gasse mit Blumen an den Fenstern gab, wo jemand Bruschette gemacht hat? Jetzt finde ich sie nicht mehr."

Sie schüttelten die Köpfe. Da waren sie nie gewesen. Doch das brachte Dari auf etwas anderes.

„Ich kann euch Eis zum Probieren mitbringen! Nein, wenn ihr wollt, kommt doch gleich mit! Keiner wird's erfahren. Da gibt's Meer und Strand und eine sehr hübsche junge Frau im Bikini, die das Eis aus einem Wagen mit einem Pingu drauf rausholt und während der Sendung daran leckt."

„Woran, am Pinguin?", fragte der kleine Bruder neugierig.

Alle brachen in Lachen aus.

„Am Eis, du Dummchen! Wer leckt denn Pinguine? Also los, kommt ihr mit?"

Die Kinder vom „Perfekten Huhn" wirkten unentschlossen, blieben aber, wo sie waren. In ihrer einträchtigen Familie hatte Disziplin oberste Priorität. Das ferne Geräusch der Kuhglocken war nun immer deutlicher zu hören. Die Kühe waren auf dem Weg, der Sendetermin nahte. Viel Zeit blieb nicht, aber ein rasches Hin-und-Zurück passte locker ins Programm.

Nach mehreren Übergängen von einer Welt in die andere fand Dari schließlich genau das, wonach sie suchte.

Geschmeidig liebkoste das Meer die Küste mit seichten Wellen. Der Strand war leer, der goldene Sand sonnenwarm. Der Himmel erhob sich vom Wasserhorizont, umfing die Welt in seiner azurblauen Haube und versank hinter den rosa blühenden Oleanderbäumchen, die den Strand säumten. Dari trabte los zum Eiswagen, dieser stand aber einsam und unbeaufsichtigt in der Landschaft. „Bestimmt ist alles da drin schon geschmolzen", dachte Dari unzufrieden. „Man kann sich auf nichts mehr verlassen." Ringsherum war keiner zu sehen. Da waren nur leere Fußspuren im Sand, doch das Meer streckte sich schon, um auch sie auszulöschen. Sogar der Pinguin hatte sich irgendwo im Schatten versteckt. Plötzlich erklang von den Oleandersträuchern her ein Lachen.

Dari näherte sich vorsichtig und spähte zwischen den Blättern hindurch. Dort, auf dem Boden, lag die junge Frau mit dem Bikini und lachte, während zwei haarige Hände versuchten, an den Verschluss ihres Oberteils zu kommen. „Du bist ein böser Junge!", wiederholte sie und lachte wieder, aber nicht so, als hätte ihr jemand einen Witz erzählt, sondern so, als kitzle sie jemand. Hinter ihrem Lachen war das Brummen eines männlichen Basses zu hören. „Mach schon, wir haben keine Zeit", hörte Dari zwischen seinen Worten heraus. Die rosa Oleanderblüten verdeckten das Bild in seiner ganzen Fülle.

Die junge Frau richtete sich auf, stieß die haarige Hand weg, die sich jetzt verschoben hatte, um sich unter ihre Badehose zu wühlen, zog irgendwo ein Eis am Stiel hervor und führte es zum Mund. Zuerst ließ sie ein flinkes Zünglein über die Spitze kreisen, dann schien sie es zu küssen, dann schob sie die Lippen vor und sog es ein. „Ich will auch!" „Nichts da!" „Ich will auch!" „Träum weiter!" Aus dem Gebüsch erhob sich entzücktes Stöhnen, und die haarigen Hände zogen die junge Frau in die Tiefe.

„Nichts da, du gehst sowieso wieder zu ihr zurück", flüsterte sie.

„Ich hab die blöde, stumpfsinnige Kuh satt", sagte er, diesmal in einer weniger zärtlichen Tonlage. Um dann mit erstickter Stimme anzufügen: „Du bist ein böses Mädchen, ich werde dich bestrafen!"

Diese Stimme kam Dari irgendwie bekannt vor.

Es folgte eine Art Balgerei, wobei einzig zu sehen war, wie die Hälfte der Bikini-Schnalle zur Seite flog, während die Blätter um die beiden ins Wogen gerieten. Darunter war ein Atmen zu hören, durchsetzt von kehligen „Aaahs", „Ooohs" und wiederholtem Stöhnen. Dari trat einen Schritt nach vorn und schaffte es, inmitten des Gewühls aus Beinen, Armen und langem Haar das Gesicht ihres Vaters zu sehen, dem Oleandergeäst zugewandt im Ausdruck mystischer Ekstase. Bis zu diesem Augenblick hatte sie geglaubt, dass von allem auf der Welt ihn am meisten die frische Wäsche ihrer Mutter erfreute.

„Dari, was tust du hier?", rief er.

Sie erstarrte. Sie wollte ihm sagen, dass sie gekommen war, um sich ein Eis zu holen, dass sie ihren Freunden versprochen hatte, ihnen auch welches mitzubringen, dass die neue Sorte nach Himbeer schmeckte, was ihr besonders gut gefiel, brachte aber kein Wort heraus. Und ohnehin schien sich ihr Vater mit den Eissorten genauso gut auszukennen. Ihr Mund blockierte, bevor die Worte herauskamen, und schaffte es nicht, irgendetwas auszusprechen. Sie konnte nur noch losheulen und davonstürzen. Und wer war diese blöde, stumpfsinnige Kuh, die er satt hatte? Ihre Mutter? Die war doch so klug und hübsch und sorgte so gut dafür, dass alle sauber und glücklich waren! Was war denn das Blöde an ihr? Er tat also nur so, als freute er sich, sie zu sehen, während er sich in Wirklichkeit gar nicht freute und wahrscheinlich deswegen immer schwieg unter seinem Käppi, und auch bei Dari tat er nur so, aber auch sie schwieg er an, wo sie sich doch solche Mühe gab. Und immerfort die Laken hochreichte. Und da sie ja stets in den Gedanken ihrer Mutter war, war also auch sie ein Teil von deren stumpfsinnigem Geist. Ein blöder Gedanke.

„Dari!", rief der Vater, diesmal lauter.

Er war nackt hinter ihr her gestürzt, wobei er mit dem Käppi jenen Teil seines Körpers zugedeckt hielt, über dem vorher das Haar der jungen Frau gelegen hatte. Die junge Frau selbst sprang auch aus dem Gebüsch, wobei sie versuchte, ihren BH zuzumachen, was ihr aber einfach nicht gelingen wollte.

Dari kam ans Ende der Eiswelt, holte tief Luft, sah aber nicht nach rechts und links, sondern machte einfach einen Schritt nach vorn. Der mächtige Digitalstrom erfasste sie und trug sie davon.

Sie flog seitwärts, hinab, zurück, wurde herumgewirbelt, und nichts Festes war da, woran sie sich hätte halten können, ihr Atem blieb weg, das, was geatmet werden konnte, verflüchtigte sich, es waren Geräusche zu hören, ineinandergreifende Melodien, Bruchstücke menschlicher Rede, Windschall, der durch gläserne Rohre zischte, und ein Dröhnen, das ungehindert durch ihre Knochen fuhr.

Es rieselte ein feiner kalter Nieselregen. Die Wolken lagen ganz tief, sie berührten beinahe die Erde und rochen nach Rauch. Der Weg war uneben und schlammig, und darüber schritten die Füße von Tausenden von Menschen. Männer, Frauen, Greise, Jugendliche, Mütter, Väter, Gruppen von Freunden, aus mehreren Generationen bestehende Großfamilien, schweigsame Einzelgänger, matte Babys, stöhnende Kranke, ehrgeizige Anführer, heulende Bengel. Ihre Kleider waren schwarz, grau, ausgebleicht, zerlumpt, fleckig, nur hie und da sprang die eine oder andere lustige Farbe, ein grelles Pink oder Neongrün hervor, von einem Kopftuch oder T-Shirt, das offenbar in glücklicheren Zeiten ausgewählt worden war. Die Schuhe von allen waren nass und zerfielen vom vielen Gehen. Manche Menschen hatten Plastiktüten über die Socken gezogen und sie oben irgendwie zugebunden, mit dem, was sie gerade zur Hand hatten. Vor dem Wasser gab es aber kein Entkommen. Wich man den Pfützen aus, verlängerte sich der Weg, und nicht jeder hatte die Kraft dazu.

Dari geriet mitten in eine brüllende Menschenmenge. Ihre rosa Schuhe sanken im Schlamm ein. Sie versuchte, sich umzusehen, um herauszufinden, wo sie war, der Menschenstrom hinter ihr schwoll aber immer mehr an. Ein paar schafften es gerade noch, einen Bogen um sie zu machen, doch eine dicke schnurrbärtige Frau mit schwarzem Kopftuch rempelte sie mit ihrem Bauch an, und Dari flog in die Pfütze.

„Pass doch auf!", rief die Frau ihr zu, als hätte Dari sie angerempelt, und ging ächzend weiter.

Sie rief in einer unbekannten, ganz fernen Sprache, aber irgendwie verstand Dari sie. Sie stand wieder auf, schaute sich um, um zu sehen, wo sie einmal beiseitetreten könnte, sah dann aber die trübe Kloake im Straßengraben und unterließ den Versuch. Ihr nasses Kleidchen blieb an ihren Beinen kleben, ihr säuberlich gekämmtes blondes Haar hing nun in schlammigen Strähnen herunter. Die Kälte drang von allen Seiten in ihren Körper.

Ein paar unrasierte junge Männer begannen mit dem Finger auf sie zu zeigen und zwinkerten einander zu. Einer von ihnen machte sich auf zu ihr. Der untere Teil seines Gesichts lächelte, während der obere mit den zusammengewachsenen Brauen ganz ernst aussah. Wie gelähmt von seinem starren Blick, blieb Dari stehen. Er wischte sich mit dem Ärmel die Nase ab, griff

tief in seine Hosentasche und zog drei Lutschbonbons hervor
– gelb, orangenfarben und grün, solche, wie sie in Banken-
büros und Hotelfoyers gratis zum Mitnehmen aufliegen, damit
die Kunden das Gefühl haben, rundherum bedient zu werden.
Süße Glassplitter mit künstlichem Fruchtaroma und Wein-
stein-Beigeschmack. Dari versenkte den Blick in ihre freundlichen Farben. Sie wusste, sie schmeckten nicht besonders, aber
sie waren wie ein Brief aus einer anderen Welt. Einer Welt, in
der es Zellophanhüllen, schöne Farben und allerhand kleine
Dinge zum Verschenken gab. Wer in der Nähe solcher Bonbons
lebte, schenkte ihnen keine Beachtung, jene hingegen, die fern
davon lebten, griffen mit vollen Händen zu. Ihr Interesse
bemerkend lächelte der junge Mann noch breiter. Seine Augen
schienen an ihr zu kleben. Um ihn herum verlangsamten auch
seine Freunde den Schritt mit unverhohlenem Interesse. Dari
griff nach den Bonbons. Im letzten Moment packte sie eine
trockene, warme Hand und zog sie davon. Sie gehörte einer
Frau mit verhülltem Gesicht, doch auch unter dem schwarzen
Stoff war zu erkennen, dass die Frau jung war. An der anderen
Hand führte sie ein kleines Mädchen in Daris Alter und auf
dem Rücken hatte sie einen Säugling. Dari stellte keinerlei
Fragen und ging einfach weiter mit der Unbekannten, deren
Hand der einzige Ort war, wo es trocken und warm war. Diese
Hand wartete auf sie bei den größeren Pfützen und zog an ihr,
damit sie sich beeilte, wo der Weg eben und hart war.

„Ich will nach Hause!", heulte es aus Dari heraus.

„Was einmal war, ist gewesen", sagte die Frau.

Man merkte, dass sie nicht zum Plaudern aufgelegt war. Sie
schritt und schaute vor die eigenen Füße.

„Dann lass uns heimgehen."

„Wohin?"

„Zu mir. Ich wohne gleich beim Berg in einem großen Haus
mit Garten und weißen Vorhängen, und Leinen, über die wir

die Wäsche hängen. Ich will dahin!"

„Wir alle wollen dahin", sagte die Frau und schritt unentwegt weiter.

Unter ihrem schwarzen Schal waren die Lippen wahrscheinlich fest zusammengepresst.

„Und wann kommen wir an?"

„Sei still und geh weiter."

Das andere kleine Mädchen an ihrer Seite hatte offenbar längst gelernt, keine Fragen zu stellen.

„Wo sind wir?"

„Bis die Nacht fällt, sind wir vielleicht an der Grenze."

Hinten war das Geheul eines Motors zu hören. Irgendein Kraftfahrzeug bewegte sich quälend langsam voran. Die Menschenmenge teilte sich davor entzwei, dahinter lief der Fluss wieder zusammen. Die Frau trat mit den Kindern zur Seite. Ein schwarzer Jeep fuhr an ihnen vorbei. Aus dem heruntergedrehten hinteren Fenster ragte eine Filmkamera. Das Objektiv musterte sie von allen Seiten, nahm sie in sich auf und fuhr weiter. Dann versank der Wagen in der Masse vorne, als wäre er nie durchgefahren. Einzig die Spuren seines Reifenprofils blieben klar und aufrecht stehen, bis zum Moment, als jemand drauftrat. Diese Spuren kannten keine Angst vor den Pfützen, sie fuhren mitten hindurch und kamen klar und aufrecht auf der anderen Seite wieder heraus. Aber nach und nach verschwanden auch sie. Was blieb, war nur das Gehen – vorwärts, vorwärts, vorwärts.

„Ich will dahin zurück, wo ich hergekommen bin", sagte Dari. „Ich will zur Milch und zum Eis zurück. Ich will zu Mama und Papa! Ich will heim. Ich will zum Hund. Ich will…"

„Sei still."

Der Weg stieg an und war gar nicht einfach für die Menschen, die beladen waren.

„Wie komm ich zurück?"

Die Frau ging noch eine Weile so weiter, bevor sie antwortete. Jetzt atmete sie schwer und musste sich ausruhen, doch man konnte sich nirgends hinsetzen. Und es setzte sich auch keiner hin. Es schien, als spielte sich zwischen den Gehenden ein unangekündigter Wettlauf ab. Ein Wettlauf, der in grauer Vorzeit begonnen hatte und noch lange andauern würde, wer weiß, wie lange. Ein Wettlauf zu irgendeinem gemeinsamen Ziel, das sich abhob wie der dunkle Punkt in jedermanns Auge. Am Ende sagte sie:

„Wenn du einmal in den Nachrichten landest, mein Kind, gibt's kein Zurück."

Dari schaute den Schlamm auf dem Weg an, schaute den grauen nassen Himmel an und die Hand, die sie führte und ein zaghaftes Versprechen zu enthalten schien. Nichts von dieser Umgebung sah so aus, als würde es im nächsten Moment verschwinden. Von der Seite nickte ihr ein weißhaariger Mann mit glatten, wenn auch ein wenig hängenden Wangen, einem schweren Rucksack auf dem Rücken und einem Plastiksack auf dem Kopf ermutigend zu. Ohne stehenzubleiben, zog er einen trockenen Pullover aus seinem Gepäck und warf ihn über ihre Schultern. Dari kam es vor, als sei das der Mann, der früher in der Gasse mit den Blumen Bruschette röstete, aber sie war sich nicht ganz sicher. Er hatte stark abgenommen. Womöglich waren noch andere gefallene Menschen in der Nähe.

Es war Liebe auf den ersten Blick. Er kam geduckt in den Laden und warf einen kurzen Blick um sich, für alle Fälle. Der Kragen seines Mantels war aufgerichtet, die Schirmmütze verbarg die Augen. Beim Zugehen schlug die Tür ein kleines Glöckchen, und er zuckte zusammen. Für einen kurzen Augenblick bekam ich Angst, er würde wieder auf die Straße rennen, noch bevor er sich richtig umgesehen hatte. Das Glöckchen hing natürlich wegen unserer Verkäuferin da. Tagtäglich kam sie von zehn bis sieben mit ihrer Plastikmappe zur Arbeit, zog ein Lehrbuch für Tourismuswirtschaft hervor und machte sich, umgeben von federnden Gliedern und schwarzen Ledermasken, an ihre Notizen. Ich stand im Schaufenster.

„Kann ich Ihnen behilflich sein?", fragte sie und knipste ihre Tischlampe aus. Im Laden breitete sich das erwünschte Halbdunkel aus.

Er wurde konfus, griff sich die erstbeste Schachtel und reichte sie ihr.

„Brustwarzenvergrößerungspumpe, 95 Leva", sagte die Verkäuferin und ging zur Kasse.

„Nein, nein, nein", sagte er und schob die Schirmmütze hoch, um besser sehen zu können. Seine Augen waren wie offene glänzende Knöpfe. Er geriet durcheinander. Verlangte irgendeine Gleitcreme.

„Aromatisiert, leuchtend, Menthol, anal, für den Eigengebrauch?"

Ich sah, wie eilig sie es hatte, zu ihren Büchern zurückzukehren, sie warf sogar einen Blick auf ihre Uhr. Und siegte tatsächlich. Der Mann fuchtelte mit den Armen, um die Spur seiner Bestellung zu löschen, und stürzte zur Tür hinaus, als befänden wir uns in einem sinkenden Bus, und dies wäre die einzige Öffnung zur Oberfläche. Ich war verzweifelt. Ich wusste, er würde nicht wiederzukommen wagen. Auf dem Weg nach draußen warf er die Schachteln mit den Silikonaftern um und fing an sie aufzusammeln. Ich verpasste ihm einen leichten Tritt ins Gesicht.

Und da sah er mich.

Berührte mein langes Haar.

Ich hatte meine mechanische Zunge verschluckt.

Er strich über meine Cyber-Haut.

„Haben Sie nur Blondinen?"

Ich erschauerte. Wünschte, ich könnte die Hände gegen meine wassergefüllten Brüste drücken.

„Nein, wieso, wir haben auch Brünette."

Sagte die Verkäuferin und begann hinter dem Stand herumzukramen.

„Ich nehme die da", beeilte er sich zu sagen und zog mich an sich. Ich wusste, dass sich sein Gesicht in meinen Glasaugen spiegelte.

„Soll ich ihr die Luft rauslassen, oder möchten Sie lieber eine brandneue in der Schachtel?"

Man möchte meinen, einmal Luftrauslassen sei nichts Besonderes. Es passiere jedem. Man überlebt. Was mich betrifft, sieht es ein bisschen anders aus. Lässt man dir einmal die Luft raus, kannst du niemals mehr sicher sein, dass man dich wieder aufblasen wird. Die Geschmäcker ändern sich, es tauchen immer wieder neue Modelle auf, mit naturgetreuem Körperbau, einem Knopf für politische Meinungsäußerungen und der Vagina von Jenna Jameson. Er nahm seinen Mantel ab und legte ihn mir um.

Wir traten in den Regen hinaus. Bis wir in seinem Wagen waren, war mein Haar ganz nass. Die Leuchtbuchstaben flimmerten rosa und beleuchteten das diskrete Schaufenster, aus dem ich bis vor kurzem herausgeschaut hatte. Ohne mich war es leer, aber ich verspürte keine Nostalgie. Wohin er mich auch drehte, ich sah Schaufenster und Straßen. Vielleicht sieht jeder Anfang so aus.

In den ersten Stunden dieser romantischen Nacht lernten wir einander näher kennen. Wir fingen unter der Dusche an, dann stöhnte er, stach, schwenkte, stieß, leckte, rammte, saugte, und ich, ich stellte fest, dass ich stark genug war, um sein Gewicht auszuhalten. Mir fiel auf, dass er gerne mit mir sprach, während er die Wölbungen meines Körpers auskundschaftete, doch es bestand keine Möglichkeit, ihn darauf aufmerksam zu machen, dass die Ansage „Ich bring dich zum Platzen" für mich wie eine Morddrohung klang. Am Schluss betrank er sich, legte mich auf den Tisch schlafen und füllte mir den Mund mit Champagner. Ich erbrach, natürlich. Ich kann nur kleinere Mengen Flüssigkeit aufnehmen.

So begann unser Zusammenleben. Morgens, bevor er zur Arbeit ging, trug er Frühstück für zwei auf und setzte mich sich gegenüber an den Tisch. Er erzählte mir in allen Einzelheiten von seinen Problemen auf der Arbeit, von seinem Chef, der immer alles für ein Butterbrot von einem haben wolle, und wie keiner aufzumucken wage. Das Wort „aufmucken" gefällt mir auf besondere Weise. Ich höre es fast jeden Morgen. Ich bedauere ihn dann immer ein wenig, aber ich kann gut zuhören. Wir sind füreinander geboren, dachte ich in solchen Momenten. Bis er begann, abends wegzubleiben.

Die Uhr rückte vor, Minute um Minute, Stunde um Stunde, und ich, ich hatte einfach nicht die Kraft, meine Körpertemperatur aufrechtzuerhalten. Ich lag auf dem Wohnzimmersofa, in den schwarzen Strumpfhaltern, in denen ich schon seit Tagen herumlag, und fühlte mich fehl am Platz. Was ist der Sinn allen Schmucks, wenn du ahnst, dass du nicht mehr beachtet wirst? Die Tür wurde aufgeschlossen. Statt einer Person kamen zwei herein. Vom Flur her war das Lachen einer Frau zu hören. Es bestand aus zerbrechlichen kristallinen Lauten, die ich nicht hervorbringen kann. Er kam ins Wohnzimmer gestürzt, packte mich und quetschte mich durch die Seitentür in einen Schrank in der Küche. In meine eigenen Beine verheddert, hörte ich zu, wie die beiden ins Wohnzimmer gingen und mit dem bekannten Gerammel und Gestöhne anfingen. Ich wusste, dass das mein Ende war. Mein Haar fing bereits an, büschelweise auszufallen, während mein Rachen von selbst anging und trocken zu schlucken begann. Bald darauf, eigentlich verdächtig bald, kam jemand in die Küche. Am leichten Schritt erkannte ich, dass es die Frau war. Sie machte den Gasherd an und fragte laut: „Wo hast du deinen Kaffee?" Statt zu antworten, war mein Liebster losgestürzt, um sie aufzuhalten, aber bis er in die Küche kam, schaffte sie es, alle Schränke aufzureißen, und in dem einen war ich.

Ich muss ausgesehen haben wie eine Tote, denn im ersten Moment schrie sie auf. Dann aber begann sie heftig zu grimassieren, wiederholte nur mehr „Was? Was?" und zog mich raus.

„Lass sie sofort los!"

„Perversling!"

„Du hast keine Ahnung, lass sie", schrie er und machte einen Versuch, mich ihren Händen zu entreißen. Die Frau aber warf mich auf den Herd. Meine Hand, mit meinen wunderbaren, zu einer Faust geballten Fingern, schmolz, noch bevor sie das Feuer berührte. Während meiner Verwandlung von einer Schönheit in eine Invalidin gelang es mir zu bemerken, dass die Frau ihren fetten Körper in sein lilafarbenes Hemd gehüllt hatte.

Er sagte ihr, sie solle auf der Stelle verschwinden. Sie drohte ihm, dass alle auf der Arbeit davon erfahren würden. Er erklärte ihr, dass der Sex mit ihr nicht halb so schön sei wie der mit mir. Man zog sich um, es wurden Hemden getauscht, Taschen, es gab einen Beschuss mit einem Schuh, Rückkehr wegen eines Handys, Türenknallen. Und dann kam er zu mir.

Klebte meine verbrannte Hand zusammen und verband sie mit einem Pflaster. Dann blies er mich mit seinem eigenen Atem auf. Kämmte mir das Haar. Deckte mich mit seiner Decke zu und wiederholte die ganze Nacht „Du bist meine Seele", „Nur dich trage ich im Herzen" und noch weitere solche Worte, wie ich sie oft in Liedern höre, aber nie in einem persönlichen Gespräch. Wegen meines gebrechlichen Zustands war Sex in dieser Nacht undenkbar, und das verstand er. Während er meine unversehrte Hand fest in der seinen hielt, über- ließ er sich auf dem Kissen seinen Tränen. Ich weinte nicht mit. Ja, meine Augen sind aus Glas, aber das war nicht der Grund. In dieser Nacht wurde mir klar, dass ich nicht die Einzige war. Und dass ihm der Verrat im Blut steckte. Noch während die fette Tilla durchs Haus schrie, mit ihrem hängenden Hintern unter seinem lila Hemd, begriff ich, dass jede x-beliebige Schreckschraube mich übertraf. Denn ich war ja seine Seele und sein Herz, aber er verachtete sich selbst. Ich wollte ein Mensch werden.

Ich muss einen Weg finden, um Mensch zu werden. Um lieben zu lernen? – werdet ihr fragen. Eine absurde Frage. Ich bin für die Liebe gemacht, das steht auf meiner Verpackung. Nein, nein, nein, es ist viel einfacher – um selbständig gehen zu lernen.

Dann erst werde ich darüber nachdenken, ob ich ihm den Gashahn aufdrehe oder nicht.

Wünsch dir was

Gleich hinter der Kurve glänzte sein hübsches Haus auf dem verschneiten Hang auf. So rar sich die Sonne auch machte, der eine oder andere Strahl schaffte es stets, sich in den schokoladenfarbenen Traufrinnen und den dunklen Aluminiumfensterrahmen, die ganz wie aus Holz aussahen, zu spiegeln. Über dem schneebedeckten Dach ragten störrische Rhodopen-Felsen in den Himmel, ungezähmt von menschlicher Gegenwart, und hätte jemand Weihnachtskartenmotive eines unverdorbenen aber technisch hochentwickelten Bulgarien aufnehmen wollen, dann war hier der Ort zum Knipsen. Rundherum gab es noch andere Häuser, authentische Zeugen jener Zeiten, als von den tiefer im Tal gelegenen Dörfern Menschen auf Eseln zu ihren Weiden hinaufkamen, um für ebendiese Esel Gras zu mähen; sie hatten Scheunen besessen, Kühe gehalten und das Rad des Lebens mit der Geschwindigkeit der Jahreszeiten gedreht. Hinter den verrauchten Scheiben seines silberblauen Audis wischte sich Dipl. Ing. Matej Taneff, Berliner Pensionist einer Heizungsbaufirma, eine Träne ab. Er war nach Bulgarien zurückgekehrt, um wieder bei seinen Verwandten zu sein, und mit dem geheimen Wunsch, in ihrer Mitte zu sterben.

Allerdings erforderten auch derart einfache Wünsche frühzeitige Vorbereitung und titanische Anstrengungen, um die Umstände in eine einheitliche Richtung zu lenken. Dreißig Jahre Aufstieg und Fall unter den ökonomischen Bedingungen eines unerbittlichen Staates hatten ihn im Geist immer wieder zu einem erinnerungswürdigen Kreis von Menschen zurückgeführt, die sich leise bei der Feuerstelle unterhielten, hausgebackene Rundbrote aßen und die Milch mit der Sahne zum Frühstück tranken. Diese Bilder erschienen ihm nicht nur, als er bei Siemens entlassen wurde, sondern auch, als man ihn bei Mercedes anstellte, und nicht zuletzt, als er bei der Heizungsbaufirma ins Ziel seiner Ingenieurkarriere einlief. Seinen Lebensweg kreuzten ein paar deutsche Frauen, die bereit waren, ihn bei sich zu Hause aufzunehmen, solange er nicht darauf beharrte, auch Opas Weiden mitzubringen. Dreißig bis fünfzig Jahre alte Erinnerungen ließen den, der sie in sich trug, vor Kummer umkommen und langweilten die, die sie sich anhören mussten, zu Tode. Nach und nach wuchs der Kreis von Verwandten, die sich leise bei der Feuerstelle unterhielten, auf kontinentale Dimensionen an und zerquetschte den Großteil von Dipl. Ing. Taneffs Beziehungen zur sichtbaren Wirklichkeit. Als bekannt wurde, dass die Grenzen für die ehemaligen „Staatsflüchtigen" geöffnet wurden, brach Taneff nicht einmal gleich auf. Zwei Jahre lang kostete er den Vorgeschmack aus, wie er auftauchen, wen er treffen und wohin er gehen würde. Es war eine Leidenschaft, die in allen Einzelheiten ausgelebt werden musste.

Ausgerechnet in der Kurve kam der Audi ins Schleudern, Taneff drückte unbewusst aufs Gas, um die Steigung zu meistern, und die Räder liefen leer über den Schnee. Die Abzweigung hinauf war schlecht freigeräumt. Die Plastiktüte mit den vakuumierten Würsten auf dem Vordersitz kippte zur Seite, und die Lukankas schlossen sich dem Aufstand der Dinge an. Nach ein paar weiteren nutzlosen Bewegungen landete der Wagen in einer bequemen Furche, und da blieb er auch. Die grobgestrickte Siedlung aus Häusern beobachtete ihn mit distanziertem Interesse vom Hang herab. Aus einer mit Ziegeln ausgebauten ehemaligen Scheune sprang eine, ganz allgemein ausgedrückt, menschliche Gestalt heraus und lief, eine Schaufel in der Hand, hinunter zum Audi. Es dauerte ein wenig, bis Taneff darauf kam, dass unter dem Schal, der Mütze und dem Schaffellmantel eine Frau steckte. Ein paar ergraute Locken flatterten im leichten Wind.

„Aber hallo, Herr Deutschland! Wolltest du nicht regelmäßig kommen?"

Das war Dana, eine Freundin aus der Kindheit und in der Gegend die Hebamme. Die Jahre hatten ihre eigenen Striche auf ihrem verschmitzten Gesicht hinterlassen. Er war sich bewusst, dass er nicht besser davongekommen war. Dana wühlte den Schnee direkt vor den Reifen auf und warf Kiefernzweige zusammen. Unter dem Vordach der Scheune ragte das Heck ihres Moskwitsch hervor, als Beweis, dass es andere Leute besser hingekriegt haben.

„Warum bist denn du nicht unten in Smoljan?", fragte er.

„Ich bin gekommen, um bei meinen Eltern sauberzumachen. Die Armen, bei denen ist echt die Luft raus."

„Sie leben aber noch, oder?", fragte Taneff und versuchte zu starten. Der Wagen ruckte nach vorn und ging aus. „Weißt du was, schieb mich doch mal zurück."

„Leben! Das frag sie lieber selbst", sagte Dana und stemmte sich gegen den Kühler. „Hast du schon mal was von Schneeketten gehört?"

„Das ist das Einzige, woran ich nicht gedacht habe. Ein Kopf allein kann nicht alles. Was soll's, ich lass ihn hier stehen und trag die Sachen von hier aus rein. Wenn mein Schwiegersohn kommt, schauen wir weiter."

„Wie du meinst."

Dana nahm eine Tüte in jede Hand und ging den Hang hinauf. Taneff streckte sich, holte tief Luft und folgte ihr mit einem Netz voll Flaschen. Im faden nachmittäglichen Licht sah alles lilafarben aus – der Schnee ebenso wie die Kiefern mit ihren hängenden Zweigen, gleich alten Greisen, die sich das Haar nicht mehr schneiden lassen, und auch der nur mehr schlecht als recht freigeräumte Weg, der sich zu den einzelnen Häusern hin verzweigte. Taneff kam es vor, als hätte jemand unter dem Neuschnee und zu seinem Haus hin den Weg gebahnt, doch er dachte nicht weiter darüber nach. Dana trug die Tüten fast bis zu seinem Haus, stellte sie im Schnee ab und sagte, sie müsse los.

„Komm morgen Abend mit mir Weihnachten feiern", lud er sie ein. „Meine Schwester und ihr Mann, ihre Tochter und ihre Familie und mein Neffe werden auch da sein."

„Morgen bin ich in Smoljan", sagte sie. „Geht nicht anders. Aber hab vielen Dank."

Während sie sich durch den Schnee entfernte, sah Taneff, wie von ihrem Kopf ein Qualm aufstieg, der stärker war als der weiße Kältedunst ihres Atems. In Deutschland rauchten die Menschen weitaus weniger.

Die massive Eichentür sah verkratzt aus. Er wurde wütend. Wer sollte es nötig gehabt haben, seine Tür zu zerkratzen. Als er die Klinke hinunterdrückte und diese ungehindert nachgab, klärte sich das Bild vollends. Er trat in sein Haus und war entsetzt.

Die Flokati-Teppiche vom Boden waren weg. Die vollautomatische Waschmaschine in der Küche fehlte. Die Betten streckten einem mit ihren Holzskeletten die Zähne entgegen. Sogar die Glühbirnen waren abgeschraubt worden. Aus dem Loch einer Steckdose, die die Einbrecher offenbar auch haben wollten, ragte ein Kabel, zweigeteilt wie die Zunge einer Schlange. Taneff griff sich ans Herz und ließ sich in den beigen Sessel fallen, dem es, warum auch immer, nicht gelungen war, Interesse zu wecken. Von den vierundzwanzig neuen Wolldecken, mit denen er seine Gäste empfangen wollte, fehlte jede Spur.

„Gott, was für ein Schlamassel", wiederholte er in einem fort. „Gott, was für ein Schlamassel."

Er wünschte, all das würde jemand anderem passieren. Er hatte weder die Zeit noch die Ressourcen, es mit der Situation aufzunehmen. Diese Weihnacht war besonders wichtig. Seine nächsten Verwandten, und, technisch betrachtet, direkten

Erben, sollten zusammenkommen, sich in einem Kreis ums Feuer setzen und so sehr Gefallen daran finden, dass ihre Seele für immer im Bann der Glut, des weißen Schnees und der störrischen Felszacken blieb. Letztes Jahr an Weihnachten war alles so vielsprechend gewesen.

Damals duftete die Wohnung seiner Schwester nach gebratenem Truthahn mit Sauerkraut und Kürbis-Baniza aus Zutaten, die Dipl. Ing. Taneff besorgt hatte. Seine Schwester trug die Teller auf, umsorgte ihn von allen Seiten und fragte immerfort: „Hast du alles, Bruderherz?" Ihr Mann, Professor Pančev, saß in der Sofaecke, hob von Zeit zu Zeit das Rakija-Glas in Taneffs Richtung und lächelte wie ein überfütterter Kater. Ihre Tochter, üblicherweise reizbar und kultiviert, war diesmal nur kultiviert und saß neben ihrem schweigsamen Ehemann am Tisch. Ihr jüngerer Bruder Boris wurde nicht müde, Witze zu erzählen. Sogar Taneffs alte Mutter hatte sich vom Bett erhoben und weihräucherte das Haus. Alle zusammen schrieben sie die Glückszettelchen mit großer Konzentration und einem derartigen Eifer, dass es ihnen, während sie schrieben, beinahe gelang, einen umfassenden Streit vom Zaun brechen zu lassen, weil jeder seine eigenen Lieblingsvorschläge vorbrachte, aber nur das Beste in die Baniza sollte. Am Ende des Abends, ganz krumm vom vielen Essen, hatten sie einander versprochen, nächste Weihnachten wieder zusammen zu verbringen, und Taneff hatte sie in sein damals noch nicht fertiggestelltes Berghaus eingeladen.

Leider, dachte er, während er die ausführlichen Tagebücher seines Gedächtnisses nach Erinnerungen durchstöberte, ist seither zu viel Unannehmliches vorgefallen, was jetzt, am neuen Weihnachtsfest, hoffentlich mindestens teilweise wiedergutgemacht werden könnte. Nicht davon zu reden, dass auch seine Mutter gestorben war. „So ist es… Die Liebe unter den Nächsten kann alles besiegen, nur das Schicksal nicht."

Jetzt musste er alle von seinem Handy aus anrufen, um ihnen zu sagen, dass sie nicht kommen sollen. Gab es auf diesen Gebirgskämmen überhaupt Empfang? „Gott, was für ein Schlamassel." Trotz der Kälte öffnete Taneff das Fenster und spähte hinaus. Die Nacht senkte sich schon über die Erde, und der Schnee strahlte mit überirdischer Klarheit. Der kühle Sauerstoff, den die Bäume rundherum ausdünsteten, berauschte ihn. Ihre Stämme schienen, unter Schneekaskaden verborgen, zu dröhnen, oder vielmehr war die ganze Luft wie mit satter Stille wattiert, hinter der die Kiefern Bass-Lieder sangen. Sein Blick kehrte zu seinem leichter gewordenen Haus zurück. Auf dem Kaminsims hatte er bei seinem letzten Besuch um der Stimmung willen eine Weihnachtskarte zurückgelassen. Darauf saß der Weihnachtsmann mit seinen roten Wangen hinter einem Rentiergespann. Taneff schüttelte vorwurfsvoll den Kopf. Die Aufgabe des Alten war doch zu geben, nicht zu nehmen.

Da schüttelte eines der Rentiere auf der Karte, als wollte es seine Geste beantworten, auch noch den Kopf. Ferne Glöckchen waren zu hören. An seinem Verstand zweifelnd nahm Taneff die Karte in die Hand und stierte mit seiner ganzen Aufmerksamkeit darauf. Der Weihnachtsmann verpasste den Rentieren einen Peitschenhieb, und sie zogen von dannen. Das silberschimmernde Gespann entwich den Pappumrissen, und wo es gewesen war, blieben nur zwei weiße Schlittenspuren und ein dampfender Haufen Rentiermist zurück.

Von draußen drang schneegedämpftes Getrappel und Schnauben. Durchs Fenster kam ein roter Sack geschwungen, gefolgt von einem rotbackigen Greis mit dichtem weißen Bart und kolossalem Bauch. Grummelnd und ächzend schaffte er es über den Rahmen und bedeckte den Boden mit Schnee.

„Halt, halt, wer bist denn du?", fragte Taneff und wich zurück.

„Wer ich bin? Schneewittchen! Wem sehe ich denn ähnlich, hm?", sagte der Greis und breitete die Arme aus wie zu einer Umarmung.

„Dem Weihnachtsmann", wimmerte Taneff. Er rieb sich die Augen und öffnete sie wieder. Der Weihnachtsmann stand da wie gehabt, in einem roten, fellbesetzten Mantel, und zwirbelte seinen Schnurrbart. Offenbar hatte er beschlossen, Dipl. Ing. Taneff ein bisschen Zeit zur Orientierung zu lassen.

„Hättest du nicht durch den Kamin kommen müssen?"

„Im Prinzip schon, aber wenn das Fenster schon offensteht… Ehrlich gesagt, machen mir die Plattenbauten die größte Mühe. Du kannst dir nicht vorstellten, was es heißt, sich durch die Heizröhre zu zwängen. Aber was soll's, sind alles meine Sorgen."

„Und den Schlitten, wo hast du den gelassen, ist der aufm Dach?"

„Nein", sagte der Weihnachtsmann, „den hab ich neben dem Audi geparkt."

Um dann, als hätte er den zappelnden Gedanken Taneffs gelesen, nachzureichen:

„Ich habe ihn nicht verkratzt."

Taneff konnte sich immer noch nicht fassen.

„Dann siehst du also wirklich so aus! Rote Mütze mit Quaste, weißer Bart, Schmerbauch … Wie du gezeichnet wirst …"

„Naja, nicht unbedingt", unterbrach ihn der Alte. „Ich bin gewissermaßen gezwungen, so auszusehen. Sag selbst, wäre ich als langhaarige Lady in schwarzen Strapsen erschienen, hättest du mich dann erkannt?"

„Niemals", gab Taneff zu, wobei er die Gelegenheit nicht ausließ, in Gedanken festzustellen, dass die Idee gar nicht so schlecht war.

„Na, siehst du? Sag jetzt, warum bist du so trübe gestimmt? Von wegen: ‚Die Aufgabe des Alten ist doch zu geben, nicht zu nehmen.' Du beleidigst mich doch, Menschenskind!"

Taneff fühlte, dass ihn ein Schauer überlief, wie einer, der allein zu baden glaubt, um dann entsetzt, Wanne, Seife und Schwamm lebendig werden zu sehen. Er holte eine der Flaschen, die er eigenhändig ins Haus geschleppt hatte, kramte aus den Tiefen des Büfettschranks einen heilgebliebenen Plastikbecher hervor und schenkte sich eine naturgewaltmäßige Dosis alten Rakija ein.

„Also, reden wir Klartext. Du fragst mich, und ich sag's dir. Dreißig Jahre lang habe ich davon geträumt, an meinen Heimatort zurückzukehren, zu meinen Nächsten, sonst nichts. Und was passiert – meine Mutter ist gestorben, meine Nichte steht vor der Scheidung, ich treffe hier ein und finde das ganze Haus verwüstet vor. Wie erklärst du mir das?"

„Ach, was soll's, du wolltest zurückkommen und bist zurück. Da hast du schon mal einen erfüllten Wunsch", sagte der Weihnachtsmann, den Blick zu Boden gerichtet, und sah dabei gar nicht mal sonderlich verlegen aus. „Tja, so ist es hier halt, es wird geklaut. Es mangelt an allem."

„Und wo sind meine Sachen?"

„Bei einer sehr sympathischen Roma-Familie mit vier Kindern. Besonders die Decken bekommen ihnen gut. Sie haben sich gewünscht, es an Weihnachten warm zu haben, und jetzt geht's ihnen prima."

„Und, soll ich mich jetzt freuen?"

„Sonst bleibt dir wohl nichts anderes übrig", sagte der Weihnachtsmann mit gütigem Lächeln.

„Du nimmst also von den Einen und gibst den Anderen. Dann bist du ja gar kein Weihnachtsmann, sondern Robin Hood!"

„Andererseits, bin ich ja, entgegen deinen Vorstellungen, auch nicht die Wolldeckenfabrik ‚Devin'. Ich habe doch gesagt, dass bei Euch Knappheit herrscht und es gar nicht so einfach ist, jedermanns Wünsche zu erfüllen. Wo doch die Wünsche kein Ende kennen!", legte er nach und winkte ab.

„Na gut, dann lass uns jetzt eine Analyse der letzten Weihnachten machen. Dann werden wir ja sehen, was passiert ist, so dass Mama dann sterben musste", erhitzte sich Taneff. Er hatte sich an exakte Dokumentationen gewöhnt und ließ keine diffusen Behauptungen über angeblich erfüllte Produktionsaufgaben gelten.

Der Weihnachtsmann zog ein Päckchen Victory Blau aus der Tasche und steckte sich eine Zigarette an.

„Wie, du rauchst?"

„Nie in Anwesenheit von Kindern", wurde er verlegen.

„Ja und, was sagst du wegen meiner Mutter?"

„Weißt du noch, was sie für ein Glückslos gezogen hat? ‚Du wirst Sternstunden erleben'. Auf deinem eigenen Mist gewachsen! Du hattest sogar gehofft, es selbst zu ziehen. Tja, jetzt ist sie im Himmel. Eigentlich habe ich auf diese Weise auch noch die Wünsche deiner Schwester und deines Schwagers erfüllen können. Deine Schwester zog ‚Geld' und hat die Wohnung geerbt, während der Prof schon lange davon träumte, dass die Alte endlich das Feld räumt. Und sein Glückszettel war dementsprechend ‚ein erfüllter Wunsch'."

„Mein Schwager? Na bravo!"

„Tjaaa…", zog der Weihnachtsmann in die Länge und hob die beraureiften Brauen.

„Und meine Nichte? Sie lässt sich gerade scheiden. Ich hatte gehofft, sie und ihren Mann zu versöhnen."

„Sag jetzt, habe ich es leicht? Ich mache eure Wünsche wahr, und ihr hindert euch gegenseitig daran, dass sie in Erfüllung gehen. Dem jungen Mann fiel als Glückslos ‚die große Liebe' zu. Jetzt mal ehrlich, so was kann zwischen ihm und deiner Nichte nicht mehr passieren. Schließlich sprechen sie seit Jahren nicht mehr miteinander. Und sie hat ‚Weisheit,

Einsicht' gezogen, und siehe da, jetzt hat sie die Möglichkeit, ihr Leben in Ruhe zu überdenken. Später werde ich ihr noch mehr Wünsche erfüllen."

„Halt, ich glaube, dass keiner dieser Wünsche wirklich gewünscht worden ist", stoppte ihn Taneff.

„Wie, nicht gewünscht worden? Ich verstehe dich nicht. Du willst sagen, dass du nach Bulgarien zurückkehren, aber eigentlich doch in Deutschland bleiben wolltest?"

„Nicht unbedingt. Schau mal, das mit den Decken…"

„Na dann, entscheide doch erst mal, was du eigentlich genau willst, und sag es mir, weil du echt nicht allein bist auf der Welt. Und das mit den Decken, da kann man nichts machen, das ist ein Nebeneffekt."

„Du hast ja recht", stimmte Taneff zu. Und ihm fiel plötzlich ein, dass er seine Gäste anrufen musste, um sie auszuladen. Zumindest seinen Neffen, der ein Handy hatte.

„Spar dir die Mühe. Der Junge kommt eh nicht. Und er wird dich sowieso selbst anrufen. Man hat ihn an der türkischen Grenze mit drei Kilo Heroin aufgegriffen. ,Aufstieg im Beruf', wenn du dich noch erinnern magst."

„Im Beruf? Was soll denn das für ein Beruf sein?"

„Ehrlich gesagt, das brauchst du lieber nicht zu wissen", sagte der Weihnachtsmann und nahm noch ein paar kräftige Schlucke.

„Und mein Wunsch?", fragte Taneff furchtsam. „Ich habe ,ein großes Glück' gezogen. Was ist damit, werde ich jetzt an einem Meteoriteneinschlag sterben?"

Der Weihnachtsmann machte das Fenster zu, schaltete die Fußbodenheizung ein und zündete den Leuchter über dem Kamin an. Dann drehte er sich um und blickte ihn befremdet an.

„Was ist das denn für ne Idee? Du verwechselst mich wohl mit dem Erzengel Michael oder so. Er ist um einiges größer als ich, etwa so, mit Flügeln, einem Schwert … wir haben nichts gemein. Nein, du wirst nicht sterben. Schon wahr, dass deine guten Verwandten sich bereits deine Villa gewünscht haben, ich werde ihnen aber ein Foto davon schicken. Und du, nimm die Sache mal in die Hand. Was dein Glück angeht, hast du ja eh dein Leben lang weder geschafft es dir auszudenken, noch es zu erkennen … Aber zum Glück bin ich ja da."

„Trink jetzt einen Schluck heiße Suppe."

Taneff schreckte reflexartig zurück. Dana suchte seinen Mund mit einem Löffel. Taneff blickte sie glotzäugig an.

„Wie kommst du denn hier rein?"

„Das war gar nicht schwierig. Ich sah deine Einkäufe draußen im Schnee stehen und bin kurz rüber, um nachzusehen, was los ist. Sieht aus, als hätte man auch dich ausgeraubt. Besonders jetzt, in der Weihnachtszeit, bleibt kein Haus heil."

Dankbar nahm er den heißen Löffel wasserlöslicher Boullion in den Mund und senkte den Blick in die Augen seiner alten Freundin, grün wie Kiefernspitzen, von einem lebendigen Zaun aus kleinen Fältchen umfriedet.

„Ach, Dana, warum sind wir jetzt bloß nicht jünger?", fragte er zu seiner eigenen Verwunderung.

„Is doch wurscht", sagte sie und drückte ihren Zigarettenstummel in der leeren Packung Victory Blau aus.

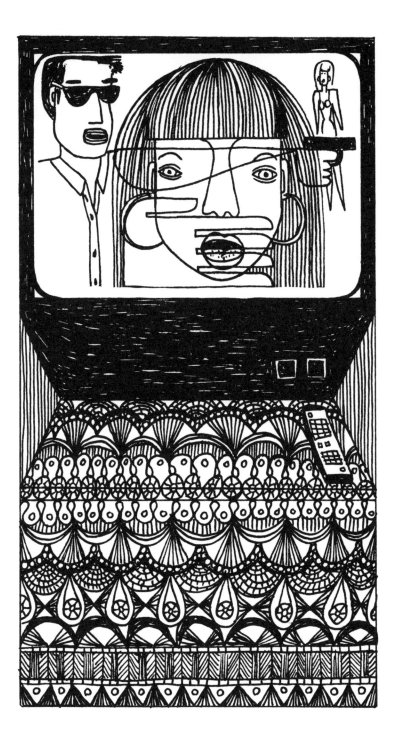

Die gute Tat des Pablo Fernandez

„Pablo Fernandez", sagte der Mann mit der Pistole, „ich klage Sie des Mordes an Raul Francisco Escobar an."

Die Frauen waren schockiert. In dünnen Trägerleibchen, mit Ohrringen und schockiert. Eine verdeckte die Lippen mit der Hand. Die Musik erklang abgehackt, während die anschwellenden Pauken, die sukzessive den gesamten Ton ausfüllten, zu sagen schienen: „Richtig so! Richtig so!"

Milena nahm die Fernbedienung, um den Fernseher auszuschalten, überlegte es sich dann und warf sie hin. Wollte sie Stille? Brauchte sie wirklich das Gefühl, um 13:30 Uhr allein zu Hause und nicht bei der Arbeit zu sein? Das Waschbecken stand voller Teller, in der Früh hatte sie sich vorgenommen, sie abzuspülen, nachdem sie von der Untersuchung beim Arzt zurück war. Nun sah sie darin überhaupt keinen Sinn mehr. Die Ordnung ist ein Teil des Gefühls, Aussichten zu haben. In der Küche standen außerdem noch zwei neue Schränke mit Glastürchen, die die Atmosphäre einer konservativen Tradition imitierten, ein Tisch mit einer geblümten Decke und die übliche weiße Ware, in unterschiedlichen Graden bespritzt, entsprechend ihrer Nähe zum Herd. An der Wand hing ein Kalender, der bis zu diesem Moment gewissenhaft Monat für Monat abgerissen worden war. An jedem Ersten flogen die vorangehenden Daten in den Mülleimer, als wären sie ein Arbeitsrapport an eine unsichtbare Instanz. Noch zwei Seiten blieben bis zum Jahresende.

Sie schnupperte an ihren Ärmeln. Da war nicht die Spur vom Spitalgeruch, der ihr über Jahrzehnte nach den Untersuchungen gefolgt war. Diese Klinik, aus der sie jetzt kam, war ganz neu, sie war Lichtjahre entfernt von den einstigen, mit

Ölfarbe gestrichenen Untersuchungszimmern. Das geräumige Foyer wand sich in der Form des Buchstaben L oder selbst eines noch schieferen Buchstaben, wie zum Beispiel C. Das Tageslicht fiel zärtlich durch die Scheiben des hohen Oberlichts und wirkte trotz der Jahreszeit warm. Die Rezeption war oval, mit Drehsesseln vor jedem Schalter – wie in einer Bank. Oder wie in einer Weltraumstation, von der aus man Passagiere auf verschieden weit entfernte Planeten entsandte. Verflixte Filme, dachte Milena, kein Mensch hat je eine Weltraumstation gesehen, aber jeder weiß, wie sie aussieht. Die junge Frau hinter dem Tresen – schön, geschminkt, höflich, undurchdringlich – gab ihre Daten in den Computer ein und stellte von Zeit zu Zeit ergänzende Fragen. Milena bemerkte, dass sie heimlich Kaugummi kaute. Die mussten gutes Geld kriegen, wenn sie den Kaugummi versteckten. Wahrscheinlich war die junge Frau kerngesund und hatte einen Freund, den sie nach Ende der Arbeitszeit um den Finger wickeln konnte. Nein, wahrscheinlich hatte sie mehrere Freunde, die sie um den Finger wickeln konnte. Wahrscheinlich hatte sie in ihrem Badezimmer ein ganzes Regal voll Haarentfernungsmittel stehen, für jeden Bereich ihres Körpers. Sie war jung und ging mit der Zeit. Mit ihrem vordersten Brecher. In seiner mittleren Strömung. Sie war Teil davon. Wem gehörte die Zeit überhaupt? Gehörte sie nicht allen gleichermaßen?

„Echographie, Mammographie, Röntgen…", sagte die junge Frau hinter dem Tresen und reichte ihr die Unterlagen mit einem Lächeln fürs Protokoll. Milena war nicht sicher, ob sie richtig hörte. Sie sah den Mund gegenüber Wörter aussprechen, begriff diese aber nicht, sondern versuchte sie von den Bewegungen des Lippenstifts abzulesen. Nicht, dass es laut gewesen wäre, nein. Die Atmosphäre vibrierte sanft mit einem stetigen, kaum wahrnehmbaren Gesumme von leisen Stimmen, einer Klimaanlage, diskretem Telefonklingeln, glatten Oberflächen, die Geräusche zurückwerfen und vervielfachen. Das Grundrauschen eines luxuriösen Einkaufszentrums, eines Einkaufszentrums für medizinische Dienstleistungen. „Die Röntgenabteilung ist auf demselben Stockwerk, also können Sie damit beginnen."

„Wie bitte?"

„Fangen Sie mit dem Röntgen an."

Es waren zahlreiche Frauen da, aber nicht so viele, dass sie den leeren Raum um die Rezeption herum hätten ausfüllen können. Ihre Zahl vor jedem Sprechzimmer entsprach beinahe der Anzahl Stühle, zwei, drei mussten stehen. Sie warteten, blickten auf ihre Handydisplays, wedelten sich mit ihren Unterlagen Luft zu. Um sie herum schwebte etwas Positives. Der Optimismus von Menschen, die nichts dem Zufall überlassen und sich ernsthaft der eigenen Instandhaltung annehmen. Hier und da Schwangere. Manche sogar mit ihrem Nachwuchs. Die meisten in Geschäftskleidung. Mit Frisuren. Die Selektion, die eine teure Privatklinik machen kann.

Vielleicht gab es unter ihnen auch andere achtunddreißigjährige Patientinnen. Es war schwierig, sie mit dem Blick ausfindig zu machen. Es war schwierig herauszufinden, welche wozu hergekommen war, auch wenn Milena das Bedürfnis hatte, es zu wissen. Von Sprechzimmer zu Sprechzimmer begann sie das Ticket für ihre eigene lange Reise zusammenzusammeln. Einstweilen noch undefiniert wie lang.

Wenn man etwas über lange Zeit aufschiebt, bedeutet es nicht, dass es von selbst vorbeigeht. Dann kam das Taxi. Dann das Restbrummen der Klimaanlagen in ihrem Kopf, die vage Empfindung von Fürsorge und aufgeschobenem Tod.

Auf dem Heimweg, direkt vor der Haustür, strichen zwei Katzen um ihre Beine. Die eine war groß und gelb, die andere ein kleines graues Kätzchen mit weißen Söckchen. Milena bückte sich, um sie zu streicheln, es entstand eine gewisse Aufregung in der Erwartung von Fressen, und die große Katze verpasste der kleinen einen Hieb mit offenen Krallen. In der Ferne schwoll Hundegebell an, und die Katzen liefen davon. Ein Nachbar hatte die Motorhaube seines Wagens geöffnet und zog mit einem grimmigen Gesichtsausdruck irgendwelche Bolzen fest. „Wird mir das wohl fehlen?", fragte sich Milena in Gedanken. Wird der Tag kommen, an dem mir all das als kostbare Erinnerung erscheint, oder wenn nicht kostbar, so doch zumindest akzeptabel? Aber damit eine Erinnerung entstand, musste immerhin eine gewisse Zeit vergehen.

Oben wartete ihr Zuhause halb in Betrieb, halb starr auf sie, wie ein Freund, dem du gesagt hast, du würdest gleich wiederkommen, aber ohne ihm die ganze Geschichte zu erzählen.

Sie ließ sich in den Küchenstuhl, der an der Wand lehnte, fallen. Stieß die Lackschuhe von sich, legte die schwergewordenen Füße auf einen anderen Stuhl hoch und starrte leeren Blicks auf den Bildschirm. Dort pochte Pablo Fernandez, dem es gelungen war, seinen Verfolger abzuschütteln, gerade an die Tür einer großen Hacienda und bettelte Lucinda an, ihn wieder aufzunehmen. „Ich werde ein Leben lang für dich sorgen!", brüllte er. An ihrer statt kam ihr Vater heraus, begleitet von drei bewaffneten Dienern. Er setzte zu einer Rede über Ehre an und packte Pablo Fernandez am Kragen. An dieser Stelle tauchte Lucinda selbst auf und stellte sich zwischen die beiden.

Diesmal schaltete Milena den Fernseher wirklich aus. Die Stimmen von Pablo Fernandez und Lucinda erreichten sie weiterhin aus den Nachbarwohnungen. Es zeichnete sich ein langer und leerer Nachmittag ab, der hohl widerhallte wie ein vergessenes Verlies. Milena nahm ihr Handy, wischte mit dem Daumen über den Bildschirm und drückte auf „Lăčo". Nach mehrfachem Klingeln waren Plopp-Geräusche zu hören.

„Hallo, wer ist da?", erklang ein helles Kinderstimmchen.

„Kann ich mit deinem Vater sprechen?"

„Jetzt geht's nicht, er rasiert sich gerade."

„Gib sofort das Telefon her. Mit wem redest du?", war Lăčezars Stimme von weit her zu hören.

„Nö!"

„Her mit dem Telefon! Oder ich schick dich in die Schule, wenn du so gesund bist."

„Bin ich nicht!"

„Verzeihung. Ich höre", sagte Lăčezar, diesmal aus der Nähe und in einem klangreinen männlichen Timbre.

„Bist du etwa auch nicht bei der Arbeit?"

„Milena?", seine Stimme ging abrupt ins Flüstern über. „Warum rufst du mich daheim an?"

„Woher soll ich wissen, dass du daheim bist? Ich rufe dich auf deinem Handy an."

„Wie auch immer, ich bin daheim. Die Kleine macht eine Erkältung durch oder so. In einer Stunde muss ich zur Arbeit, wir haben ein wichtiges Meeting. Wie wär's, wenn ich dich von da aus anrufe?"

Das versprach neues Geflüster, neue Beschränkungen.

„Nein. Ich möchte dich sehen."

„Ich kann nicht, bis Ende der Woche. Ausgeschlossen. Du weißt, was im letzten Quartal los ist."

„Papa, mit wem redest du?", war die dünne Stimme wieder zu hören.

„Mit der Dame vom Elektrizitätswerk. Ab, an die Hausaufgaben."

„Ich hab keine Hausaufgaben. Ich bin doch krank!"

„Was hab ich gesagt?", brüllte Lăčezar. Ein paar kleine, feine Schritte entschwanden ins Wohnungsinnere gefolgt vom Zuschlagen einer Tür.

„Wenn du kannst, komm nach der Arbeit bei mir vorbei", sagte Milena.

„Ich werde lange arbeiten."

„Ich warte auf dich."

„Das geht nicht! Was heißt das, du wartest auf mich? Auch ich schlafe nachts wie die anderen Menschen. Ich sagte doch, nächste Woche fährt meine Frau mit der Kleinen für drei Tage zu ihren Eltern, sie wollen da frische Luft schnappen, Ziegen melken, Ökoscheiß essen, und so ein Kram, dann sehen wir uns. Nur bei ihren Alten ist alles ganz ‚bio'! Alle ihre Hühner sind glücklich!"

Milena schluckte. Das Gespräch, als Stütze im Leben gesucht, entwickelte sich allmählich zu einem Knüppel.

„Und am Nachmittag? An unserem Ort, gleich bei deinem Büro? Nur eine halbe Stunde." Lăčezar schwieg, und Milena hielt den Atem an. Sie konnte nicht recht beurteilen, ob er schwankte oder ob etwas in seiner Umgebung seine Aufmerksamkeit auf sich zog. Als seine Stimme wieder zu hören war, war sie einen Tick entspannter, aber auch einen Tick sachlicher.

„Schau, sag mir jetzt, was du brauchst, und ich versuche, dir zu helfen."

„Du kannst mir nicht helfen", sagte Milena, wobei ihr plötzlich bewusst wurde, dass diese Worte mehr oder weniger die ganze Situation zusammenfassten.

„Warum rufst du dann an?"

„Ich wollte dir etwas sagen."

„Na, dann sag's doch, verdammt!"

„Das geht nicht am Telefon. Bringt nichts, es dir am Telefon zu sagen."

„Also ist es nichts Wichtiges. Es gibt nichts, was man nicht am Telefon sagen kann! Schätzchen, geh zurück in dein Zimmer! Papi geht gleich zur Arbeit. Mama kommt jeden Moment, warte doch im Bett auf sie."

„Gerade das kann ich so nicht sagen. Ich kann's einfach nicht."

Ihre Tränen füllten den Raum zwischen ihren Lidern aus und drängten hinaus. Sie versuchte sie mit Daumen und Zeigefinger festzudrücken, aber sie quollen unter ihren Fingern hervor.

„Hast du mir was zu sagen oder nicht? Ich bin hier und ganz Ohr! Los, red schon! Seit drei Monaten haben wir uns nicht mehr gesehen, jetzt tauchst du plötzlich auf und willst mich sofort sehen. Soll ich Urlaub nehmen? Ich höre. Sag, was es zu sagen gibt!"

Milena wollte ihm vom Spital erzählen. Von der Biopsie. Von der Angst. Von der endlosen Warterei vor den Sprechzimmern. Von den Gebühren, die sie allein heute im Verlauf des Tages bezahlt hatte. Von den Möglichkeiten der Chemotherapie und ihren Nebenwirkungen. Auf der anderen Seite der Leitung wartete verdrossenes Schweigen auf sie. Und ein entnervter, schwerer Atem, der die Geduld verlor.

Sie holte tief Luft.

„Weißt du, ich wollte dir sagen… ich hab dich immer sehr geliebt, schon in den Studienjahren, als wir überall zusammen waren, und darum rufe ich dich jetzt an…"

„Ja, und?"

Das war nicht genau ein fragendes „Ja, und?" Das war ein desinteressiertes „Ja, und?", als Frage geschminkt. Es war ein „Ja, und?" wie ein „Ja und?", „Wird dieses Gespräch denn nie mehr enden?", „Ich frage mich, was dein Hirn noch ausbrüten wird, um mich weiter am Telefon zu halten" und „ich spüre, wie deine nächste Sensation auf mich zukommt, die du ausgeheckt hast, um mein Interesse von neuem zu ködern und mich auf Teufel komm raus wiederzugewinnen, neun Jahre nachdem wir uns getrennt haben, weil ich eine andere gefunden hab, die viel hübscher ist als du, und obwohl sie eine dumme Funzel mit Ansprüchen ist, dich würde ich nie heiraten, auch wenn sie nie aufgetaucht wäre."

„Was ich dir sagen wollte? Ach ja...", Milena sammelte Kraft und fuhr fort: „Ich hab dich vorgestern zufällig auf der Straße gesehen. Wir sind an der Ampel aneinander vorbeigegangen. Mir ist aufgefallen, dass du angefangen hast, dir die Haare zu färben. Die Farbe ist ein bisschen grell und steht dir nicht. Sie blamiert dich direkt. Aber so ist es halt mit einer jungen Frau, Pflege muss sein."

Auf der anderen Seite war nicht gleich ein Laut zu hören. Sondern nur so ein Vorlaut, Luft, die zischt, bevor es knallt, Energie, die vor dem Sturm saust. Begleitet von einem unmittelbaren Aussetzen des Kehlkopfs.

„Wie bitte?"

Milena brach die Verbindung ab. In der Sekunde darauf brach ihr Handy in Geklingel und Vibrationen aus, aber sie legte wieder auf.

Und noch einmal.

Und noch einmal.

Dann ging sie hinunter vors Haus und brachte den Katzen ein paar Stückchen Salami. Als sie ihre Stimme hörten, sprangen sie aus dem nahegelegenen Keller, um sich nach einigen freundlichen Achtern um ihre Beine aufs Fressen zu stürzen. Milena gab sich Mühe, es so aufzuteilen, dass der gelbe Kater nicht alles fraß. Der Nachbar hob den Kopf unter der Haube seines zur Hälfte auseinandergenommenen Wagens hervor und sagte:

„Bringt nichts. Auch die werden von uns gehen. Die Hunde fressen sie. War mit den Kleinen auch so, am Anfang waren sie zu viert, und dann verschwand eins nach dem anderen. Nur das da, das graue, ist übriggeblieben."

Er wischte sich die Stirn mit dem Handrücken ab oder vielleicht den Handrücken mit der Stirn. Das Ergebnis war eine weitere gerade schwarze Spur quer übers Gesicht.

„Darum komm ich ja", sagte Milena, streichelte das Kätzchen und hob es auf. Vertrauensvoll rollte es sich in ihren Armen zusammen.

Der Nachbar schniefte und tauchte wieder ab in den Motor.

Milena ging hinauf, setzte das Kätzchen auf den Boden und stellte ein Tellerchen Milch vor es hin. Schließlich war das Ergebnis der Biopsie noch gar nicht bekannt. Vielleicht ging das Leben ja weiter. Auf jeden Fall hatte sie vor, das Nötige zu tun.

Das Kätzchen trank, so viel es konnte, und machte sich dann, unsicheren Schritts und mit vollem Magen, an die Auskundschaftung seiner Umgebung. Es sah sich hier und da um, und hob seine großen, trüben Augen schließlich zu Milena empor.

„Pablo Fernandez", sagte sie, „ich schenke dir das Leben! Du brauchst nicht mehr vor den Hunden zu fliehen. Wir werden füreinander sorgen. Wir werden zusammenleben, ich weiß nicht genau, wie lange. Aber eins musst du wissen, ich werde dich nicht verlassen."

Pablo Fernandez hörte sie aufmerksam an, rieb das Schnäuzchen an ihren Beinen und begann zu schnurren. Er sah entschlossen aus, seinen Teil des Vertrags zu erfüllen.

Action

Auf dem Weg in die Videothek wär ich schier geplatzt vor Wut. Den ganzen Tag hatte ich, anstatt für die Wiederholungsprüfung in organischer Chemie zu lernen, Schälchen unter die Decke platziert, an den Stellen, wo es am penetrantesten tropfte. Als würd ich unterm Dach wohnen und eine Sintflut käme runter. Nichts dergleichen. Über mir wohnt eine Oma, die gern mal Wasser in ihrer Wohnung herumschüttet, um nicht die Unglücklichste im ganzen Land zu sein. Ob ich glaube, dass sie es absichtlich tut? Ich weiß nicht. Sie sagt, es sei vom Rohr des Nachbarn oben. Aber der gute Mann hat dreimal sein Bad renoviert. Ich bin mir nicht so sicher, dass es von ihm kommt. Ich könnte mir eher vorstellen, dass sie in ihrem Wohnzimmer badet. Für einen Moment sah ich sie vor mir. Sie, mit ihrem hängenden Fleisch, den Hintern über ein Aluminiumbecken gereckt, streckt sich mit gebieterischer Geste nach der Seife aus. Alles an ihr ist ausgesprochen gebieterisch. Und dann reibt sie sich ab, reibt und schöpft mit einem Becher Wasser aus einem Eimer, in dem ein spiralförmiger Tauchsieder steckt. Wäää. Igitt!

Ich bin schon hochgegangen, zum Diskutieren. Sie war nicht da, logischerweise. Immer, wenn's bei mir tropft, ist sie nicht da. Letzte Woche aber habe ich sie in ihrem Bau erwischt.

„Hey", sag ich zu ihr, „komm runter und schau, wie du meine Wohnung zugerichtet hast. Bei mir sieht's langsam wie in ner Grotte aus. Die Decke kommt runter, alles ist nass."

Und da guckt ihr Auge durch den Türschlitz hinter der Kette, und sie sagt zu mir:

„Bei mir isses auch nass."

Ich hatte das Gefühl, es machte ihr Spaß.

„Mach sofort die Tür auf, ich hab es langsam satt."

Sie machte zu und rief die Polizei. Dann musste ich eine Erklärung für den Staatsanwalt schreiben. Von wegen, ich hätte sie liquidieren oder mindestens verletzen wollen. Vorher wollte ich das nicht, jetzt will ich's. Und dass ganze Flüsse durch meine Wohnung strömen, spielt keine Rolle. Soll doch mal der Aleko Konstantinov vorbeikommen und die Niagarafälle beschreiben.

Heute hat sie sich entweder versteckt, oder sie war nicht da. Ich verpasste ihrer Tür zwei prophylaktische Tritte und ging zur Videothek. Jeden Abend hol ich mir da einen Film. Es sei denn, ich hab was anderes vor.

In der Videothek sitzt ne neue Braut. Mit blondgefärbten Haaren, von denen jede einzelne Strähne auf ihre ernsten schwarzen Augen zeigt.

„Darf ich ihnen einen bulgarischen Film anbieten?", fragt sie mich.

„Danke, den bulgarischen Film sehe ich mir den ganzen Tag an. Und wechsle ihm auch noch die Schälchen."

„Wie bitte?"

Bis jetzt lag ihr linkes Bein auf dem rechten, und beide ragten, infolge ihrer ausnehmenden Länge, neben dem Schreibtisch hervor. Jetzt verlegte sie das rechte auf das linke. In der Schule tat ich so, als bemerkte ich so was nicht, nun bin ich aber ein anderer Mensch. Ich sah mir ihre Beine höchst aufmerksam an. Sie wurde verlegen und zog sie unter den Schreibtisch. Sie fragte, was es denn da Besonderes zu sehen gäbe.

„Gar nichts, gar nichts", sagte ich. „Für einen Augenblick kam es mir vor, als sei eines Ihrer Beine länger als das andere."

Sie brach in Lachen aus, und ein Pferdegebiss kam zum Vorschein. Super. Ich sah die Filme durch. Ich war allein zwischen den Regalen voll leerer Hüllen.

„Brauchen Sie Hilfe?", rief sie.

„Später vielleicht in der Tat."

„Was für Filme schauen Sie gern?"

„Actionfilme. Mir gefallen Filme, in denen der Held Polizist oder Verbrecher ist. Jemand fügt ihm eine grässliche, unverzeihliche Gemeinheit zu, und dann zieht er gegen das System los. Am Ende erschießt er den größten Drecksack, und die Gerechtigkeit triumphiert."

Sie war zu mir gekommen. Wir waren gleich groß. Etwas ungewöhnlich, aber nicht uninteressant.

„Ich mag Sozialdramen. Das sind die ernsthaften Filme. Da sieht man das echte Leben", sagte sie, während sie mit dem Finger auf „Das Piano" tippte.

„Ich hasse Dramen. Höre ich Drama, erwarte ich, dass jemand am Ende stirbt."

„In den Actionfilmen wird doch die ganze Zeit gestorben", wurde sie beharrlich.

„Schon, aber keiner von Bedeutung. In den Filmen gibt's große, wichtige Menschen und irgendwelche Randfiguren, die zur Steigerung der Spannung ihr Leben lassen."

Unterdessen kamen weitere Kunden herein – eine Mutter mit zwei gackernden Kindern. „Ich bin Žoro", schaffte ich es, ihr meine mündliche Visitenkarte zu geben.

„Ich bin Mila", gab sie unterwegs zum Schreibtisch zurück.

Ich entschied mich für irgendnen krassen Horror mit Jean-Claude Van Damme und ging die Videokassette verbuchen lassen, während die Kinder bei Prinzessin „Anastasia" herumwühlten.

„Wann machst du Schluss?", fragte ich sie.

„Um halb elf", zuckte sie mit den Schultern.

„Soll ich dich abholen kommen?"

Sie starrte in mein Gesicht. Schaute und schaute, bewegte den Mund hin und her und sagte am Ende:

„Hübsches Piercing."

Ich trage einen kleinen silbernen Ring in der Braue. Nach dem Stechen konnte ich zwei Wochen lang nicht auf der linken Seite schlafen, aber das war es wert.

„Dann komm ich also."

Andererseits, wenn ich darüber nachdenke, bin ich mir sicher, dass es nicht wegen dem Ring war.

Ich lief rasch nach Hause und sammelte alle Schüsseln vom Boden auf. Das Tropfen hatte aufgehört. Wahrscheinlich war das Wasser schlicht abgeflossen. Diesmal stellte ich mir vor, wie die alte Hexe kurzerhand einen Eimer Wasser auf den Boden gießt und sich zu einem Nachmittagsschläfchen hinlegt. Ich wischte auf, was ich konnte, und machte das Bett. Ging noch einmal hoch und klingelte. Keiner da.

„Mach auf, sonst dreh ich dir den Hals um!", rief ich.

Drinnen waren Schritte zu hören.

„Verschwinde, sonst rufe ich die Polizei. Ich habe Zeugen, dass du mir gedroht hast, am sechsten, achten und zwölften Juni", kam die dünne Stimme hinter der Tür geflogen.

„Jetzt mal Klartext, noch ein Tropfen bei mir, und du beißt ins Gras!", rief ich zum Abschluss, um klarzumachen, wo der Hammer hängt, und ging runter, die Wohnung fertig aufräumen, für den Fall, dass Mila und ich raufkamen. Nur die Bücher ließ ich verstreut herumliegen, damit sie mich fragen konnte, was ich so lese.

Um 22.20 ging ich in die Videothek. Mila schloss eilends ab, und schon schlenderten wir durch die Straßen. Die Linden verblühten gerade und verstärkten noch das Erlebnis. Wir kippten zwei starke Biere im Irish Pub bei der medizinischen Hochschule. Dann tranken wir Kaffee und Wodka. Und am Ende, nachdem wir alles Mögliche getrunken hatten, gingen wir zu mir hoch.

„Ach, hast du eine geile Wohnung", jauchzte Mila auf und breitete die Arme in zwei Richtungen aus, wie Christus über

Rio de Janeiro. „Wohnst du allein hier?"

„Mm-hm", sagte ich, wobei ich aufpasste, die Augen nicht zur Decke zu heben. Dann umarmte ich sie, aber sie wich zurück.

„Warte, warte."

Ich fragte mich, was ich falsch gemacht hatte. Sie zog eine Kassette mit „Titanic" aus der Tasche, schob sie in den Videorekorder und schaltete ein. Kam dann zu mir zurück, wir küssten uns und ließen uns unter den schmalzigen Klängen von Celine Dion auf die Couch fallen. Nun wusste ich, was ich von Mila hielt. Sie hat null Geschmack, ist aber ein mega, mega geiler Mensch.

In dem Moment klingelte es an der Tür. Ich tat, als hätte ich es nicht gehört. Dann klingelte es wieder, begleitet von einem Klopfen.

„Machen Sie auf, Polizei", rief jemand draußen.

„Was hast du denn getan?", fragte Mila und sprang auf.

„Nichts, rein gar nichts", versuchte ich, sie zu beruhigen, es brachte aber eh nichts mehr.

Die Polizisten verlasen meine drei Namen und sagten dann, ich würde ganz schön in der Tinte sitzen, da das Eindringen in eine fremde Wohnung und der Würgeversuch eine ernste Sache seien.

„Was für ein Versuch?", rief ich.

„Kommst du von selbst mit, oder machen wir's auf die harte Tour?", fragte einer der zwei Polizisten, der größer und kahlrasiert war.

Vom oberen Ende des Treppenhauses her spähte die Alte herunter, zusammen mit noch einer weiteren Greisin, die ich bis jetzt noch nie gesehen hatte, sie zeigten mit dem Finger auf mich und wiederholten:

„Der ist es! Der ist es!"

Jetzt hoffe ich, dass Mila meine Aussagen, dass ich zur fraglichen Zeit mit ihr zusammen war, bestätigt. Aber wer weiß, auf was für Gedanken sie kommt. Vielleicht kriegt sie Angst, ich sei ein Verbrecher. Vielleicht verkrampft sie sich, weil ich sie vom ersten Date an zu lügen auffordere. Viellcicht straft sie mich aber auch mit Verachtung, weil ich in Wirklichkeit nichts getan habe. Davor graut mir am meisten. Ich habe beschlossen, dem amerikanischen Präsidenten zu schreiben, er soll mit den Genexperimenten, mittels derer das menschliche Leben auf 1.200 Jahre verlängert werden kann, aufhören. Ich glaube, dass mir auch das, was um mich herum so läuft, völlig reicht. Aber erst muss ich aus diesem Schlamassel rausfinden.

Das Lächeln

Kann man ein Lächeln beerdigen? Das dachte ich auf dem Rückweg. Nicht einfach den Leichnam begraben, zusammen mit den Gesten, die zu ihm gehört haben, sondern nur das Lächeln? Der Tod radiert die Bewegungen aus. Gesichtsausdrücke, Vorwürfe, Launen, Blicke – all das sickert aus dem Körper, und der bleibt liegen wie ein verbrauchtes Einwegfeuerzeug. Es fällt mir schwer, auf diese Weise an meine Mutter zu denken. Es fällt mir auch schwer, an ihr Lächeln zu denken. Alles in allem hat sie selten gelächelt. Immer war da was an mir, was ihr nicht gefiel. Entweder waren meine Schulnoten enttäuschend, oder ich war von der Geburtstagsfeier eines Mitschülers viel zu spät nach Hause gekommen, oder ich bin gerade dann ausgegangen, als ich ihr beim Marmeladekochen hätte helfen sollen. „Wer soll denn all die Marmelade essen?", frag ich sie. „Wozu brauchst du die?" Sie schaut mich an, als stellte ich die Grundfesten des Universums in Frage. Dann schweigt sie, schweigt, wahrscheinlich, damit ich alleine draufkomme, und sagt schließlich: „So halt, damit's welche gibt!"

„Wenn du welche brauchst, kaufen wir sie im Laden. Wie alle andern."

Das gab ich zurück. Seinerzeit waren sie und mein Vater noch nicht geschieden, und sie fand stets Wege, mich auch über ihn zu steuern. Die zwei stritten sich dauernd, was aber mich betraf, so waren sie sich in allen negativen Erwartungen einig.

„Wenn du mir nicht helfen kannst, bitt ich deinen Vater. Ich weiß gar nicht mehr, wie ich mit dir fertigwerden soll."

„Und warum bittest du nicht meinen Bruder?"

„Der lernt gerade."

„Und ich etwa nicht?"

Sie brach mit unverblümter Ironie in Lachen aus. Ich knallte ihr die Tür vor der Nase zu. Damals war ich Schülerin in den obersten Klassen, und das Elternhaus war ein edler Fluch für mich. Ich verließ es, um immer wieder zurückzukehren, ich hatte ein Obdach, ich hatte einen Ort, wo ich schlafen, essen und mich wie eine absolute Null fühlen konnte.

Mein Vater gehörte zu den Menschen, die gerne Fragen stellen, selbst aber selten jemandem eine Antwort geben. Er war stets mit etwas Wichtigem beschäftigt, übte Recht und Gerechtigkeit und konnte es nicht leiden, mit läppischen familiären Fragen behelligt zu werden. Im Zuge der Scheidung wurde dann klar, welcher Natur sein andauerndes Beschäftigtsein gewesen war. Er hatte eine Geliebte. Zur letzten Verhandlung, die mein Vater so oder so verloren hätte, begleitete sie ihn vor Gericht. Sie war jünger als meine Mutter, hübscher als meine Mutter und besser gekleidet als meine Mutter, was unschwer zu bewerkstelligen war. In Gedanken versuchte ich angestrengt, einen Makel bei ihr auszumachen, und kam letztendlich zu dem Schluss, dass sie oberflächlich war. Beim Hinausgehen reichte ihr mein Vater den Mantel, neigte sich zu ihrem Ohr, flüsterte ein paar Worte, und sie brach in Lachen aus. Dann spannte er seinen Schirm auf, und die beiden traten Arm in Arm in den Regen hinaus.

Meine Mutter folgte ihnen mit dem Blick bis zur Tür, schüttelte den Kopf und fand keine Worte, um etwas zu sagen, das gleichzeitig ihre Gefühle ausdrücken und vor Kindern ausgesprochen werden konnte. Um uns abzulenken, ging sie mit mir und meinem Bruder in eine Pizzeria. Sie war konsterniert. Nicht traurig, sondern konsterniert. Ich fragte mich, wie lange mein Vater sein Geheimnis vor ihr gehütet hatte und wie lange die beiden es vor uns gehütet hatten. Ich war drauf und dran, sie zu fragen, aber irgendwie verhedderte sich mir die Zunge, und ich ließ es bleiben. So eine Frage muss entweder in einem

Atemzug gestellt werden oder gar nicht. Meine Mutter bemerkte meine Verunsicherung und kam daher wohl drauf, was ich sie fragen wollte, denn ich sah ihren erschrockenen Blick und schwieg. Worauf auch sie schwieg. Dann redeten wir gleichzeitig los. Und schwiegen dann beide wieder. Ich bekam Mitleid. Sie lächelte mich an. Sie lächelte mich an, weil sie in dem Moment schwach war. Sie wollte mich nicht trösten. Sie suchte Verbündete. Gerade deswegen hatte ich Mitleid. Wenn meine Mutter in Form war, war die Drohung ihre Hauptwaffe, jetzt stand sie ohne Optionen da. Eine Schachspielerin im Zugzwang.

Für mich stellte der Verrat meines Vaters kein allzu großes Problem dar. Er wollte weg, und er war weg. Auch ich träumte davon wegzugehen. In mir blieb lediglich das Gefühl zurück, dass mein Bruder und ich zweitklassig waren. Dass er, wären wir es nur wert gewesen, sich nicht aufgemacht hätte, andere Kinder zu machen. Jetzt muss ich lachen, wenn ich daran denke. Man macht sich stets vor, man sei das Zentrum der Welt und vergisst, dass die eigenen Eltern Sex haben wollen.

Meinen Bruder erschütterte die Scheidung, und er begann sich besonders um meine Mutter zu kümmern. An heißen Tagen machte er Limonade für sie, besorgte ihr Theaterkarten, vordergründig mit der Idee, sie dazu zu bringen, mit Freundinnen auszugehen; fanden sich dann aber keine kulturbegeisterten Freundinnen, ging er selbst mit ihr hin. Er schenkte ihr ohne jeden Anlass Pralinen. Und half ihr, sich die Haare zu färben. Er war Geschichtsstudent im zweiten Semester und bekam irgendein kleines Stipendium, was ihm die Möglichkeit gab, mit bescheidenen Gesten vor Mutter zu glänzen. Das Ergebnis war, dass sie sich an seine Aufmerksamkeit gewöhnte und abhängig von ihm wurde.

Nach dem Abitur wollte ich Ärztin werden, aber keiner zu Hause glaubte, dass ich das konnte. Das Schlimme ist, dass ich ihnen geglaubt habe. Am Ende wurde ich Krankenschwester. Bei uns herrschte dauernd Geldmangel, und während meine Mutter und mein Bruder sich damit begnügten, dem Schicksal mit zusammengepressten Zähnen zu begegnen, teilte ich diese Haltung nicht. Dann rief mich eine Freundin aus Manchester an und sagte mir, dass in ihrer Mietwohnung noch Platz für einen sei. Ich ließ alles stehen und liegen und packte meine Koffer. Mein Bruder redete mir ins Gewissen, ich sei schon immer leichtsinnig und oberflächlich gewesen. Ja genau, oberflächlich. Das war wohl die Beleidigung Nummer eins in unserer Familie. Dass ich Mutter in einer so schwierigen Zeit im Stich lassen würde. Dass man nie auf mich zählen könne und man in diesem Sinne auch in Zukunft keine Wunder von mir erwarten würde. Ich sagte ihm, er solle doch mitkommen. Irgendwo da endete unser letztes ernsthaftes Gespräch.

Als ich zehn Jahre später an der Tür klingelte, hatte er es nicht eilig, mir zu öffnen. Er wusste, dass ich es war, ich hatte ihm Bescheid gesagt, welchen Flug ich nehmen würde, und dennoch trieb er sich da drinnen rum. Ich kannte diese Tür sehr gut – altes, anspruchsloses Holz, unten ein wenig zerkratzt, ein Andenken aus der Zeit, als wir einen Hund hatten. Hinzugekommen ist bloß ein neues Schloss. Logischerweise habe ich keinen Schlüssel.

Mein Bruder öffnete in einem zerschlissenen Pulli, Trainingshose und Hauslatschen. Er hatte zugenommen und hatte wahrscheinlich deshalb keine Falten, aber sein Haar hing graumeliert und schütter vom Kopf herab. Sein Aussehen war keine Überraschung für mich, wir sahen einander regelmäßig über Skype. Und doch ist es am Bildschirm nie wie bei einem wirklichen Treffen. Am Bildschirm zeigst du dich für eine begrenzte Anzahl Minuten, und auch wenn du nicht besonders angezogen und frisiert bist, belebt dich der Kontakt an sich – er ist verkürzt, kondensiert, auf Distanz. Man zögert den Abschied nicht mit verlegenen Schweigemomenten hinaus, weil man ja einfach die Verbindung abbrechen kann. Mein Bruder und ich wechselten jedes Mal ein paar Worte, dann rief er meine Mutter. Und da war etwas Seltsames passiert – wir redeten und redeten, so lange, wie wir zu Hause nie miteinander geredet hatten. Es stimmt schon, dass wir uns nichts Besonderes zu sagen hatten – im Laufe der Jahre wurden die gemeinsamen Themen immer weniger –, aber das schien kein Hindernis zu sein. Sie stellte beharrlich Fragen, war bereit, ein und dieselbe Geschichte dreimal zu hören. Seit ich sehr weit weg lebte, war ich ihr ans Herz gewachsen.

„Wie geht's dir? Geht's dir gut?", fragt sie mich. Der Bildschirm überträgt ihre Bewegungen in Intervallen. „Ich hab einen neuen Freund!" „Wie schön! Was ist denn mit dem alten?" „Wir haben uns getrennt." „Er war, scheint's, keine gute Partie." „Nein, war er nicht." „Und der neue? Taugt er was?" „Und wie. Er ist Gärtner. Ein Pole aus der Nachbarschaft." „Toll!"

Und was ist da genau das Tolle daran? Das Herumkritisieren hörte auf. Wäre ich bei ihr geblieben, wäre sie mir unentwegt auf die Nerven gegangen mit Ratschlägen, mit wem ich ausgehen, wen ich nicht mehr treffen soll, und lauter wahrheitssuchenden Fragen von der Sorte „Schämst du dich nicht?". Nach der Scheidung wurden ihre Ansichten darüber, was recht war und was unrecht, von einem Wirbelsturm erfasst und auf einen neuen Planeten mit für den menschlichen Organismus unerträglichen Temperaturschwankungen katapultiert. Und was war nun passiert, wo standen wir jetzt? Passiert war nun wohl, dass man der Toten entweder im Guten oder gar nicht gedenkt. In gewissem Sinne war ich für sie gestorben. Ich war aus ihrem Gravitationsfeld getreten, und sie sah in mir nur noch einen fernen, unnahbaren Menschen. Eine Fremde. Eine Ikone. Ein Bild, auf dem sich ihre Augen von meinem Bruder ausruhten. Er war ihr Liebling – und sie hatte ihn für sich gewonnen. Jetzt gehörte er ganz ihr und interessierte sie nicht mehr. Mir hingegen lächelte sie nun zu. Ich wusste, dass das kein gutes Zeichen war, was ihren Zustand betraf. Und ich kannte ihren Zustand, weil ich ihr Medikamente schickte. Allerdings brauchte ich dieses Lächeln. Ich war ohne es aufgewachsen und hatte nicht gewusst, dass es mir gefehlt hatte.

Schon der erste Anblick von Angesicht zu Angesicht mit meinem Bruder ließ mich zusammenfahren. Vielleicht wegen der alten Farbe des Treppenhauses oder wegen des Schildchens mit dem Namen der Familie, die nicht mehr existierte, durch diese Tür sollte, das hatte ich erwartet, mein großer Bruder in kurzen Shorts und Sandalen herauskommen. Ich, im Gegensatz zu ihm, hatte abgenommen. Im ersten Augenblick erstarrte sein Gesicht zu Stein, dann füllte es sich mit Freude. Wir umarmten uns. Unsere Arme schlangen sich fest um unsere Rücken, und eine Zeit lang konnten wir einander nicht loslassen. Ich begriff, dass es ihm, leichter gefallen war, schlecht über mich zu reden, solange ich in der Ferne war.

„Komm rein", sagte er, trat zurück ins Wohnzimmer und sah sich um. „Hier hat sich, glaube ich, nicht viel verändert."

In Wirklichkeit schon. Die Möbel waren nahezu gleichgeblieben, doch jede Spur meiner einstigen Gegenwart war längst gelöscht. Wo meine medizinischen Fachbücher gestanden hatten, waren nun Bücher über das erste Bulgarische Zarenreich aufgereiht, die meinem Bruder gehörten. Bücher von ihm stapelten sich auch auf allen anderen Kommoden und Regalen. Mappen, Kopien, Tabellen, ein offener Laptop, ein Drucker, ein Scanner, ein zweiter großer Bildschirm. Auf dem Tisch stand eine Schachtel mit den Medikamenten meiner Mutter, von denen ich einige sehr gut kannte, weil ich sie ihr geschickt hatte, aber nicht alle. Ich sah mir zwei oder drei der Packungen an.

„Habt ihr schon lange mit Morphium begonnen?"

„Eigentlich noch gar nicht. Sie wollte es nicht. Sie sagte zu mir: ‚Diese Tropfen, die du mir aufdrängst, die nehm ich nicht. Davon krieg ich Schwindel.' Nie hat sie das Wort ‚Morphium' ausgesprochen. Ihrer Meinung nach war es etwas, was nur Luschen nehmen."

Die Wohnung war ziemlich heruntergekommen, und neben dem Kellergeruch, der seit jeher unter den hohen Decken hing, war auch Uringeruch vernehmbar. Bloß eine Spur, allerdings ist das etwas, was ich unfehlbar ausmachen kann. Dann waren da noch die Figürchen und der Kristallschmuck meiner Mutter. Sie hatte uns eingebläut, wie kostbar sie waren, und ich sah erst jetzt, was für ein Ramsch das war. Damit kamen sie auch mir zum ersten Mal kostbar vor. In der Ecke stand eine Pyramide aus leeren Kartons verschiedener Größen. Über dem Sessel hing ein geblümter Wollschal mit Fransen. Ich nahm ihn und roch daran.

„Wie war dein Flug, bist du gut gelandet?"

Das war die dümmste Frage, die mir mein Bruder hätte stellen können. Da ich nun da war, musste ich ja gut gelandet sein.

„Ihr hättet mit der Beerdigung ruhig eine Woche warten können. Ich bin, so schnell ich konnte, gekommen."

„Es ging nicht anders. Wir hätten sie in einem Kühlfach unterbringen müssen."

Ich warf ihm einen Blick zu, um zu sehen, inwiefern er seinen eigenen Worten glaubte, dass das der wichtigste Grund gewesen war. Er glaubte daran. Und wurde dennoch verlegen.

„Pass auf, ich hätt sie da nicht liegen lassen können. Wäre sie am Leben gewesen, hätte ihr das nicht gefallen. Ich bin es gewohnt, mich um sie zu kümmern."

„Ich hab mich auch gekümmert! Ich hab euch nie vergessen."

„Ich weiß, worauf du hinauswillst. Du hast dich nicht verändert. Jetzt suchst du nach einer Möglichkeit, fürsorglicher
dazustehen, als du warst. Du hättest uns kein Geld schicken
brauchen. Wir wären auch so über die Runden gekommen."

Er nahm mir den Schal aus der Hand, legte ihn zusammen
und auf einen anderen Stuhl, außerhalb meiner Reichweite.
Nach zehnjähriger Funkstille waren wir wieder zum gleichen
Punkt gelangt. Dafür war ich nicht hergekommen. Aber eine
ganze Woche nach der Beerdigung, warum war ich überhaupt
da?

„Um den Preis, dass Mutter mindestens fünf Jahre kürzer
gelebt hätte? Entschuldige die Umstände!" Ich würde ganz
gewiss den Mund nicht eher halten, als bis er mich ganz ange-
hört hat. „Weißt du überhaupt, wie man so ein Geld verdient?
Du rennst treppauf, treppab, misst den Blutdruck, drehst Bett-
lägerige, ihre Wunden werden alle drei Stunden gereinigt, du
füllst ihre Akten aus. Denen, die sich einmachen, ziehst du
nachts zwei Windeln übereinander an – da gibt es Wege, man
macht ein Loch in der inneren, das geht schon. Ich lebe buchstäblich umgeben von Scheiße. Ich arbeite zusammen mit Phi-
lippinerinnen, Albanerinnen, Serben, Ägyptern, Rumäninnen.
Am Altenpflegepersonal kannst du erkennen, welches Land
Geld braucht. Ich gehe hin, drehe die alten Menschen von der
einen auf die andere Seite, helfe ihnen, ein paar Schritte zu
machen, den Speisesaal alleine zu erreichen. Viele von ihnen
sind dick. Weißt du, wie man einen immobilen fettleibigen
Menschen stützt? Manche werden handgreiflich. Da ist zum
Beispiel der Neville, wenn dem was nicht passt, dann holt der
mit dem Stock aus. Auch bei mir hat er's damit versucht, aber
ich hab ihm gesagt: ,Hör mir mal zu, Neville, ich weiß, was du
gewohnt bist, aber bei mir läuft das so nicht. Wenn du noch
einmal versuchst, mich zu schlagen, dann wehe dir heute
Nacht!' Es sind aber nicht alle wie Neville, oh nein. Da ist

noch die Judy, ne ganz schlanke, ganz liebe. Sie hat Demenz im mittleren Stadium, an manches erinnert sie sich, an anderes nicht, manchmal vergisst sie sogar den eigenen Namen, wiederholt aber immer wieder: ‚Wann kommen sie mich besuchen?‘ Dann sag ich ihr: ‚Sie werden schon kommen, Judy, na, klar doch. Ganz bald.‘ Da sieht sie mich an, glaubt es halb und glaubt es nicht. ‚Morgen, kommen sie morgen?‘ ‚Ja‘, sag ich ihr, ‚morgen früh.‘ Ich weiß, eine Viertelstunde später wird sie sich an nichts mehr erinnern. Doch sie lässt nicht locker. ‚Wer hat denn angerufen, um anzumelden, dass sie morgen kommen? War’s mein Sohn?‘ ‚Ja, Judy, er war’s.‘ Ich meine schon, ich hätt sie im Sack, da sagt sie: ‚Er ist mich schon so lange nicht mehr besuchen gekommen. Ich kann mir nicht vorstellen, dass er angerufen hat. Und meine Tochter, die hat auch nicht angerufen.‘ Zwei Stunden später, fragt sie mich wieder, ob nicht jemand ihretwegen angerufen habe. Und warum sie keiner besuchen kommt…“

Dann schwieg ich. Ich hatte etwas sagen wollen und hab was ganz anderes gesagt. Mein Bruder nutzte die Gelegenheit sofort.

„Kommt mir bekannt vor.“

Ich tat so, als wühlte ich in der Medikamentenschachtel. Meine Hände zitterten. Ich schluckte leer. Starrte auf den Drucker, und der, mit seinen unpersönlichen Umrissen, gab mir das Gefühl von der Unerschütterlichkeit des Alltags zurück.

„Und unseren Vater, den zur Beerdigung einzuladen, da hast du dran gedacht?! Ich hab ihn auf den Fotos gesehen.“

„Ich war das nicht! Er hat’s auf Facebook gesehen. Verdammt! Wenigstens ist er allein gekommen.“

„Mann. So ein Mistkerl.“

„Hol ihn der Teufel.“

„Du hältst aber noch Kontakt zu ihm, oder?“

Mein Bruder zog aus einem Päckchen, das auf dem Tisch lag, ein Papiertaschentuch, begann sich zu schnäuzen. Und kam kaum noch aus dem Schnäuzen heraus, bis er schließlich sagte:

„Er hält noch Kontakt zu mir."

„Du zu ihm aber nicht?"

„Na schön, von Zeit zu Zeit ruft er mich an. Was schlägst du denn vor, dass ich auflege? Du weißt, wie das läuft – im Alter wird man weich und beginnt sich an alle Nahestehenden zu erinnern, die man aufm Weg überfahren hat. Er ist einsam. Er hat Angst. Seine Frau belauert ihn, dass er ja keinen Seitensprung oder so wagt, und kommt sie ins Zimmer, dann legt er auf. Oder tut, als würde er mit einem Schulfreund reden. Kannst du dir das vorstellen? Mit einem Schulfreund! Und sagt so zu mir: ‚Na, Bootsmann, wie geht's, wie steht's?'"

Mein Bruder verfiel in Gedanken. Ich sagte nichts, und er fuhr fort:

„Schau, es tut mir leid, dass es so gelaufen ist mit der Beerdigung. Ich war nicht ganz bei Sinnen. Ich hatte Panik, ich würde nicht klarkommen, und was immer mir die von der Bestattungsfirma vorschlugen, das tat ich. Vieles konnte ich nicht einschätzen. Um ehrlich zu sein, du hast nicht viel verpasst."

Unwillkürlich mussten wir beide lachen.

„Bleibst du?", fragte er.

„Nein."

„Dann sieh dich in der Wohnung um, schau Mamas Sachen durch und nimm, was du möchtest. Ich hatte angefangen aufzuräumen, bin aber noch nicht weit gekommen."

Das war deutlich zu sehen. Schränke voller Kleider, Kommoden voller Gegenstände für den Müll, aufbewahrt für den Fall, dass man sie wieder einmal brauchen könnte. Ich holte ein paar von den leeren Kartons in der Ecke und machte mich ans Räumen. Kleider – für besondere Anlässe, für den Alltag, für daheim, maßgeschneidert entsprechend den verschiedenen Größen, die der Körper meiner Mutter durchlaufen hat. Mittlere Größe, abrupte Gewichtszunahme, schlankes, abgezehrtes Figürchen. Mäntel, jahrelang zusammengesammelt – nicht einfach für jede Jahreszeit einen, sondern für jede Temperaturschwankung im Rahmen jeder Jahreszeit. Einen Teil dieser Mäntel kannte ich noch aus Kinderzeiten. Ich ging herum, räumte aus und sortierte. Es ist schwierig, die Habseligkeiten eines Toten zu sichten. Sie bewahren seine Vorlieben, seine Gestalt, seinen Geruch. Die Kämme konservieren die Haare, die Lippenstifte den Speichel. Würde man alle diese Gegenstände auf einen Schlag zusammenfügen, würde in dem Hohlraum, den sie formen, die nahezu lebendige Gestalt des Verstorbenen erscheinen. Für die Angehörigen eine heikle Situation. Es ist, als würde der Mensch die Welt in zwei Schritten verlassen – einmal nimmt ihn der Tod gewaltsam mit, das zweite Mal entsorgen ihn seine Angehörigen mir nichts, dir nichts in Gestalt seiner Habseligkeiten.

Im Schuhschrank – Pantoffeln, Stiefel, Halbstiefel, Sandalen, alle deformiert von den Füßen meiner Mutter. Ich nahm sie in die Hand, bevor ich sie hinaustrug. Ich versuchte das zu berühren, was nicht mehr da war. Auf dem Frisiertisch – Deos, ein Nageletui, halbverbrauchter Puder. Im Nachttisch – Medikamente, Massagegeräte, Taschentücher, irgendwelche Tinkturen. Und die Cremedose, in der was Flüssiges hin und her schwappte. Ich machte sie auf. Drin lag ein falsches Gebiss im Wasser. Die Zähne, ihre Farbe, ihre Anordnung – sie kamen mir seltsam bekannt vor. Ein Teil eines bekannten Gesichts. Durch sie hindurch waren bekannte Worte herausgekommen.

Wahrscheinlich durch meine Bemühungen, Ordnung zu schaffen, bestärkt, räumte mein Bruder im Wohnzimmer auf.

„Seit wann hat Mama ein falsches Gebiss?", rief ich.

„Was, du hast ein Gebiss gefunden?", er kam zu mir ins Zimmer. „Dann hab ich's vergessen. Ich musste Kleider für die Beerdigung auswählen, sogar an die Schuhe habe ich gedacht, das Gebiss habe ich aber völlig vergessen. Also hat Mama darum so seltsam ausgesehen. Oh je, ich wusste, ich würde was vergessen."

Ziemlich unerwartet für mich begann seine Stimme zu zittern, und er brach in Schluchzen aus. Er drehte sich zum Fenster. Er schluchzte und konnte nicht aufhören, während er sich das Gesicht mit dem Ärmel seines Pullis abwischte.

Weinen ist ansteckend. Ich trat an ihn heran und umarmte ihn, eigentlich um ihn zu trösten, da heulten wir schon beide. Wir waren erwachsen und weinten. Wir waren wieder Kinder und weinten. Wir waren allein auf der Welt. Wir waren frei. Für immer in unserer gemeinsamen Vergangenheit eingeschlossen.

„Darf ich das Gebiss mitnehmen?"

„Klar", sagte er. „Am Ende zerstiebt eh alles, nicht wahr?"

Nein, dachte ich später auf dem Rückflug, du bist Historiker, du schreibst an einer wissenschaftlichen Arbeit, sie wird nicht zerstieben, dazu sind doch die Historiker da, um die Geschehnisse zusammenzutragen, damit sie nicht zerstieben, und das wird von dir bleiben, während von mir ein Haufen ausgewechselter Windeln bleiben wird. Vielleicht zerstieben wir aber auch alle vollends, und an die Stelle treten dann die Nächsten – das hängt von der Höhe der Perspektive ab. Gegeben ist uns eine kurze Zeitspanne, der wir einen Sinn abgewinnen sollen.

In der Nähe des kleinen Hauses, in dem ich zur Miete wohne, gibt es ein Wäldchen. Unter einer hohen Linde habe ich mit einem Löffel ein Loch gegraben und das Gebiss hineingelegt. Ruhe in Frieden, Mama, und nicht ohne dein Lächeln.

Die Steckdose

Der Nachbar war Witwer, sein Äußeres aber war nicht im Geringsten vernachlässigt. Marias Vorstellung von einem Witwer stammte von ihrem Onkel, der sich nach dem Tod seiner Frau den Bart wachsen ließ, den Küchentisch auf den Balkon stellte und neun Monate im Jahr bei Sonnenuntergang einen Schnaps trank, das Gesicht den Schloten der Brotfabrik zugewandt. In der restlichen Zeit schneite es im Allgemeinen.

Der Nachbar war anders. Er trug helle Anzüge, und Maria war's angenehm, ihm im Treppenhaus zu begegnen, wegen der Spur von Sauberkeit und diskretem Deo, die hinter seinen energischen Schritten zurückblieb. Manchmal versuchte Maria sein Alter einzuschätzen und kam auf die Vermutung, dass er etwa 45 Jahre alt war, weil sein Körper wie der eines 30-Jährigen aussah, während sein kurzes Haar weiß war wie bei einem 60-Jährigen.

Einmal auf dem Nachhauseweg vom Spielplatz, die schlaksige Hand ihres Sohnes in der einen und ein Netz Lebensmittel in der anderen Hand, sah Maria den Nachbarn aus dem Augenwinkel aus einem schwarzen Ford steigen. Er sprach ein paar Worte zum Abschied, schlug die Tür kräftig zu, neigte sich vor und winkte durchs heruntergezogene Fenster. Hinter dem Steuer saß eine langhaarige Frau, die zurückwinkte und losfuhr. Maria kam es vor, als hörte sie wieder das Rascheln der Mappen von ihrem Scheidungsprozess, der angeblich die neuen Potenziale ihrer Möglichkeiten offenlegen sollte, aber in Wirklichkeit alle ihre Möglichkeiten als potenziell zementierte. Nach Unterstützung suchend drückte sie die Hand des Kleinen, und dieser stöhnte empört auf.

Seither schenkte sie dem Nachbarn besondere Aufmerksamkeit. Sie schnupperte den Geruch vor seiner Tür und versuchte zu erraten, ob er selbst für sich kochte oder ins Restaurant essen ging, was er arbeitete, was er gern tat. Sie horchte auf dem Treppenabsatz. Manchmal waren von seiner Wohnung her Nachrichten in verschiedenen europäischen Sprachen zu hören, ein anderes Mal Sinfoniekonzerte. Eines Abends vernahm sie überrascht, dass drinnen irgendein Western donnerte. Und nahm an, dass er entweder vor dem Fernseher eingeschlafen war oder vergessen hatte, ihn auszuschalten und ausgegangen war. Sie kannte ihn nun gut genug, um zu schließen, dass das nicht allzu typisch für ihn war. Jeden Morgen brachte er in sauberen, gut zugeschnürten Plastiksäcken seinen Müll heraus und begab sich in seinem weißen Peugeot zur Arbeit. Von der Hauspförtnerin erfuhr Maria, er sei Ingenieur.

Allerdings gehörte er nicht zu den extrem gesprächigen Ingenieuren, und nach ein paar Monaten Aneinandervorbeigehen im Treppenhaus verlor Maria die Hoffnung, ihr Austausch würde weiterreichen als „Wie geht's?" und „Schon wieder Regen!". Eines Abends aber, als Maria versuchte ihre Nachttischlampe einzuschalten und ein blauer Blitz aus der Steckdose trat, kam der Entschluss wie von selbst. Am folgenden Tag wischte sie Staub, räumte das Spielzeug ihres Sohnes in einen Karton unters Bett und ging in Hausschuhen ins untere Stockwerk.

Sie klingelte. Eine Zeit lang war nichts zu hören. Dann näherten sich von innen her Schritte, und der Spion wurde von einem Auge eingeschwärzt. Die Tür ging einen Spalt weit auf, und der Nachbar lächelte ihr entgegen. In seiner linken Hand hielt er eine Zeitung. Als sie ihn bat, ihre Steckdose auszuwechseln, sagte er nur: „Augenblick." Wühlte dann in irgendeinem Schrank hinter der Tür und folgte Maria mit einem Schraubenzieher in der Hand die Treppe hinauf. Sie schloss ihm ihre Wohnung auf, und er trat mit wachsamer Neugier über die Schwelle. Sein Blick wanderte über die Blumentöpfe an den Fenstern, über das klapprige Tischchen und den Karton mit den Spielsachen, den ihr Sohn inzwischen in die Mitte des Zimmers zurückgestellt hatte. Während er selbst, das Ohr an die Wand gepresst, auf dem Boden saß.

„Hallo", neigte sich der Nachbar zu ihm. „Wie heißt du?"

Das Kind gab keine Antwort. Der Nachbar blickte fragend zur Mutter.

„Sag dem Onkel, wie du heißt."

Das Kind senkte den Blick, ohne das Ohr von der Wand zu lösen.

„Stefan", antwortete Maria anstelle ihres Sohnes und fand es angebracht, entschuldigend anzufügen, „er sagt, er höre Musik in den Wänden."

„Was denn für Musik?", fragte der Nachbar. „Aus dem Radio?"

„Nein", sagte Stefan, wobei er den Blick wieder hob, „aus der Wand."

„Spielen denn alle Wände Musik?", gab sich der Nachbar interessiert.

„Nein", sagte Stefan. „Deine spielt keine Musik."

„Was macht sie dann?", hob der Nachbar die Brauen.

„Sie schreit mit einer Frauenstimme. ‚Nein, bitte nicht, bitte nicht, bitte nicht!' Immer nur das."

Der Nachbar warf dem Kleinen einen starren Blick zu, sagte ‚Kinder!' in Marias Richtung und wünschte einen guten Tag, ohne die Steckdose auszuwechseln. Sein Schraubenzieher blieb auf dem Tischchen liegen und lag über drei Tage so da, bis Maria auf die Idee kam, dass sie ihn ihm auch über die Pförtnerin zurückgeben könnte.

Ich und mein Spiegelbild

Als ich das Empfangszimmer betrat, war sie schon da. Sie saß mit dezent übereinandergeschlagenen Beinen und einem kompetenten Ausdruck da. Sie, die Studienbeste aus Gruppe 2. Sie, die allerhand Einladungen bekam, aber nur wenige davon annahm. Sie, die nie jemanden einlud. Sie – aus der Sicht der Professoren das Vorzeigetalent. Ich wiederhole, damit es klarer wird: kein Beispiel für Erfolg, sondern eines für Talent. Erfolg erfordert Arbeit, oder zumindest fühlt es sich so an. Arbeit, vielleicht etwas Schmeichelei, manchmal Beziehungen, ein andermal ein tiefes Dekolleté. Erfolg ist zu fünfzig Prozent Strategie. Während Talent etwas kaum Wahrnehmbares ist, etwas Unsichtbares, das, unklar wie, sofort ins Auge sticht. Entweder du hast es oder du hast es nicht, ein Zwischending ist nicht vorgesehen oder wird zumindest nicht als Talent registriert.

Wie kann ich Talent entwickeln, mir Talent aneignen? Woher?

Sie hatte Talent, das sagten alle. Aber was für ein Talent kann einer, bitte schön, für Soziologie haben? Diese schmalen Laufbahnen, die spezialisierten Wissenschaften – sie entfalten ihre eigene Mythologie aus genialen Vorläufern, kuriosen Visionären, begabten Griesgramen und gemäßigten Erwartungen an die kommenden Generationen, in denen man allerdings auch auf Talente trifft. Über mich selbst würde ich sagen, dass ich zu den erfolgreichen Studentinnen gehörte.

Dobromira nickte mir verhalten zu, gerade genug, um meine Anwesenheit zu quittieren. Unsere Pupillen verengten sich und saugten sich ineinander. Dann entspannten sie sich wieder auf das Format höflicher Neutralität.

Seit Studienabschluss waren fünf Jahre vergangen. In der Zwischenzeit hatte ich sie nicht wiedergesehen. Ich war froh, dass sich unsere Wege nicht kreuzten, befürchtete aber, dass sie große Erfolge feierte. Ich ging davon aus, dass sie bereits einen wichtigen Beraterinnenposten beim Außen- oder Innenministerium innehatte oder beim UN-Sekretariat in New York oder in der UNESCO-Zentrale in Paris oder am Internationalen Gerichtshof in Den Haag, oder bei sonst einer jener in der Welt verstreuten prestigeträchtigen Institutionen, da, wo ich nicht bin. Ich war irgendwie gefasst darauf, dass sie dort gelandet war, ich lebte versöhnt mit der Möglichkeit, sie würde eine Abteilung für strategische Entwicklung oder so was Ähnliches leiten, strategisch und entwickelt zugleich, um sie bloß nicht im Blickfeld zu haben. Sie wäre irgendwo dort glücklich und erfolgreich, wo ihr Glück mit dem Glück der sie Umgebenden verschmolz, und ihr Erfolg mit deren Erfolg. Glück habe ich ihr natürlich nie gewünscht. Ich sage nur, unter welchen Bedingungen ich mich damit abgefunden hätte.

Mein Leben ist nicht meinen Erwartungen entsprechend verlaufen. Ehrlich gesagt, waren diese nicht allzu klar, irgendwie hatte ich aber erwartet, dass, kaum hat man sein Diplom mit Auszeichnung bestanden und den Abschluss in der Tasche, unzählige Körperschaften, Konzerne und Institutionen einen in ihre Fänge reißen würden. Nichts dergleichen geschah. Geben Sie mal „Soziologin sucht Arbeit" im Netz ein, und Sie lernen den Überfluss an Angeboten für weibliche Care-Hilfen in Großbritannien kennen. Meine beste Stelle war in einem Callcenter. Man nahm mich wegen meiner Englischkenntnisse.

Die Tatsache, dass Dobromira auf das gleiche Interview wie ich wartete, überraschte und deprimierte mich. Also war sie doch hier. Wie ein Tiefseemonster, das meinen Blicken entzogen die Ozeane durchkreuzt hatte, sprang sie mir plötzlich entgegen, und ich konnte einfach nichts tun.

Das Empfangszimmer der Stellenvermittlung für Füh-
rungskräfte ist halb aus Metall, halb aus Plastik. Aus größerer
Distanz bildet es eine kleine Betonschachtel, angemietet in
einem dieser quaderförmigen Gebäude, die als summende
administrative Bienenkörbe angelegt sind. Es sieht aus wie ein
kleiner Ausschnitt eines internationalen Flughafens. Hie und
da wird das Interieur mithilfe von Spuren menschlicher Gegenwart aufgefrischt. Die Möbel sind rot und unverhältnismäßig
üppig, als hätten sie die Chance verpasst, sich einer Diät zu
unterziehen. Auf dem Boden steht ein Keramiktopf mit dem
für jedes Büro obligatorischen Philodendron. Wir befinden uns
im fünfzehnten Stock. Eine der Wände besteht aus Glas, das
der Alurahmen in Quadrate gliedert. Durch die getrockneten
Spuren von Regentropfen auf den Scheiben ist die halbe Stadt
zu sehen, wahrscheinlich ihre hässlichere Hälfte. Eine zufällige
Kombination aus Ziegeldächern, hochaufragenden neuen
Blocks und Kirchenkuppeln. Jetzt befindet sich all das auf
ungewohnte Weise unten, unter meinen Füßen, und ich ziehe
es vor, nicht hinzusehen. Ich habe das Gefühl, irgendein fehl-
geleiteter Wirbelsturm wird jeden Moment die Scheiben
sprengen und uns nach draußen saugen. Kommt bestimmt
vom Kaffee.

Mit einer Papierserviette tupfe ich mir den Schweiß von der
Stirn und achte darauf, dass Dobromira es nicht merkt. Sie tut
so, als bemerke sie mich nicht.

Dobromira ist nicht anzumerken, ob der Panoramablick sie
nervös macht. Entspannt sitzt sie auf dem üppigen roten Sofa
und schaut ihr Smartphone durch. Ihre kleinen Füße stecken
in beigen Schühchen. Weder allzu aufgeputzt noch gering-
schätzig der Situation gegenüber. Der Absatz ist weder zu
hoch, noch fehlt er. Der zu hohe Absatz sagt: „Seht mich an,
ich bin ein sexy Teil, ein hoher Ball, und gleichzeitig gibt's
keine Latte, unter die ich mich nicht beuge, um den Job zu

kriegen." Noch hat man dich gar nicht eingestellt, schon bietest du Boni an. Eine verstiegene Luxusofferte. Von einem gewissen Preis an wirkt das Teure billig. Der fehlende Absatz hingegen ist auf vollkommen andere Weise aggressiv. Er verkündet: „Es gibt nichts Wichtigeres als meinen eigenen Komfort. Versteht ihr mich nicht, seid ihr nicht auf meinem Niveau." Eine starke Ausgangsthese und in der Tat eine riskante Strategie für ein Vorstellungsgespräch. Nein, das, was Dobromira ausstrahlt, ist Balance. Harmonie, gefüttert mit Kompetenz. Ihr glattes blondes Haar ist am Nacken zu einem kurzen Pferdeschwanz zusammengefasst. Sie trägt keine Schminke, sie braucht keine. Ihr Gesicht ist nackt, allein in die eigene Sicherheit gekleidet. Ich hätte keinen so grellen Lippenstift auftragen sollen.

Ein junger Mann mit einem Jackett über der Jeans geht an uns vorbei und lächelt uns ermutigend zu. Ermutigend und überheblich. Er trägt zwei große Teetassen, die Etiketten der eingelegten Beutel flattern hinterher. Sehr wahrscheinlich eine männliche Sekretärin mit der schwammigen Funktionsbezeichnung „Office Administrator". Administrator oder nicht, er hat einen Job, und er weiß es. Er ist glücklich, wenigstens solange er uns sieht. Er schlüpft hinter die gepolsterte Tür, vor der wir darauf warten, aufgerufen zu werden.

Wir beide, Dobromira und ich, nehmen Notiz von alldem, sehen einander aber nicht in die Augen. Immerhin sind wir in dem Punkt solidarisch. Auch, und zum Glück, unterhalten wir uns nicht. Jetzt gerade habe ich keine Lust, ihre miauende Stimme zu hören. Irgendwas wimmert in ihrem Rachen, und man hört ihren Atem, während sie spricht. Das hindert ihre Worte aber nicht daran, präzise und zielgerichtet herauszukommen. Ich erinnere mich sehr gut an diese Stimme. Sie ist wie eine weitmaschige Camouflage, hinter der sich ein ganzer Trupp Angreifer anpirscht. Ich fühlte mich durch ihre Stimme hindurch beobachtet.

Die gepolsterte Tür ging auf, und von innen erklangen Dobromiras Namen. Sie ging hinein und ließ mich in trauter Zweisamkeit mit dem Philodendron zurück. Ich begann mich zu fragen, was eigentlich unvorteilhafter für mich war – dass sie zuerst drankam und ihre Wolke aus kompetentem Gift im ganzen Raum versprühte, oder dass sie als zweite drankam und das bisschen an gutem Eindruck tilgte, den ich einzuflößen geschafft habe? Nichts von beidem gefiel mir.

Fünfzehn Minuten später kam sie gemessenen Schrittes heraus. Ich erhob mich, damit wir aneinander vorbeikamen, doch in der Tür erschien der Teeträger, stellte sich mir in den Weg und sagte zu uns beiden:

„Die Ergebnisse des Interviews erhalten Sie im Laufe einer Woche per Kurier. Rechtsauskunft wird auf Verlangen erteilt. Die ausgewählte Kandidatin wird im Couvert auch Unterlagen beigefügt finden, die sie ausfüllen und beim Stellenantritt eigenhändig mitbringen soll. Von weiteren Nachfragen bitten wir abzusehen."

Der Saal war jenseits aller Bürostandards kalt. Die Klimaanlage hatte auch den letzten Molekülen des draußen herrschenden Sommers das Rückgrat gebrochen. Meine Hände fingen an zu zittern. Vor mir stand eine Kommission aus zwei Frauen und einem Mann mit nahezu gleichen Physiognomien. Sie schwiegen, also schwieg auch ich. Hinter ihren Rücken gähnte die Glaswand. Ein Stuhl zwischen ihnen stand leer.

Sie setzten sich mir gegenüber.

„Ich denke, wir können anfangen", sagte eine der Frauen und biss in den Bügel ihrer Brille.

Die anderen begannen in meinem Lebenslauf zu blättern. Ihre Blicke schweiften über die Daten und meine diversen Versuche, die Zeitspannen meiner Arbeitslosigkeit zu kaschieren. Freiberufliche Beraterin. Unabhängige Fachfrau. Freelancer. Selbständige Weiterbildung. Networking in neuen Wirkungskreisen. Nach einigem Schnauben und leerem Schmatzen ging es los mit den Fragen. „Wie würden Sie den Korrelationskoeffizienten zwischen den Variablen im folgenden Diagramm errechnen?" Ich antwortete und schaute über dem leeren Stuhl vor mir hinweg durch die Glaswand. Macht die besser auf, damit ich rausfliegen kann.

In diesem Moment setzte sich jemand auf den leeren Stuhl und stimmte in das Verhör mit ein. Der Ausblick auf die fallende Stadt verschwand, und ein weiteres Augenpaar nahm mich ins Visier. Durch dieses beobachtete mich der Teeträger und sah aus, als sähe er mich zum ersten Mal. Das leichte Staunen in seinem Gesicht ging nach und nach in den Ausdruck eines Menschen über, der sich vergnügt. Dann übernahm er die Gesprächsführung. Und mir fiel es um einiges leichter zu antworten. Auch die Fragen wurden einfacher, um nicht zu sagen seltsam. Als er mich fragte, wer mein Lieblingssuperheld aus dem Kino sei, brachen wir beide in Lachen aus. Sein Blick lag auf meinem Lippenstift.

Das Couvert mit den Unterlagen kam nach vier Tagen. Überreicht wurde es mir von einem dicken Kurier, schweißgebadet von der Hitze und vom Treppensteigen in den sechsten Stock. Das, was ihn behinderte, half mir. Hätte das Gebäude einen Lift, wäre ich kaum die Mieterin des Mansardenstudios. Unter den Ärmeln seines hellblauen Hemdes breiteten sich nasse Flecken aus. Ich gab ihm einen Lev für die Mühe. Wäre er schlanker gewesen, hätte ich ihm wahrscheinlich keinen Lev gegeben. Ich half ihm wegen seines Makels. So wenden wir das Schicksal aller. Das Couvert war nicht so dick, wie ich erwartet habe.

Ich riss es auf. Drin war ein einziges Blatt.

„Aufgrund des starken Auftritts aller Bewerber für die ausgeschriebene Position teilen wir Ihnen mit, dass ihre Bewerbung leider nicht ausgewählt wurde. Bitte beachten Sie weiterhin unsere Webseite für weitere …" Ich setzte mich hin und wollte in Tränen ausbrechen, konnte es aber nicht. In mir stieg die Galle, kam bis zu einem gewissen Punkt und hielt an, weil ich wusste, dass ich genau das verdiente. Dass das das reale Ergebnis war. Dass ich die ganze Woche lang gehofft hatte, etwas würde umschlagen und den Lauf der Dinge ändern, weil „der Teeträger" ein Auge auf mich geworfen hatte. Ich wusste, dass mir leichter ums Herz werden würde, wenn ich in Tränen ausbrechen würde und ich deswegen nicht in Tränen ausbrechen konnte. Es gibt keine Gnade für solche wie mich. Gewöhnliche Menschen, die am seidenen Faden hängen.

Dann warf ich noch einen Blick auf den Brief und sah, dass er nicht an mich adressiert war. Zuoberst auf dem Blatt stand Dobromiras Name. Irgendwer im Büro hatte den Inhalt des Briefes vertauscht. Da fing ich an zu heulen.

Als ich wenig später nach dem Freudenausbruch wieder zu mir kam, drangen praktischere Gedanken in meinen Kopf. Wenn ich die Absage an Dobromira erhalten hatte, dann hatte ja sie meine Unterlagen für den Stellenantritt bekommen. Stand mein Name wohl schon auf dem Ausdruck, oder musste er auch von Hand ausgefüllt werden? Wird sie etwas davon abhalten können, die Unterlagen zu unterzeichnen und als ihre eigenen auszugeben? Mein Magen, mein Herz und viele weitere Organe, deren Namen ich nicht kenne, ballten sich zu einer einzigen Kugel zusammen.

Ich rief im Büro der Stellenvermittlung an, um Bescheid zu geben, dass ihnen ein Fehler unterlaufen war, doch da empfing mich die Stimme eines komplizierten Anrufbeantworters, der mir vor dem Hintergrund entspannender Musik empfahl, welche Taste von eins bis neun ich drücken sollte. Bis zu einem Gespräch mit einem lebenden Menschen kam ich nicht. Mir blieb nur eins. Ich rief eine Reihe von alten Bekannten an, und unter schuldbewussten „Wie geht's?" und „Wir müssen uns mal wieder treffen" gelangte ich an Dobromiras Nummer.

Während ich die Nummer wählte, lief in meinem Kopf das ganze folgende Gespräch ab:

„Hallo, Dobromira, hast du vielleicht zufällig meine Unterlagen mit der Post bekommen?"

„Nein, ich hab nichts bekommen. (Mjaaauuu. Wimmer wimmer. Fiep fiep.)"

„Weil ich den an dich adressierten Brief bekommen hab."

„Ach so? (Wimmer wimmer.)"

„Ja. Da steht, dass sie dich nicht nehmen."

„Warum schicken sie ihn denn zu dir? Das muss ein Scherz sein."

„Nein, das ist überhaupt kein Scherz. Ich les ihn dir gleich vor…"

„Nicht nötig. Mir ist lieber, du liest mir deine Briefe nicht vor."

„Warum steht dann Dobromira drauf?"

„Ich habe nicht die geringste Ahnung."

An der Stelle beginne ich zu grübeln, wie ich an meine Unterlagen komme, und finde keine Lösung. Gleichzeitig war zu hören, dass es klingelte.

Tuuut. Tuuut. Tuuut. Mit jedem weiteren Signal einer geglückten Verbindung entfernte ich mich von der Möglichkeit, mit ihr zu sprechen. Darauf war ich nicht vorbereitet. Trotz der Wortwechsel in meinem Kopf hoffte ich doch, dass es mir im Gespräch mit ihr gelingen würde, sie aufzuhalten. Es war Freitagmittag, und sie hatte mehr als genug Zeit, meine Unterlagen in eigenem Namen einzureichen. Ich rief bei der Firma an, bei der wir uns bewarben, aber da fragte mich eine freundliche Frauenstimme, mit wem ich sprechen wolle, und verband mich dann mit der Abteilung „Öffentlichkeitsarbeit".

Dobromiras Adresse beim Verein der Alumni aufzustöbern, stellte eine lediglich technische und vor allem unaufschiebbare Angelegenheit dar. Ich nahm ein Taxi, das etliche Architekturzonen der Stadt durchquerte und dann durch das Gewirr aus krummen Gassen um eine stillgelegte Fabrik zirkelte. Unter einem Mirabellenbaum zwischen einem neuen, noch unbewohnten Block und einem alten zweistöckigen Haus hielt es an. Zuerst begab ich mich zum Block, doch zwei zementbeschmierte Eimer am Eingang gaben mir zu verstehen, dass das nicht die Adresse sein konnte.

Das kleine Haus hatte einen eigenen Garten mit ein paar verwilderten Obstbäumchen, die sich in diversen privaten Posen räkelten. Die Metallpforte ging mit einem langen Knarren auf. Der Pfad zwischen den tiefhängenden Ästen führte mich zu den Stufen vor dem Eingang. Ich suchte die Tür nach einer Klingel ab. Da war keine. Genauso wenig wie ein Namensschild. Einzig die Hausnummer stand mit Ölfarbe an der Hausmauer geschrieben. In der Nähe waren ein paar alte Dachziegel zu einem kompakten Würfelchen aufgetürmt und mit einer Nylonplane zugedeckt, vermutlich für den Fall, ein zweites Mal benötigt zu werden. Ich hatte keine Ahnung, wo ich mich befand, obschon genau das die Adresse war. Ich klopfte an die Tür.

Dobromira trat nahezu auf der Stelle heraus. Sie trug eine Hausschürze, mit orangefarbenen Speiseresten bekleckert.

„Warum hast du nicht angerufen?", fragte sie geradeaus. „Oh, warte mal, warte, mein Handy ist ja oben, im Schlafzimmer."

„Ich hab dich angerufen."

„So oder so, ich hätte mich sowieso gleich bei dir gemeldet."

„Wegen der Unterlagen."

„Ja, ja, genau. Gratuliere", sagte sie und drückte mir die Hand. Ihre Augen sahen irgendwo ins Abseits.

„Dobromira!", war drinnen eine männliche Stimme zu hören. „Wer ist da?"

„Ist für mich."

„Bitt sie doch herein."

Der Eingangsbereich hinter Dobromiras Rücken war dunkel, und von drinnen roch es nach Weinkeller.

„Ist nicht nötig", rief Dobromira über die Schulter und sah mich entschuldigend an. „Sekunde, ich hol die Unterlagen."

Sie verschwand ins Hausinnere, und ich blieb an der Schwelle stehen. Es war kurz nach Mittag, und die Hitze wurde allmählich unerträglich. Ich ging rüber in den Schatten eines der Obstbäume, um zu warten, von wo ich weiterhin einen Teil des Entrees mit auf dem Boden sortierten Damenschuhen sehen konnte. Vom Haus her war ein Knarzen zu hören und eine Art schwerfällige Vorwärtsbewegung, als würde sich drin ein größeres Tier den Weg zwischen den Möbeln bahnen. An der Tür erschien ein älterer Mann im Rollstuhl. Sein Kopf, auf die Seite geneigt, wankte rhythmisch, während auf dem Sabberlatz die gleichen orangefarbenen Flecken zu sehen waren wie auf Dobromiras Schürze.

„Wer sind Sie?"

Seine Stimme schien nur mühsam durch die Schranke der Gurgel zu kommen, und doch sprach er die Worte gebildet und unerwartet deutlich aus.

„Eine Studienkollegin von Dobromira."

„Warum kommen Sie dann nicht rein?"

„Danke, ist nicht nötig."

„Dobromira war eine sehr gute Studentin. Sehr gut. Sie war mein ganzer Stolz. Standen Sie einander nahe?"

„Papa, geh zurück ins Zimmer, bitte", sagte Dobromira und streckte die Hand über seinen Kopf hinweg aus, um mir den Umschlag mit den Unterlagen zu reichen.

„Ich möchte die junge Frau auch gern kennenlernen. Bitt sie doch herein!"

„Ständig bittet er die Leute herein", sagte Dobromira zu mir, und dann zu ihm: „Gleich machen wir einen Spaziergang.

Geh du jetzt wieder ins Haus."

Ich reichte ihr den an sie adressierten Brief. Nicht dass sie ihn brauchte, ich wollte ihre Korrektheit einfach mit einer ähnlichen Geste beantworten.

„Tut mir leid, dass es so gekommen ist."

Wie aufrichtig konnte ich mit diesen Worten überhaupt sein? Ich würde sagen, gar nicht, allerdings blieb auch die Hälfte des Sinns dieses höflichen Gemeinplatzes für mich in einem unbekannten und quälenden Dunkel. Dobromira winkte ab.

„Was soll's. Ist nicht deine Schuld."

Während ich mit der Straßenbahn heimfuhr, dachte ich über ihre Worte nach und wusste, dass Dobromira recht hatte. Natürlich war es nicht meine Schuld. Ich habe fair gespielt und hatte keine Ahnung, dass ich den Geschmack des Kommissionsleiters treffen würde. Der Lippenstift war reiner Zufall. Na, eigentlich nicht genau ein Zufall, sondern kalkuliertes Risiko. Schließlich spielt ja jeder mit den Karten, die er in der Hand hält. Oder hatte Dobromira jene niedlichen Schühchen etwa nicht selbst angezogen? Schon so lange habe ich auf mein Glück gewartet, ich dachte schon, dass es mich komplett vergessen hat oder bei all den anderen Leuten, die es besuchen muss, nicht ans Ende der Liste kommt, wo ich auch noch irgendwo bin. Aber siehe da, es ist gekommen und hat mich geküsst! Und dazu noch als doppelte Siegerin. Ich hätte mir nicht träumen können, eines Tages Dobromira zu schlagen. Der Traum meiner Studienzeit.

Ich machte mir eine Flasche zwölfjährigen Whisky auf, den ich für solche Fälle aufhob. Nicht zum Trost, sondern zur Feier. Natürlich war er, wie alles Luxuriösere um mich herum, ein Geschenk. So viel Geld würde ich nie für ein Getränk ausgeben. Oder vielleicht doch, wenn ich es hätte, aber das muss erst noch überprüft werden. Ich schenkte mir ein ordentliches

Glas ein. Nahm ein paar gute Schlucke. Diese Getränke sind so – du nimmst einen Schluck, zählst dann bis fünfzehn, und irgendwo über dem Magen, unmittelbar neben dem Herzen, bricht eine Sekundärexplosion aus. Die Wärme breitet sich kugelförmig aus und schießt wie die Strahlen einer inneren Sonne bis in die Fingerspitzen. Ich trank noch einmal und verwischte die Explosionen. Hab ich endlich deine Eingeweide gesehen, Dobromira, und um den Hals gewickelt noch dazu! Warum hat mir während des Studiums keiner gesagt, dass er auf mich zählt, dass er auf mich setzt, warum nicht? Euer Geschwafel über Talent, eure beschissenen Favoriten. Und doch bahnt sich die Gerechtigkeit ihren Weg. Schließlich habe ich bekommen, was ich verdiene.

Ich stellte mich vor den großen Spiegel im Flur. Schaute mir direkt in die Augen und prostete meinem Spiegelbild zu. Dann zerriss ich die Unterlagen in kleine Stücke.

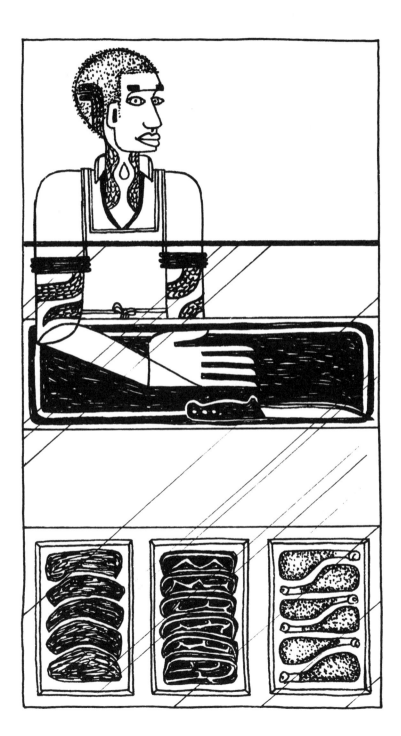

Die Stimme

Das weiße Fleisch, in weißen rechteckigen Plastikboxen für Schnitzel aufgereiht, schimmerte grünlich. Eine silbrige Perlalgenfarbe, die bestens zu Deko-Accessoires aus Perlmutt passte.

„Haben Sie nichts Frischeres da?", fragte Elissaveta Manova, Korrektorin bei mehreren Verlagen, zwei davon für wissenschaftliche Literatur. Jede ihrer Arbeitsstellen betrachtete sie als temporär.

Der junge Mann hinter der Kühlauslage wartete ab, um zu hören, ob das ihre einzige Frage war. Dann versenkte er das Gesicht bis zu den Ellbogen in den Packungen mit tiefgekühlten Hühnerköpfen und zog ein Set Hühnerschenkel in menschlicher Farbe hervor. Er reichte es ihr. Sein Blick war nicht direkt fragend, aber erwartungsvoll. Er hatte eingefallene Augen, die unter der Stirn ruhten, trüb grün, von der Farbe des Roquefortkäses, der wie eine statistische Zylindergrafik zugeschnitten war. Unter seiner Schürze lugten die Enden zweier gewundener Tattoos hervor, die mit ihren Schuppenkörpern zum Hals hochkrochen. Gleichmäßiges Stoppelhaar bedeckte seinen kräftigen Schädel. In ihren Augen sah er wie ein junger Bulle aus, der noch nicht wusste, ob er zur Zucht zugelassen oder geschlachtet wird oder ob er sich eigentlich schon im Schlachthof befand.

„Ich nehm sie", sagte Elissaveta.

Der junge Mann nickte und reichte sie ihr in einer Plastiktüte.

Zuhause fand Elissaveta die Teller vom gestrigen Eintopf im Spülbecken vor, die Betten ungemacht und den Fernseher an. Es lief die Wiederholung einer Abendshow von letzter Woche. Der Moderator kommentierte einstige Neuigkeiten aus der Presse, und die Musiker lachten ihn mit falscher Heiterkeit an.

Für alle Fälle sah Elissaveta auch im Bad der Einzimmerwohnung nach. Sie wollte sichergehen, dass sie allein war. Die Klobrille war oben, doch das war nur ein Andenken menschlicher Gegenwart.

Sie setzte sich an den kleinen Schreibtisch neben ihrem Bett, schaltete den Computer ein und öffnete ihr Englisch-Lehrbuch. Es war Zeit für persönliche Aktivitäten. Die Englischstunden, die Elissaveta vor einigen Monaten zum Zweck der Investition in die eigene professionelle Kompetenz zu nehmen begonnen hatte, wurden nach und nach von der Aureole des intimen Erlebens gerahmt. In letzter Zeit eilte sie, wo immer sie auch war, nach Hause, um sich über das ausgedruckte Kursmaterial zu beugen. Um sicher zu sein, wie welches Wort ausgesprochen wird, hatte sie sich ein Programm aus dem Internet heruntergeladen, das das Geschriebene vorlas.

Anfangs gab sie einzelne Wörter ein, und das Programm las diese mit männlicher Stimme vor. *Coffee. Coffee. Interesting. Certainly.* Dann begann Elissavata ganze Lektionen abzuschreiben, um sie sich anzuhören. Die sanfte Stimme des Unbekannten sprach diese vor. In ihrem Bariton-Timbre vibrierten Kraft und Sorge. Während aus der betonten Artikulation jedes einzelnen Wortes die Verwirrung des Ausländers zu vernehmen war, dem es noch nicht recht gelungen war, sich in den hiesigen Sitten zurechtzufinden. In mancher Beziehung war er seiner sicher, in anderer hilflos. Elissaveta wusste, dass sie ihm helfen konnte.

Panajot, mit dem sie seit zehn Jahren zusammenlebte, war die neue Stimme im Haus vor zwei Wochen aufgefallen.

„Entschuldige, aber ich hab nicht verstanden, wer den Einwurf macht", drehte er sich vom Fernsehsofa zu ihr um. „Astonishing! Astonishing! Kannst du das verdammte Ding nicht zum Schweigen bringen?"

Panajot bestand aus Knochen, die von kräftigen Gelenken verbunden waren, als seien sie in der Ära der experimentellen Mechanik geschmiedet. Wenn er nicht zugenommen hatte, so war das dem Rakija zu verdanken. Tagsüber trug er einen Anzug wie ein Beamter des Außenministeriums, der er auch war. Abends zog er die Lackschuhe aus, warf die Krawatte über einen der Haken in der Garderobe und streckte sich in Jogginghosen vor dem Fernseher aus. Während die Nachrichten liefen, hatte Panajot die Angewohnheit, sich über die Menschen zu beklagen, die ihm gerade Umstände machten. Immer machte ihm jemand Umstände. Wenn er sich aber ein Fußballspiel ansah, dann forderte er absolute Stille.

„Ich lerne eine neue Sprache, falls dir das entgangen sein sollte", nahm Elissaveta sich und die Stimme in Schutz.

„Wie könnte mir das entgehen! Ach, stell's schon ab, Elli, mach schon, meine Nerven liegen blank… Herrje, nicht schon wieder! Das war nie und nimmer Abseits!"

Sie klimperte ein paar Worte in die Tastatur, bevor sie das Programm ausmachte. *You are unbelievable*, sagte die Stimme. Elissaveta ging in die Küche, schälte zwei Gurken für den Salat. Unter dem Schäler blieb ein bleicher, entblößter Streifen zurück. Hellgrün. Dunkelgrün. So vergingen die Tage. Nun kippte Panajot den Rakija aus der Flasche. Sie stellte ein Schnapsglas vor ihm hin, knallte den Boden auf den Tisch, damit er es bemerkte. Und setzte sich dann vor den Fernseher, um ihm Gesellschaft zu leisten. Das Spiel interessierte sie überhaupt nicht, lebst du aber länger mit jemandem zusammen, fängst du an, so einiges zu tun, was du nie vorhattest. Panajot legte den Arm um sie, lächelte sie kurz an und wandte den Blick wieder dem Bildschirm zu. Unter seinem Arm roch es nach Schweiß.

In der Nacht stand Elissaveta auf, schaltete den Computer ein, die Icons von Windows erleuchteten die Dunkelheit. Panajot regte sich ein wenig, drehte sich auf die andere Seite und zog die Decke über den Kopf.

I will never leave you.

War da etwa Besorgnis in seiner Sprachmelodie? Sie stellte den Ton leiser und schrieb seine nächste Antwort. Die eigene Frage flüsterte sie langsam, wie für einen Ausländer, ins Gitter des kleinen Lautsprechers.

I do. I miss you, too, gab er zurück.

I love you. I love you. I love you. I will never leave you.

„Pah, in diesem Haus kann man nicht mehr leben."

Es war Panajot. Auf dem Bett sitzend schielte er Elissaveta über die Schulter.

Am nächsten Morgen, als sie noch schlief, lief er eine Weile im Zimmer auf und ab, ging hinaus, kam wieder zurück, verrückte irgendeinen Stuhl. Halb schlafend schloss Elissaveta, dass er nach einer zum Hemd passenden Krawatte suchte und verschiedene Kombinationen ausprobierte. Er drehte und wendete sich vor dem Spiegel hin und her. Um eines besseren Effekts willen hielt er die Luft an. Natürlich zeichneten sich seine Gelenke überall an seinem Anzug ab. Elissaveta beschloss, die Augen nicht zu öffnen. Als sie sie später öffnete, merkte sie, dass der Computer an war. Das Englisch-Lese-Programm war gelöscht. Die Seite, von der sie es heruntergeladen hatte, funktionierte nicht mehr.

Nach einem solchen Anfang brauchte der Tag gar nicht erst zu beginnen. Elissaveta begriff, dass sie den Mann, den sie einst heiraten wollte, überhaupt nicht mehr sympathisch fand. Während die Stimme, nach der sie sich sehnte, ins Schattenreich der Festplatte versunken war. Vermutlich zerfiel sie bereits zu Nullen und Einsen, zusammen mit anderen gelöschten Dokumenten. Ihr kam vor, als sei auch sie ein Programm, funktionstüchtig und zuverlässig, aber ohne Icon im Hauptmenü. Sie weinte eine Weile. Bevor sie dann zur Arbeit ging, machte sie einen kurzen Abstecher, um Eier zu kaufen.

Der junge Mann saß hinter der Kühlauslage und las eine Zeitschrift mit schönen nackten Frauen. Als er sah, dass Kundschaft da war, warf er die illustrierte Literatur unter den Tresen und richtete sich auf.

„Für die arbeite ich", sagte Elissaveta und zeigte nach unten, so dass ihre Finger, wären sie von einer punktierten Linie verlängert worden, die Zeitschrift getroffen hätten.

Der Blick des jungen Mannes folgte ihrer Geste bis zu ihrem Zielpunkt. Und weitete sich.

„Bei *der* Zeitschrift?"

Elissaveta sah, wie er sich bemühte, sie sich nackt vorzustellen, um abzuschätzen, ob sie ihm schon begegnet war.

„Nein, ich bin da Korrektorin", erwiderte sie, ohne zu erläutern, worauf sich das „Nein" bezog.

„Ach so."

Offenbar war er mit dem Eindruck verblieben, dass das irgendein wichtiges Amt war, es interessierte ihn aber nicht. In Erwartung ihrer Bestellung richtete er sich auf. Seine schweren Hände, auf denen weitere Tätowierungen prangten, stützten sich am Tresen ab.

„Ich hätte gern…"

„Sie wünschen?"

Seine Stimme, die sie bisher kaum wahrgenommen hatte, erwies sich als ein sanfter Bariton. Elissaveta sah sich um und stellte fest, dass sie allein im Laden war.

„Dass du mir sagst: *You are astonishing.*"

Wäre er zehn Jahre älter, hätte er sie für verrückt gehalten. Aber er lächelte.

„*You are astonishing.*"

Er hatte die Aussprache eines Schülers, der während des Englischunterrichts rauchen war.

„Ist nicht das Gleiche", sagte Elissaveta.

„Das ist es nie", stimmte er zu. Dann, plötzlich von der Idee mitgerissen, runzelte er die Stirn und kramte in seinem selten benutzten Gedächtnis. Vor Anstrengung presste er die Hand gegen die Lippen. Irgendwann schaffte er es, das, wonach er suchte, an die Oberfläche zu holen, und seine Augen erstrahlten. Er gab Elissaveta ein Zeichen, sich über den Tresen zu ihm zu beugen. Er selbst streckte sich seinerseits zu ihr vor und flüsterte, diesmal in tadelloser Diktion:

„*I will never leave you.* "

Ein Freudenhaus

Boris Gočev bog in die schmale Gasse ein, vorbei an den kopflosen Puppen im Schaufenster des Wäschegeschäfts, betrat die Passage, zögerte kurz, zog in ihrem Zwielicht einen Zettel mit einer Adresse hervor und ging mit neuer Entschlossenheit weiter. Der Zettel war aus einem Handkalender herausgerissen worden, und darauf stand ein derart fernes Datum gedruckt, dass Boris noch nicht einmal sicher war, ob er da unbedingt anwesend sein wollte. Das Ende der Passage strahlte ihm mit einem matten Schleier aus abnehmendem Licht entgegen. Der Innenhof war mit Dornengestrüpp überwuchert, in dessen Mitte jemandes fürsorgliche Hände den Versuch unternommen hatten, Tausendschönchen zu pflanzen. In der hintersten Ecke rauchten drei Kellner von einem Restaurant, dessen Fassade auf die Straße sah, und führten Telefongespräche auf Arabisch. Keiner von ihnen sah zu Boris.

Der Abend brach an. Über den geschlossenen Hof sank der blaue Atem eines Himmels, der alle Geheimnisse kannte, aber kein einziges preisgab. Boris Gočev seufzte und setzte seinen Weg über den steinernen Pfad zu einem zweistöckigen Haus mit lilafarbener Tür fort. Die Klingel gab zwei Töne von sich, die zu einer harmonischen Einheit zusammenflossen. Drinnen drückte jemand einen Knopf, und das Türschloss brach in anhaltendes Summen aus. Boris ging hinein und sah sich um. An den Wänden klebte eine Tapete mit grellen Blumen, die die echten Blumen in den Vasen am Boden unglaubwürdig erscheinen ließen. Am Ende des Flurs erhob sich eine füllige Frau mit blondem Haar rasch von ihrem Schreibtisch und kam den Ankömmling empfangen. Ihr Kleid war schwarz und bodenlang bis zum Boden wie das einer Conférencieuse.

„Bitte, treten Sie ein", sagte sie mit vertraulicher Stimme. „Wir sind momentan ein wenig überlastet, also werden Sie ein Weilchen warten müssen, aber Sie werden es nicht bereuen."

Boris begann sich zu fragen, ob ihr Haar echt war und kam zu dem Schluss, dass es das nicht sein konnte. Ihre blonden Locken entquollen dem höchsten Punkt ihres Kopfes und fielen in regelmäßigen Spiralen herab wie synthetische DNA-Modelle. Ihr Gesicht, mit der dunklen Brille und dem Lippenstift, kam ihm bekannt vor. Es erinnerte ihn an eine Kritikerin, die vor etwa zwanzig Jahren begeistert seinen ersten Roman aufgenommen hatte, wonach sie einander leider nie wiedersahen. Boris wurde verlegen. Er war gekommen, um den Sprung ins Ungewisse zu tun, aber seine Gedanken gingen mit wie undeklariertes Gepäck. Er war angespannt.

„Nur zu, treten Sie ein", wiederholte sie, zündete eine Kerze vom Schreibtisch an und nickte ihm zu, ihr zu folgen. Derweil schaffte sie es, die Zeitung, die sie wahrscheinlich bis zu seiner Ankunft gelesen hatte, zusammenzulegen und beiseitezuschieben. „Herr Milev hat angerufen, um Sie zu empfehlen. Wie geht's ihm denn, wir haben ihn lange nicht mehr gesehen?"

Boris ärgerte sich über seinen Freund, der ihm die Adresse gegeben hatte. Braucht's denn auch noch eine Empfehlung – als würde ich staatliche Förderung beantragen. Es gibt nichts Unangenehmeres, als einen besten Freund zu haben, der Dramaturg ist. In erster Linie muss man sich alle seine Inszenierungen ansehen, obwohl ein Teil davon an Orten stattfindet, bei denen sogar die Regisseure die Adressen nur schwer finden. Boris ging sehr vorsichtig mit dieser Herausforderung um. Einmal war er in Begleitung einer Mitarbeiterin der Zeitschrift, für die er schrieb, zu einer Premiere gegangen. Das Stück erwies sich als blöd, und das tötete die Stimmung für den Rest des Abends und später dann auch die ganze Beziehung. Etwas, das in dieser Nacht zwischen ihnen hätte aufkeimen sollen,

kam zusammen mit ihrem Streitgespräch über die Glaubwür-
digkeit der weiblichen Hauptfigur zum Erliegen. Boris wusste,
dass Tošo Milevs geistloses Stück seine Zukunft in gewissem
Sinne von den farbenfroheren Gefilden der Zweisamkeit, auf
die sie zuhielt, ins wohlbekannte Grau zurückgespult hatte,
allerdings gab es keine Möglichkeit, den Freund dafür zur
Rechenschaft zu ziehen. Nach diesem Vorfall aber besuchte er
dessen Premieren zwingend allein, und das einzige Problem,
das er dann nach einer weniger gelungenen Inszenierung hatte,
war, mindestens eine gute Seite daran zu finden, um diese
später im Laufe alkoholgeschwängerter Trostgespräche her-
vorzuheben.

Allerdings war Tošo Milev ein wechselhafter Dramaturg,
dessen Sachen sich manchmal als unerwartet stark entpuppten.
Dann hatte Boris kein Problem mit den Lobesworten, kehrte
jedoch mit schwerem Herzen heim. Er litt nicht an Tošo Milevs
Erfolg, was leicht als Neid hätte bezeichnet werden können,
sondern jeweils am eigenen Erfolgsmangel, was ja auch eine
Art Neid war, aber zweiten Grades. Seit drei Jahren schrieb
Boris an einem neuen historischen Roman, der anfangs straff
und flott von der Hand gegangen war, um dann wie ein
wasserreicher Fluss in einer Ebene zu zerfließen, sodass das
Thema nur mehr von einer Sandbank in die andere schwappte.
Freunden fiel auf, dass ihn eine Art Schweigen umgab, und sie
fragten immer besorgter nach: „Wie läuft's? Kommst du voran
mit dem Roman?" Die Sorge ist das akzeptierte Gesicht der
schadenfrohen Neugier. Anfangs war Boris bemüht, geheim zu
halten, was er schrieb, damit seine Idee nicht verpuffte. Später,
unter dem Druck der Fragen, fing er an, irgendetwas zu
erfinden, um ja etwas erwidern zu können. Eigentlich schrieb
er gar nichts.

Das hinderte ihn aber nicht daran, abends, nachdem er von
der Redaktion heimkam, den Laptop aufzuklappen und sich

im Angesicht der halbfertigen Seite vor und zurück zu wiegen. Die Japaner, deren Ziel im Minimalismus besteht, sagen, dass eine weiße Seite mehr wert ist als hundert bemalte. Allmählich begriff Boris, dass er, ohne es zu wollen, genau diese Kunst gemeistert hatte. Seine Figuren gerieten in Zwiespalt, wollten zwei oder drei Dinge gleichzeitig tun, der kaiserliche Gesandte widersprach sich, die geheimnisvolle Seherin wechselte dauernd die Gestalt, während der König in Unentschlossenheit versank. Ein neuer Hamlet, von störender Ähnlichkeit mit dem Original, drängte, das Licht der Welt zu erblicken, und Boris hatte aufgehört zu schreiben, um ihn daran zu hindern. Also setzte er sich vor den Laptop und schrieb nicht, mal gezwungenermaßen, mal ungewollt.

Sein Freund Tošo Milev hatte diese Probleme nicht. Er war überzeugt, dass genial war, was auch immer er aufs Blatt kritzelte, und er behielt im Verhältnis eins zu fünf recht. Tošo hatte empfindsame, verletzliche Augen und eine blecherne Stimme, die pedantisch durch seinen schmalen Mund gepresst kam. Er verstand sich darauf, sich als Künstler zu fühlen – er fühlte sich wohl in dieser Rolle. Wenn ihm etwas nicht passte, ließ er irgendwelche hysterischen Etüden vom Zaun brechen, und alle lenkten ein. Boris konnte sich das nicht leisten. Seinem männlichen Credo treu verschwieg er seine Probleme und häufte sie in seinem Inneren an, wo nur mehr eine große Müllhalde Gestalt annahm.

Auch wenn er nicht zu den Geschwätzigen gehörte, teilte Boris sich Tošo mit. Er passte auf, ihm nicht alles zu sagen, sondern nur mal hiervon und davon was, gerade genug, dass Tošo nicht das ganze Bild erfassen konnte, Boris aber mit der Spur vermeintlicher Erleichterung davonkam. Da trat die zweite unangenehme Beziehung zwischen der Freundschaft und der Dramaturgie auf den Plan. Just in dem Moment, in dem das Gespräch ins Rollen kam, zog Tošo Milev gewöhnlich einen Block aus der Tasche und sagte: „Warte mal, warte mal, das ist so authentisch! Genial. Wart doch bitte kurz, dass ich's mir notieren kann." Und so wartete Boris, dass Tošo sich seine Äußerung notierte, die er selbst beinahe ohne nachzudenken ausgesprochen hatte, während Tošo sie als genial erkannt hatte. Wessen Genialität war das dann? Nach jedem Gespräch mit Tošo war Boris davon infiziert, in allem Möglichen geniale Funken wahrzunehmen, und fühlte sich von der Leichtigkeit der Welt beflügelt, um innert ein, zwei Tagen wieder von dieser Empfindung geheilt zu sein. Die Realität brach mit allen ihren unlösbaren Halbheiten ein.

Tošo Milevs dritter Makel ging teilweise aus dem zweiten hervor und trat zutage, als Boris die Geschichte seiner eigenen Scheidung auf der Bühne sah. Die Schauspieler stritten sich vor einem Himmelbett und wiederholten mit hochgeschraubten Stimmen ihm wohlbekannte schmerzhafte Äußerungen. Warum war er dann aber überhaupt noch mit Tošo Milev befreundet? Tja, mit wem denn sonst?

Die Dame mit der blonden Fontäne auf dem Kopf führte Boris durch Flure mit niedriger Decke und noch mehr Blumen auf den Tapeten. Die Kerze in der Hand schritt sie voran und erzeugte eine tempelartige Atmosphäre, er folgte ihr wie ein Pilger und wich mit leicht vorgebeugtem Kopf den Tragebalken aus. Er war aufgeregt. Er war ein wenig besorgt darüber, wie er seinen Mann stehen würde, und diese Sorge zwang ihn, eine gewisse grundsätzlich defensive Haltung gegenüber der Welt einzunehmen. Er war neugierig und zugleich beunruhigt, ob ihm das, was ihn am Ende des niedrigen Flurs erwartete, gefallen würde. Hinter einigen Türen war ästhetisiertes Stöhnen zu hören.

Sie betraten ein halbdunkles Foyer mit schweren roten Vorhängen entlang der Wände und dem Aussehen nach bequemen, tiefen Sesseln. Auf der einen Seite befand sich ein kleines

Podium, das mit Draperien besetzt war wie ein Totenschrein. Boris sah sich forschend um. Aus verborgenen Lautsprechern strömte entspannende Jazzmusik. Seine Führerin stellte die Kerze auf den kleinen Tisch vor ihm und lud ihn mit einer Geste ein, sich zu setzen. Im Schatten des Saals zeichnete sich das Profil eines weiteren Menschen ab.

„Was für einen Drink darf ich Ihnen anbieten?"

Mit eben diesen Worten hatte die Kellnerin in der Bar hinter dem Theater, wo Boris und Tošo Milev bei ihrem letzten Treffen eingekehrt waren, um in Ruhe einen Absacker zu trinken, ihre Frage formuliert. Das Lokal gestattete eine gesunde psychische Distanz zu den vegetarischen Restaurants rundherum und erlaubte einem, im Angesicht all der Flecken auf dem Tisch, die frühere Generationen hinterlassen hatten, das Gefühl der eigenen Individualität zu verlieren.

„Du bist blockiert", hatte Tošo da gesagt. „Du brauchst einen Schub, ein erschütterndes Erlebnis."

„Gestern haben meine Bremsen versagt, und ich hab den Wagen zur Reparatur gebracht. Bin beinah im Kanal gelandet. Genügt das nicht?"

„Nicht doch, du Idiot, ich red von einer emotionalen Explosion. Von Strom durch den Körper. Von einem Sprung ins Ungewisse. Von etwas, das dich wieder auflädt. Dich aufrüttelt."

„Ich hab das Gefühl, dass du auch vom Auto redest, nur auf eine andere Weise."

„Genial", brach Tošo in Lachen aus. „Hammer! Warte kurz, ich notier's mir."

Er zog seinen Taschenkalender hervor, schrieb was und riss dann eine Dezemberseite mit einer Adresse heraus.

„Ich bin damit sehr zufrieden", sagte er, indem er die Brauen hob, und reichte ihm den Zettel. „Wenn du keine Angst hast, lässt du's drauf ankommen."

Boris hatte überhaupt nicht vor, es drauf ankommen zu lassen, aber die Worte „wenn du keine Angst hast" nahmen ihm die Entscheidung ab. Solche leichtfertigen Idioten wie Tošo kostete alles viel weniger Mut.

Mit einem Drink in der Hand und einer Kerze zwischen den Knien sah sich Boris ein weiteres Mal um, um die Umgebung in Augenschein zu nehmen, aber vor allem, um noch einen Blick auf den anderen Besucher zu werfen. Es stellte sich heraus, dass der andere die gleichen Absichten hatte, und ihre Augen trafen sich im Dunkeln. Bei seinen geheimen Gedanken ertappt, heftete Boris seinen Blick auf das leere Podium und begann sich in gekünstelter Trance im Rhythmus der Musik zu wiegen. Doch der Unbekannte erhob sich und kam mit dem Glas an seinen Tisch.

„Darf ich?"

Nein, darfst du nicht, verdammt, so ne Frechheit, hast ja einen eigenen Tisch, bleib brav da und lass die Leute in Frieden. Wir kommen alle hierher, um an unserem eigenen kleinen Tischchen zu sitzen und dann ein eigenes kleines Schlüsselchen für ein eigenes kleines Zimmerchen zu kriegen. Boris hob einen mürrischen Blick und sah das Gesicht des jungen Mannes vor sich. Er war fast noch ein Junge und vertuschte diese Tatsache mithilfe einer komplizierten Kombination aus Bart und Schnurrbart. Sein Haar war zu einem kleinen künstlerischen Knoten hochgebunden. Zweifelsohne war das Geša, das Nachwuchstalent, das in letzter Zeit auf literarischen Veranstaltungen, kreativen Happenings und politischen Demonstrationen Aufsehen erregte. Geša hatte noch weitere Namen, wie alle Menschen, die einen Personalausweis besitzen, doch sie zogen sich unter dem grellen Klang ihrer Abkürzung zusammen, und keiner benutzte sie. Zwei Mal hatte Geša Texte bei Boris' Zeitschrift eingereicht, die die kleine Redaktion in zwei Lager spalteten. Die eine Hälfte behauptete, dieser dreiste

Schreibstil werde neue Wege in der Literatur vorzeichnen, während die andere Hälfte besorgt war, wie die Kommission für Ethik und Medienregulierung reagieren würde. Boris mochte die Texte von Geša nicht, er fand sie ungebildet und stümperhaft, dennoch setzte er sich stets für deren Publikation ein. Irgendwo dort draußen, außerhalb der Redaktion, kamen Menschen zusammen, richteten literarische Botschaften aneinander und tauschten sich darüber aus – ob sie nun elektronisch waren oder in den selteneren Fällen auf Papier verfasst – und er wollte nicht, dass seine Zeitschrift den Anschluss an dieses aktive Publikum verlor. In Wirklichkeit jedoch steigerte dieses an kostenlosen Zugriff übers Netz gewöhnte Publikum die Verkaufszahlen der Zeitschrift um kein einziges Exemplar, sodass Boris' Bemühungen in dieser Hinsicht als idealistisch betrachtet werden konnten.

„Gerne."

So oder so konnte er sich nirgendwo verstecken. Geša setzte sich und schmiegte sich geradezu an ihn.

„Es kommt noch keine raus."

„Ja."

Beide schwiegen eine Weile, dann setzte Geša wieder an.

„Du, äh Sie kommen wahrscheinlich öfters hierher."

„Nein."

„Für mich ist es das erste Mal."

Das Pronomen „mich", das bei Auftritten dreist und in Kombination mit einem feurigen Blick aus Gešas Mund trat, igelte sich nun delikat zwischen den anderen Wörtern ein. Boris fühlte sich aufgefordert, Schutz zu bieten. Das war ein guter Grund, die eigene Unsicherheit zu vergessen.

„Es gibt immer ein erstes Mal."

„Wenn meine Freundin das rauskriegt, schneidet sie mir den Schwanz ab."

„Warum bist du dann hergekommen?"

„Das ist etwas kompliziert zu erklären", sagte Geša und trank sein Glas in einem Zug aus. Dann redete sein Mund von selbst los, erfreut, dass da jemand war, zu dem er reden konnte. „Hör zu, Alter, du weißt, wie es in der Literatur ist. Entweder du bestehst, oder du fliegst. Einen Mittelweg gibt es nicht. Es gibt nur den Mittelfinger. Eure Generation von Schriftstellern beneide ich sehr. Du kannst dir nicht vorstellen, wie ich euch beneide. Ihr habt so ein ruhiges Leben gelebt, die Politik – vergiss die Politik, was soll damit schon sein? Da gab's die Diktatur, gute Zeiten, schlechte Zeiten, wie man so schön sagt – na umso besser! Von heute bis an dein Lebensende hast du was, worüber du schreiben kannst. Dieses Thema ist ja uferlos. Und wenn du aufm Dorf geboren bist, noch geiler! Geht ja voll ab mit den Erinnerungen... Heute was über Oma mit dem Spinnrocken, morgen was über Opas... Diese Typen holen ein Leben lang was aus der Schublade. Und ich – was ist mit mir? Ich soll authentische Erlebnisse sammeln. Jeder möchte von irgendwas erschüttert werden. Ja, wie viele authentische Erlebnisse soll ich denn noch erzählen? Ich hab schon für zwei Leben erzählt, die Leute haben sich noch nicht einmal meinen Namen gemerkt. Fuck. Das ist ja wohl der beschissenste Beruf."

„So ist es."

„Und als würde es nicht genügen, dass die Honorare immer kleiner werden, jetzt muss ich auch noch für den einen Fick bezahlen. Bisher war zumindest das umsonst."

„Dann geh doch heim und zahl nicht."

Geša glotzte ihn argwöhnisch an.

„Hörst du, was du da sagst? Dieses spärliche Publikum, wie setzt man so was zusammen?"

„Stimmt. Wir sind wenige. Und dünn gesät."

„Eine aussterbende Art."

In dem Moment wechselte die Musik, und zwei Frauen tauchten auf dem Podium auf. Die eine war wie eine Krankenschwester gekleidet, die andere wie ein rosa Häschen. Die beiden begannen im Takt zu tanzen, wobei die Krankenschwester mit ihrer rechten Hand ein Stethoskop herumschwenkte, der Hase einen Pompon. Boris duckte sich hinter Gešas Rücken.

„Was machstn da, Sportsfreund?"

„Der Hase. Das ist ne Studentin aus meinem Kurs für kreatives Schreiben."

„Dann will ich die auch nicht."

„Sie ist die jüngere."

„Ich will sie nicht."

„Nimm sie, keine Sorge, die ist ein hoffnungsloser Fall. In fünf Zeilen zehn Adverbialpartizipien. Und schreibt immer über die Seele."

„Die wird mich erkennen."

„Blödsinn, nie und nimmer! Mich wird sie erkennen. Ich hab ihr eine Publikation abgelehnt."

„Die wird mich erkennen, und es wird sich rumsprechen."

„Das willst du doch!"

Die beiden Frauen hatten sich schon im Tanzschritt neben sie gesellt, und zum Glück für Boris zog der Hase sogleich Geša zu sich. Dieser verbarg das Gesicht in ihrem Pompon und folgte ihr mit weichen Knien. Die Krankenschwester führte Boris zu einem der Vorhänge, hinter dem ein weiterer Flur lag und ein freies Zimmer. Dieses war mit einem Sessel, einem Bett und einem Tisch mit Tischlampe ausgestattet, kurz gesagt, es war gemütlich, abgesehen davon, dass es nach Fitnessstudio roch. Hinter den Gardinen rauschten die Blätter eines Baumes im Innenhof. Die Krankenschwester zog das Laken vom Bett und breitete mit pragmatischen Bewegungen ein frisches aus. Während sie das tat, trällerte sie vor sich hin. Dann stellte sie sich vor Boris auf und begann mit einem halben Lächeln die Knöpfe ihres Kittels einen nach dem anderen aufzuknöpfen.

Boris' Nerven waren nach all den Begegnungen der letzten Minuten zum Zerreißen gespannt.

„Du schreibst doch nicht etwa auch?"

„Was soll ich denn schreiben?", fragte die Schwester mit immer noch demselben halben Lächeln und wiegte sich in den Hüften.

„Prosa, Lyrik. Woher soll ich das wissen?"

„Nein, ich schreibe nicht."

„Wirklich nicht?"

„Wirklich nicht. Wieso, sollte ich?"

„Auf keinen Fall!"

Die Schwester stand in einem weißen BH mit roten Kreuzen auf den Körbchen da.

„Wie magst du's machen?"

Boris fühlte seinen Körper in Wallung geraten. Fiel über ihre nackte Haut her und bekam nach ein paar gymnastischen Überschlägen auf dem Bett die Situation wieder in den Griff, was hieß, dass er oben war, während sie sich darauf einstellte, leidenschaftliche Laute von sich zu geben. Allerdings sah er ihr Gesicht nicht mehr. Seine Sinne übernahmen das Kommando. Sein Herzschlag dröhnte in den Schläfen. In seinem Kopf galoppierten Reiter, die Hufe donnerten über die trockene Erde, und er, das gezogene Schwert in der Hand, führte sie an. In der Ferne waren in goldenes Licht getaucht die Mauern der eroberungsreifen Stadt zu sehen.

„Und einen neuen Roman, dürfen wir den bald erwarten?"

„Wie bitte?"

Die Pferde gingen zum freien Schritt über, und einige Reiter stiegen sogar aus dem Sattel.

„Ach nichts, machen Sie einfach weiter", forderte sie ihn auf, plötzlich zum „Sie" übergehend.

„Was soll denn das! Schluss damit! Schluss!", brüllte Boris, packte die Nachttischlampe und fuchtelte damit in Richtung der Frau.

Sie sprang vom Bett und floh ans andere Ende des Zimmers, während die kaputte Glühbirne ihr mit großen Schwüngen den Weg abschnitt. Irgendwo im Raum gab es wahrscheinlich einen Notknopf, aber in ihrer Panik kam die Frau nicht an ihn heran. Und so sprang sie übers Bett, mal von der einen, mal von der anderen Seite, während Boris ihr nachhechtete, die Lampe erhoben. Seine heruntergezogene Hose behinderte seine Knöchel. Irgendwann blieben die beiden stehen, jeder auf einer Seite des Bettes, zwischen ihnen die Tür.

„Warten Sie, warten Sie", rief die Frau. „Was ist denn passiert?"

„Passiert ist – dass ich dich gleich umbring!"

„Aber warum? Was hab ich falsch gemacht?"

In ein neues Gespräch verwickelt, verspürte Boris das Bedürfnis, ihr zu antworten.

„Warum hast du mich nach dem neuen Roman gefragt?"

Die Frau seufzte. Sie war nackt, und ihr Alter war ihr auf eine annehmbare Weise anzusehen.

„Sie haben mich doch nach dem Schreiben gefragt! Und ich hab Sie erkannt! Ich wollte Ihnen schmeicheln. Sie sind doch ein Kunde…"

Boris warf die Lampe beiseite, zog seine Hose an und setzte sich aufs Bett.

„Und nur weil ich ein Kunde bin…"

„Nein, nein, nein. Es interessiert mich wirklich. Ich habe sowohl ‚Mitternachtsreiter' als auch ‚Der heimliche Herrscher' und ‚Die eiserne Kreuzigung' gelesen. Beim letzten hätte ich, zugegeben, lieber ein anderes Ende gehabt."

„Was denn für eins?"

„Na, sie hätte mit dem Mönch fliehen sollen, anstatt ihren Jugendfreund zu heiraten. Jugendfreunde, die taugen nicht als Ehemänner. Das ist nicht romantisch", sie setzte sich neben Boris aufs Bett. „Ich würde sogar sagen, dass es ein grober Fehler ist, den eigenen Jugendfreund zu heiraten. Du kennst ihn von klein auf, glaubst alles über ihn zu wissen, und er hat die längste Zeit seine eigenen Pläne vor Augen. Eines Tages hab ich mir aber sein Handy geschnappt, und... "

Boris fühlte sich verpflichtet, das Thema zu wechseln.

„Sie scheinen viel zu lesen."

„Was soll ich denn sonst tun? Ich sitze hier sechs Stunden täglich, warte auf Kunden, sie kommen, sie gehen wieder, wie lange kann ich sie schon hierbehalten? Eine halbe Stunde höchstens. Und, wie Sie wissen, ist ja jetzt Krise, es kommen weniger Leute, sie sagen die Termine ab, geht nicht anders, und ich kann sie ja auch verstehen, von irgendetwas muss man leben. Sie können sich das nicht vorstellen, aber das, was ich tu, ist ein langweiliger Beruf. Tag für Tag dasselbe, da ist keine Romantik, keine Spannung, mir passieren keine aufregenden Dinge, wie sie Ihnen, den Schriftstellern, passieren. Und außerdem werden Sie von den Leuten respektiert. Während ich keinerlei Anerkennung bekomme. Also lese ich die ganze Zeit. Und das Fernsehen – ich ekle mich allein schon, wenn ich den Fernseher sehe."

„Grässlich. Da läuft doch nichts als Schrott."

Die folgenden paar Stunden vergingen in orgiastischem Rausch, tiefem Verständnis, freiem Austausch von Gedanken, diskreten Aufmerksamkeitsgesten von rein symbolischem Wert, elektrisierender Befriedigung und der Absage aller weiteren Verpflichtungen für den Abend.

Als er ging, brachte die Dame mit der blonden Perücke Boris Gočev bis zur Tür.

„Kennen wir uns irgendwoher?", fragte er.

„Ich glaube nicht."

„Und wenn es so wär, Sie würden es mir nicht sagen, oder?"

Sie lächelte.

„Sehen Sie, ein jeder auf der Welt will so schnell wie möglich in einem anderen einen Nächsten wiedererkennen, nur weil wir so allein sind. Dieses Haus existiert einzig aus diesem Grund", sagte sie und hielt ihm einen Prospekt hin. „Ich lade Sie herzlich zu unseren traditionellen Gruppentreffen jeden letzten Freitag im Monat ein."

„Vorläufig möchte ich den Diskussionen lieber fernbleiben", erwiderte er und erkannte im gleichen Moment seinen Fehler.

Über das Gesicht der Dame huschte ein Schatten des Befremdens, was sie jedoch nicht davon abhielt, den allgemeinen Sinn zu erfassen. Sie hob ihre in einem schwarzen Spitzenhandschuh gekleidete Hand und winkte Boris mit vier Fingern nach. Ihre Silhouette stand an den Türrahmen gelehnt, während er sich entfernte. Es war bald Mitternacht, und über dem Innenhof hingen große, schweigende Sterne.

Etienne

Etienne spürte, dass da was sein T-Shirt beulte. Am Reißverschluss seiner Jeans hing immer noch fromm der Button mit der Aufschrift „Intel Inside", den ihm eine angeheiterte Kollegin anlässlich des erfolgreichen Ausgangs der Verhandlungen mit den Holländern angesteckt hatte. Die Nachricht in seiner Mailbox hatte ihn gezwungen, die sogenannte Feier sofort zu verlassen. Während er so die Šipka-Straße entlangeilte, pulte er ihn ab und warf ihn aufs Trottoir. Hätten ihn diese Deppen nicht mit Bourbon in Plastikbechern abgefüllt, säße er jetzt in seinem Auto. Trotz seiner langen Schritte schaffte es eine Frau ihn einzuholen.

„Verzeihung, Sie haben Ihren Button verloren." Ihre Hand reichte ihm diesen entgegenkommend.

„Ist nicht meiner", sagte Etienne.

„Hm, ich bin sicher, dass er eben von Ihnen abgefallen ist", wunderte sich die Frau.

„Das heißt nicht, dass er meiner ist", betonte Etienne.

„Jaja …", sagte die Frau, während sie die Aufschrift buchstabierte, die behauptete, dass etwas „drin" war, während eigentlich nichts drin war.

Etienne mochte es nicht, wenn man ihm widersprach, auch wenn er das abgestritten hätte, hätte es ihm jemand vorgeworfen. Er war schlicht überzeugt, dass die Menschen ihm entweder nicht aufmerksam genug zuhörten oder im Umgang miteinander eine überflüssige Eigeninitiative an den Tag legten, oder dass sie in den meisten Fällen nicht wirklich verstanden, was ihnen gesagt wurde. Letzteres entsprach weitgehend den Tatsachen: Etienne heuerte mal hier, mal dort als Computerspezialist an, pflegte aber nach der Arbeit ebenfalls am Computer auszuspannen und wusste alles in allem nicht, über was er sonst sprechen sollte. Deswegen klangen in seinen Ohren die Worte anderer ungebildet, während sich seine eigenen schlicht abnutzten. Als er diesen Unterschied zwischen sich und der Welt feststellte, staunte Etienne nicht. Auch ohne ihn überwogen aus seiner Sicht die Differenzen gegenüber den Ähnlichkeiten.

Es kam ihm vor, als begännen sie schon mit seinem Namen, jenem Stempel, mit dem ihn seine Mutter für immer als privates Terrain zu brandmarken versucht hatte. Sie liebte die französische Sprache, hasste Ignoranten, und wenn sie ans Telefon ging, sagte sie: „Allô." Die Angehörigen ihrer Generation, die auf einmal alle in Englischkurse rannten, nahm sie als eine abartige Erscheinungsform der sozialen Anpassung wahr. Als er heranwuchs, war Etienne ihr ganzer Stolz und zugleich eine Enttäuschung. Er war ein schönes Kind, mit klaren blauen Augen und hellblondem Haar, allerdings auf bestem Wege, ein unverbesserlicher Kauz zu werden. Er lachte kaum. Er spielte stets allein, und war mal jemand in seiner Nähe, saß Etienne einfach da und sah ihm zu. Einmal entdeckte seine Mutter ein Loch in der Tür seines Nachtschränkchens, das er über Monate von innen her herausgekerbt hatte. Keiner hatte bemerkt, wann das Messer verschwunden war. Man wusste nicht, wie lange der sechsjährige Etienne mit dem Fleiß eines Edmond Dantès die Tür bearbeitet hatte, um ein Loch zu machen. Irgendwann später ging ein heller Stern in ihrer Beziehung auf. Sie ließ ihn an den Computer, auf dem sie in der Sprache Molières Geschäftskorrespondenz übersetzte, und die Löcher in den Schränken verschwanden.

Oft kam Besuch ins Haus – gewöhnlich Freundinnen der Mutter. Aber es fehlte auch nicht an eleganten Onkels, die ihm Schokolade mitbrachten, um ihn loszuwerden. Etienne aß keine Schokolade. Das sagte er ihnen nicht, er sah aber auch nicht ein, warum er ihnen Danke sagen sollte. Er studierte sie einfach mit seinen klaren Augen, bis man ihn zum Spielen wegschickte. Seine Mutter, die ein Jahr nach der Hochzeit auf das goldene Feuerzeug ihres Gatten im Bad einer ihrer Freundinnen gestoßen war, einschließlich aller Folgen, die das nach sich zog, lebte mit der Idee, dass Etienne irgendwann einmal seinen wirklichen Vater finden würde. Nicht den biologischen, sondern den wirklichen. Und gab sich entsprechend Mühe in diese Richtung: Sie suchte sich ihre Freunde aus dem schwarzweißen Verein der Anzugträger aus und stellte Etienne die Gäste immer vor. Etienne sagte nie ein Gedicht auf, brachte nie ein Glas Wasser. Diese Leute kamen nicht seinetwegen, und seine Mutter konnte ihnen selbst Gedichte aufsagen und Gläser mit Wasser bringen, falls einer mal nicht ohne konnte. Einmal stolperte sie über den Teppich, in den Händen das Tablett mit Kaffee und Zucker. Sie verschüttete den Kaffee, der Zucker verteilte sich über den Teppich, und die zwei Untertassen prallten gegeneinander und zerbrachen. Das Seltsame daran war, dass Etienne lange lachte. Da stellte seine Mutter fest, dass ihr Sohn, wenn er nicht lachte, sympathischer war.

Seinerseits hatte Etienne von klein auf seine Mutter als die Person bestimmt, vor der er sich am meisten schützen musste. Sie beharrte darauf, dass alle um sie herum das taten, was ihr angebracht schien, und war anderenfalls sehr enttäuscht. Allerdings war die Enttäuschung die einzige Möglichkeit, sie auf gesunde Distanz zu halten. Etienne, der schon auf die Dreißig zuging, hatte nichts dagegen, dass die Psychoanalyse auf der Überzeugung fußte, dass die Söhne ihre Mütter begehrten. Die Psychoanalyse war was für Menschen mit Illusionen. Er erinnerte sich weder daran, sich je Illusionen gemacht zu haben, noch für seine Mutter entflammt gewesen zu sein.

Jetzt, da er gleichmäßigen, aber raschen Schritts auf die Bar an der Oboriște-Straße zuhielt, warf er einen kurzen Blick auf sein

Spiegelbild in einem verdunkelten Schaufenster. Er sah das, was er zu sehen erwartete – hohe Wangenknochen, blaue, tiefliegende Augen im Schatten der Stirn, eine wie ein Turmfalkenschnabel gebogene Nase, blondes schulterlanges Haar und einen ausgemergelten Körper. Alles Vertraute war da, wo es hingehörte, allerdings verschaffte ihm das zum ersten Mal kein Selbstvertrauen: „Ich brauch ja glatt nen neuen Skin.", dachte er bei sich.

Könnte er, hätte er längst aufgegeben. Er wünschte, er hätte vor acht Monaten auf der Party beim Dottore an sich gehalten, um sich jetzt den Rest zu geben und bei null anzufangen. In den letzten paar Tagen war immer wieder das nervöse Gesicht von Irina in sein Gedächtnis eingebrochen wie ein trojanisches Pferd. Etienne befürchtete, dass sie sich in der Zwischenzeit verändert haben könnte. Acht Monate konnten beispielsweise längeres Haar bedeuten. Ihm war nicht klar, warum sie sein Denken derart gefangen nahm, wo sie doch gar nicht seinem Frauenideal entsprach. Bei dem Wort Frau stellte er sich ein Fotomodell von den Seiten vor, die einen zum Bezahlen auffordern, damit man mehr sehen kann: Brüste wie Wasserballons, einen straffen Hintern und halbverhüllt hervorschauende Genitalien. Etienne bezahlte nicht. Irina hatte einen starken Körper, sparsam in den Kurven – einen, wie ihn die Feministinnen als Idealversion einer Barbiepuppe propagierten. Sie kompensierte ihre Unvollkommenheiten damit, dass sie der Mode frönte. Außerdem fühlte sie mit jedem Geschöpf mit, freute sich über jede Kleinigkeit und erzählte voller Ehrfurcht Begebenheiten aus den Romanen von Stephen King. Sie war außergewöhnlich auf den ersten Blick, gewöhnlich auf den zweiten und außergewöhnlich auf den dritten.

Kennengelernt hatten sie sich auf der Geburtstagsparty vom Dottore, einem Schulfreund von Etienne, der in Wirklichkeit Anwalt war. Die Party war zum Gedenken an die Gymnasialzeit gedacht, und in der Tat ließ nur der Kuchen in der Ecke ahnen, dass ein Vertreter der Mittelschicht seinen runden Geburtstag feierte – nicht die Spur von bequemen Stühlen oder fleischlosen Krautwickeln. Der Wein floss in Strömen, der Whisky aus Gallonen. Etienne saß auf dem Boden, unnahbar in seiner blassen Schönheit, und dachte darüber nach, wie er den Schutzschild eines Programms hacken könnte, das seit einigen Wochen seine Gedanken beherrscht hielt. Gleichzeitig starrte er auf die Tanzenden, schon lange im Reinen mit der Tatsache, dass ihm keines der Mädchen gefiel. Da waren zwei Freundinnen – eine mit langem, eine mit kurzem Haar, die aber beide denselben Lippenstift trugen. Unablässig versuchten sie, in seinem Blickfeld zu tanzen, taten aber gleichzeitig so, als amüsierten sie sich zusammen gut genug. Irgendwann wurde eine Ballade aus der Blütezeit des Metals aufgelegt, und die Langhaarige fasste Mut und attackierte:

„Sie gewähren mir bestimmt einen Tanz, nicht wahr?"

Genau wie seine Mutter.

Während sie tanzten, indem sie langsam kreisend einen Fuß neben den anderen setzten, schmiegte sie sich an ihn. Sie war schweißgebadet, und zwischen ihren Brüsten strömte ein ganzes Rinnsal kleiner Schweißperlen. Das Rinnsal drang durch ihr feines Kleid und sickerte in Etiennes T-Shirt. Das erregte Etienne, und er hasste sich dafür. Das Rinnsal ekelte ihn an. Er begriff nicht, warum beim Tanzen, das offensichtlich nur den Frauen Spaß machte, auch Männer mitmachen mussten. Mit der Wange berührte sie wie zufällig seinen Hals. Nass. Und da, bei einer nächsten Runde, sichtete er die kurzhaarige Freundin. Sie saß einsam auf dem ansonsten leeren Sofa, rauchte nicht und hatte ihre Beine ausgestreckt, als drückten ihre Schuhe. Überzeugt, das Spiel verloren zu haben, hatte sie das Lächeln ganz ausgeknipst und betrachtete mit erloschenem Gesicht die tanzenden Beine. Mit dieser Frisur sah sie aus wie ein enttäuschter Gefreiter. Etienne empfand kein Mitleid, sondern Frieden angesichts der Stille, die ihr Gesicht ausstrahlte. Ein derart einsamer Mensch kann gar keinen Lärm machen.

Das herzzerreißende Solo, das mehrmals den Anschein gab, enden zu wollen, um dann doch wieder wie ein Phoenix aus der Asche zu steigen, endete endlich wirklich, und Etienne schaffte es, sich loszureißen. Er setzte sich aufs Sofa neben die Kurzhaarige. Nahm an, dass er etwas sagen müsste, sagte aber nichts und wartete. Offenbar wurde sein wenngleich dürftiges Signal richtig gelesen, und sie fragte ihn:
„Was machen Sie beruflich?"
Die Höflichkeitsform klang, als wären sie beim Finanzamt. Sie ließ die Ausführung „wenn ich fragen darf" weg. Frauen, die hinzufügten „wenn ich fragen darf", verrieten, dass sie alle Geheimnisse in Erfahrung bringen wollen, und fielen automatisch in die Fanggrube mit den Spießen, die sein Verstand eigens für sie bereithielt. Er stellte sie sich als viereckige Männchen aus einem DOS-Spiel vor, die ins Labyrinth traten, um noch am Eingang von den Spießen erfasst zu werden. Eine zweite Runde mit dem gleichen Männchen war nicht vorgesehen.

Sie brachen zusammen auf, und Etienne mobilisierte sein ganzes frauentaugliches Wissen, mit dem man eine Party verlässt. Es wäre leicht gewesen, sie einfach zu umarmen, aber sie siezte ihn. Mit seiner Strahlung ließ ihr gut gebauter Körper die Luft um sie herum verschwimmen. Das war ihr aber kaum bewusst, weil sie schwer aufpasste, nichts Unsinniges zu sagen. Sie gingen zum „Du" über. Sie ist einverstanden. Gut... also...

„Weißt du, ich hab jetzt einen Virus..."

„Wie bitte?"

Ein für den Start ungeeignetes Level. Er stöberte nach einem weltlicheren Thema.

„Spielst du Spiele?"

Sie blickte ihn besorgt an.

„Was denn für Spiele? Du stehst doch nicht auf Fesseln und so was?"

„Ich lasse mich nur selten auf Geldspiele ein. Nur ab und zu machen wir im Büro das eine oder andere Turnier, damit wir vor Langeweile nicht überschnappen."

„Ach so, du meinst Computerspiele?"

Etienne blickte sie vorwurfsvoll an, weil sie nicht aufgepasst hatte.

„Ich hab mal ‚Diabolo' gespielt", reichte sie rasch nach. Die Verbform war sorgfältig gewählt, um die Dauer ihres Aufenthalts im Spiel und die Ergebnisse zu verschleiern. Eigentlich hatte sie sich ein einziges Mal ins Spiel eingeloggt, um herauszufinden, worauf ihre Mitbewohnerin denn so abfuhr. Und fand es aber doch nicht heraus. Nach zwei Stunden Kämpfen und ziellosem Umherirren verließ sie die elektronische Finsternis wieder.

„Das dürfte ‚Diabolo II' sein. Wahrscheinlich spielst du's", er musterte sie, „mit der Amazone... nein! Assassine! Du bist die Assassine! Hast du's schon mal durchgespielt? Auf welchem Level bist du? Ich mag's am liebsten mit dem Nekromanten. Null physischer Kontakt. Mit dem Druiden hab ich aber krass Glück. Mein Held findet solche Items, als hätte er einen Virus. Es kann aber auch schieflaufen. Ich weiß noch, ich hatte mal ein Schild All Resistance plus 36 bei maximal 75, was nicht übel ist, oder? Vor allem gegen Elemental Damage, ich lade mir das 39. Level runter, und was passiert dann, hinter meinem Rücken spüre ich die Pest kommen, die Personalchefin – damals arbeitete ich in einer Marketingagentur – sie blickt mir von oben herab über die Schulter, die Brillenschlange, voll die Bad Vibes, sag ich dir, und alles geht flöten – ich verliere Experience, ich verliere alles, irgend so ein Typ schleudert mir Chain Lightning entgegen, und sie so: ‚Etienne, ich sehe, es ist Montagmorgen, und Sie sind mit der Arbeit schon durch! Alle Achtung, bravo.' Wo ich doch wirklich mit der Arbeit schon durch war, ist doch kein Ding, wir haben bloß irgendwelche Schulbuchdaten bearbeitet! Dann hab ich mich aber von da verpisst.

Sie nickte voller Aufmerksamkeit bei jedem fünften Satz. Sie hatte seine hagere Wikingerschönheit bereits auf die eine Waagschale gelegt und das Gewicht des hypermateriellen Punktes, in dem seine Interessen zusammenliefen, auf die andere und hatte beschlossen, alles über sich ergehen zu lassen. Etienne schloss die Eisentür des Mansardenateliers, in dem er wohnte, auf, und Irina trat zögernd ein. In der hinteren Ecke stand ein Tisch mit zwei Monitoren, zwischen denen ein Flechtwerk aus Kabeln und Hardware zu sehen war, zusammengehängt wie die Retorten eines ambitionierten Alchemisten. Etwas weiter vorn, vor dem Stuhl, lag ein eingeschalteter Laptop im Schlummermodus. Die Wand war mit schmalen Regalen geschmückt, auf denen CDs aufgereiht standen wie Bücher.

„So viele Computer!"

„Sind es gar nicht. Der da ist nur ein Router, unter Linux, zum Schutz meiner privaten Dateien. Alles in allem eine Hauptplatine, zwei Netzwerkkarten und externe Festplatten. So bleibt mein privates Netzwerk von der Welt getrennt."

„Wenn das alles hier ist, was ist dann noch bei der NASA...", scherzte sie angestrengt.

Etienne sah sie unverwandt, aber aufmerksam an.

Ihr Sex war kurz und zielstrebig wie eine Schädlingsbehandlung. Etienne zog sich nicht aus, sondern krallte sich einfach an sie und vergrub sein atemloses Gesicht an ihrem Hals. Er war sehnig und leicht wie ein Vogel. Er zog sich erst aus, als er vom Bad zurückkam und unter das Baumwolllaken kroch, mit dem sein Bett bezogen war. Dieses war vergleichsweise hart und straff wie beim Militär. Das Bettzeug roch leicht abgestanden, und Irina zog an einem langen blonden Haar, das sie am Rücken kitzelte. Etienne blickte sie an und lächelte. Seine Zähne waren nicht ebenmäßig, und einige brachten sonderbare Winkel hervor. Auch das konnte ihm seine Schönheit nicht nehmen. Sein Lächeln dagegen erinnerte definitiv an die Hand eines Erstklässlers, der schreiben lernt. Da hatte Irina das Gefühl, dass sie ihn verstand, weil er ihr gefiel, und dass sie ihn immer verstehen würde, weil ihr diese glatten blonden Strähnen, die er sonst nach hinten warf und die jetzt um sein zartes Gesicht fielen, immer gefallen würden.

Etienne hingegen wusste, dass alle Frauen dieses Gefühl hatten. Die klügeren schwiegen, während er sprach, hielten sich zugute, ihn verstanden zu haben, um dann den Lohn einzustreichen – ins Kino ausgeführt werden, essen gehen, ihm ihre Träume erzählen. Aber alles hatte seine Grenzen. Sie spielten die Schweigsamen bis zum Augenblick, in dem sie beschlossen, dass nun ihre Stunde geschlagen hatte. Von da an ging's mit der Beziehung regelmäßig bergab, und Etienne blieb wieder allein – halb verlassen, halb verlassend. Er hatte einen eigenen Ordner für Telefonnummern und Adressen angelegt und nahm jedes Mal eine weitere Nummer heraus, die er nicht mehr wählen würde. Er löschte sie aber nicht, weil er ungern irgendetwas löschte, sondern verschob sie in ein anderes Dokument. Eigentlich merkte er sich alle Nummern.

Er legte seinen Kopf auf ihre kleinen Brüste und spürte, wie der rosa Nippel der einen unter seiner Wange platt wurde.

„Weißt du, ich hatte das Gefühl, mit nem Mann zu schlafen."

„Was soll denn das bedeuten?"

„Keine Ahnung, es hat mir gefallen."

Irina liebkoste sein langes Haar, das wie ein Fuchsschwanz ihren Hals hochfiel.

„Woran denkst du gerade?", fragte sie, um das Schweigen zu durchbrechen, das sie nicht zu deuten wusste.

„An nichts", gab er die Antwort, die allen Prüfungen standhielt, und machte es sich zwischen ihren Beinen bequem.

In der Nacht betrachtete Irina das schlafende Gesicht Etiennes, das in seinem Traum drangvoll auf etwas zuhielt, und konnte seine Zartheit nicht fassen. Als tränke sein halbgeöffneter Mund den Mondschein, der durchs schräge Fenster hineinfiel, samt den Vierecken des Rahmens. Die ganze Mansarde wirkte wie in Quadrate zerteilt, die nichts voneinander wussten, die Gegenstände existierten einsam, farb- und namenlos, und schienen bis auf Etiennes gläserne Herrschaft keinen Zusammenhalt zu haben. Nichts lebte hier, es sei denn durch ihn. Und Leben geben, darin war er noch sparsamer als der Mond, dessen Strahlen er jetzt schluckte. „Er lädt wieder auf", dachte sie, während sie lachen musste. Irina wusste, wie stark sie war und wie sie die Säfte in jedem Ding ringsum wachrütteln würde – im Stuhl, der jetzt ihre Kleider trug, im Tisch, auf dem die Computer standen, im Schreibtisch –, und wie die feinen Drähte der Atmosphäre vor Leben zuckend Etienne umstricken würden. Womit er befreit wäre aus der virtuellen Welt und gewonnen für die wirkliche, wo jede Wunde blutet.

Am Morgen, als Etienne gerade mit zwei Tassen Kaffee aus der Küchennische kam, klingelte es. Er ging auf Zehenspitzen weiter und bog zum Bett ab, wo Irina noch schlief. Ihr kurzes Haar durchbohrte das Kissen wie die Stacheln eines Igels, der einen viel zu großen Pilz davontrug. Erneutes Klingeln. Während Etienne noch überlegte, wohin mit den Kaffeetassen, war der Schlüssel im Schloss zu hören, und die Tür ging von selbst auf. Es erschien seine Mutter in einem kurzen Rock und einem taillierten Mantel.

„Eti, du bist ja da!"

„Wo soll ich denn sonst sein? Ich wohne hier!"

„Ich hab Waschmittel mitgebracht, ich kenn dich doch. Ich dachte, da du ja nicht da bist, könnte ich mal eine Wäsche für dich machen, und du hängst sie dann halt selbst auf…"

Irina hob ihren schläfrigen Kopf vom Kissen und sah glotzäugig auf.

„Mama, ich bitte dich, geh auf der Stelle."

„Oh, ich bitte um Entschuldigung…", sagte sie zu Irina und stellte sich auf Zehenspitzen, um sie über Etiennes Schulter hinweg zu sehen. „Ich bin Achinora, die Mutter."

„Irina, die Freundin", sagte Irina, während sie mit einer Hand das Laken um ihren Körper festhielt und Etienne auf der Suche nach Bestätigung einen Blick zuwarf.

Dieser schritt so auf seine Mutter zu, dass ihr einzig die Möglichkeit blieb, rückwärts zur Tür zu gehen.

„Gib mir sofort den Zweitschlüssel zurück."

„Aber Eti, das kann ich nicht tun, stell dir vor, es bricht ein Feuer aus, bei all deinen Kabeln hier."

„Los, her mit dem Schlüssel und hau ab."

Sie schluchzte ohne Tränen.

„Eti, jetzt hast du mich zwei Monate nicht gesehen und dann so ein Benehmen! Da denke ich mir ein Mal, ich schau bei dir vorbei, damit… Du führst dich auf wie ein Rüpel, statt uns einander vorzustellen! Ich bin deine Mutter, ich habe das Recht, mir Sorgen zu machen. Na, und wenn ich euch halt noch im Schlafanzug antreffe, ist doch kein Ding! Nur dass du es weißt, meine Jugend stand ganz im Zeichen von ‚Emmanuelle‘.“

„Oder vielleicht doch von Charles Aznavour“, sagte Etienne und schob sie ins Treppenhaus. Er drehte den Schlüssel zweimal um, erst dann fiel ihm ein, dass er es nicht geschafft hatte, ihr den ihren abzunehmen. Er riss die Tür wieder auf und rief die Treppen hinunter: „Der Schlüssel!“ Anstatt einer Antwort waren schnelle davonlaufende Schritte zu hören und: „Du hast mich ungemein verletzt, ungemein!“

Als er wieder ins Zimmer kam, trank Irina schon ihren Kaffee.

„‚Eti‘ klingt fast wie ‚E.T. – Der Außerirdische‘ von Spielberg! Wahnsinn, das ist mein Lieblingswesen. Wie …“ Sie kniff die Lider ein wenig zusammen und suchte nach Worten. Da hatte Etienne das Gefühl, als gliche Irinas Körper mit Irina drin einem Dodge Viper, gesteuert von einem zögerlichen Fahrer „… wie ein hilfloser Zauberer. Ich liebe diese Klassiker. Ach komm, entspann dich. Wenn du sehen würdest, was meine Eltern erst für Kretins sind!“

„Ach, hör mir auf, in ‚E.T.‘ sieht man die Schnitte auch durch ne Bierflasche.“

Plötzlich fiel ihm ein, auf die Uhr zu schauen, und er sah, dass er eine halbe Stunde zu früh dran war. Wäre gar nicht nötig gewesen, sich so zu beeilen. An der Kreuzung beim Kanal hätte ihn beinahe ein abbiegender Jeep überfahren. Gerade hatte Etienne nichts dagegen, überfahren zu werden – schließlich wäre das Grund genug gewesen, nicht zu dem Treffen zu gehen, das er selbst ausgemacht hatte. Auch der Fahrer des Jeeps hätte nichts dagegen gehabt, ihn zu überfahren. Doch die Gesetze stellten sich ihrem gemeinsamen Glück in den Weg. Etienne wollte nicht viel zu früh im Café sein, also schlenderte er das grasbewachsene Kanalufer entlang. Hätte er sich ebenso darum bemüht, mit Irina zusammenzuleben, wie sie sich darum bemüht hatte, mit ihm zusammenzuleben, sähen die Dinge jetzt anders aus, das war ihm nun bewusst.

Solange sie zusammen waren, glaubte er, dass seine Einsamkeit nach Irina dieselbe sein würde wie seine Einsamkeit vor Irina, und er gab sich Mühe, ihr die Fehler, die sie dauernd machte, ausführlich darzulegen. Schon am dritten Tag, nachdem sie zu ihm in die Mansarde gezogen war, stellte er fest, dass der fast unbenutzte Herd in Kaffee schwamm.

„Wer hat den Herd mit Kaffee vollgeschmiert?", fragte Etienne, Irina direkt in die Augen blickend. Es war nicht wirklich eine Frage, da keine dritte Person in der Mansarde wohnte.

„Oh, ich hab vergessen, dass er übergelaufen ist. Ich putz es gleich auf", sagte Irina mit der Verlegenheit eines Menschen, der die Kristallschale der Gastgeber für einen Aschenbecher gehalten und hineingeascht hat.

„Die Kaffeemaschine steht da drüben. Und übrigens kocht sie nicht über."

„Ach komm, ich hab Irish Coffee für uns beide gemacht. Er steht im Schrank. Es sollte eine Überraschung sein."

„Tja, das ist es jetzt nicht mehr. In welchem Schrank steht er, meinst du?"

Ein paar Wochen später wusste sie auch schon, dass die Zahnpasta nur vom Tubenende her ausgedrückt werden darf, dass beim Bettenmachen das Kissen über der Decke bleiben muss, dass offen daliegende Bücher bewusst so liegen gelassen wurden und dass keinerlei Freundinnen willkommen sind, um mit ihrem Geschnatter die Atmosphäre zu verunreinigen. Alles musste an seinen Platz zurückgelegt werden, da Etienne sonst blind wurde für die Dinge und nichts mehr fand, auch wenn es vor seinen Augen lag. Irina, anfangs zu allem bereit, war allmählich genervt. Ihre Versöhnungen nahmen immer mehr Zeit in Anspruch, und eines Tages, zwei Monate später, packte sie ihre Tasche und schlug die Eisentür hinter sich zu. In seiner Schreibtischschublade blieb ihre Nagelschere zurück, unter dem Bett ihr schwarzes Stachelhalsband, der wichtigste Bestandteil ihres Gothic-Outfits. Aus allen Ecken traten Sachen von ihr zutage, die sie während ihres Zusammenlebens angeschafft hatte. Doch sie kam nicht zurück, um sie zu holen.

Etwa eine Woche lang genoss Etienne ihre Abwesenheit, und jede seiner Handlungen überzeugte ihn nur, wie viel besser er es allein hatte. Dann klingelte das Telefon, und ohne sich sonderlich zu beeilen, aber mit freudiger Zuversicht hob er den Hörer ab. „Allô", war die Stimme seiner Mutter zu hören, und Etienne merkte, dass er sie hasste, dass er die ganze Zeit darauf gewartet hatte, dass Irina anrief.

„Etienne, ich habe dir ein Paar italienische Schuhe gekauft, komm sie anprobieren, sie sind sehr schick."

„Ich denke nicht daran."

„Aber du hast sie doch noch gar nicht gesehen!"

„Ich will sie auch nicht sehen."

„Etienne, so kannst du nicht mit mir reden. Wer liebt dich am meisten?"

„Niemand", sagte Etienne und legte auf.

Dann ging er dran, Irinas Sachen, die in der Mansarde verteilt herumlagen, einzusammeln. Und war selbst überrascht, dass er sie bis zu diesem Moment nicht weggeräumt hatte. Er wollte sie in den Schrank packen und vergessen. Er versprach sich, nie wieder an sie zu denken. Dann beschloss er, sie anzurufen, um sie ihr zurückzugeben.

„Irina wohnt seit circa zwei Monaten nicht mehr hier", entgegnete eine junge Frauenstimme.

„Wären Sie so nett, mir ihre aktuelle Nummer zu geben?"

„Ja, natürlich", antwortete die Frau und diktierte ihm seine eigene Nummer.

„Verzeihen Sie, spreche ich mit Irinas Schwester?"

„Nein, wir sind Studienkolleginnen und haben die Wohnung zusammen gemietet. Oh, mein Pfannkuchen brennt an."

Etienne legte auf, warf sich bäuchlings aufs flache, straffe Bett und rührte sich nicht bis zum Abend. Es waren Semesterferien, es hatte keinen Sinn, sie an der Uni zu suchen. Warum hatte er sie in all der Zeit nicht gefragt, wo ihre Eltern wohnten, warum hatte er nicht aufgepasst, was sie ihm aus seiner Kindheit erzählte? Konnte jemand so einfach verschwinden? Am Abend klapperte er alle Cafés, Bars und Bistros ab, die sie gelegentlich zusammen besucht hatten, fand sie aber nicht. Er hatte das Gefühl, als sei keiner außer ihm allein. Die Menschen unterhielten sich begeistert, diskutierten über Politik, lachten über Witze, und er litt, weil ihm das Talent fehlte, sich über irgendeinen Blödsinn freuen zu können wie sie. Wieder zu Hause, drückte er die Zahnpasta auf die Bürste, geriet ins Grübeln und presste sie dann auf den Boden der Toilette aus. Die Zahnpasta rollte sich auf wie das weiße Exkrement eines sehr sauberen Menschen.

Von da an ging Etienne jeden Tag nach fünf Uhr raus und streifte durch die Straßen bis gegen Mitternacht. Einmal glaubte er, Irina in der Straßenbahn zu sehen. Derselbe militärische Kurzhaarschnitt. Er drängte sich durch die Leute und beugte sich über sie, um sich zu vergewissern, dass sie es war. Das Mädchen wandte ihm das Gesicht zu, und er erblickte eine Art schlecht gemachte Kopie von Irina mit falschen Wimpern. Am selben Abend betrank er sich und schlief ein, die Füße auf der Computertastatur, ohne die Schuhe auszuziehen.

In den Chats herrschte die übliche Ignoranz. Aber Etienne behielt sie doch im Auge. Zerstreut las er die Repliken, wippte auf seinem Stuhl vor und zurück, klinkte sich, sowie ihm eine Phrase, ein Sprachgestus oder ein Wort bekannt vorkamen, augenblicklich ein und pöbelte herum, um mehr zu erfahren. Er beobachtete, wie die Dialoge Gestalt annahmen, schnüffelte und verglich. Jede Erwähnung von ‚E.T.', Stephen King, der Mode oder von Sternzeichen, mit denen sich Irina die Zeit vertrieben hatte, während seine Finger wie Wasserläufer über die Tastatur tanzten, ließ ihn wie eine Feder abgehen. Alles, was er nicht brauchen konnte, zerfiel in einzelne Buchstaben und flog in den Abgrund hinter seiner Stirn. Die Welt hatte sich zweigeteilt in Irina und die anderen Menschen, und diese hatten nur dann eine Chance, für ihn wesentlich zu werden, wenn sie ihn zu ihr führen konnten.

Und plötzlich tauchte in der Gesellschaft von Lenin und dem Feger E.T. auf. Eine mittlere Spannung schoss durch Etiennes Wirbelsäule, während an seinen Fußsohlen der Schweiß ausbrach. E.T. schrieb: „ist unter euch einer wie ich?" Und das etwa ein Dutzend Mal. Etienne loggte sich mit einem Nick aus Stephen King ein.

Firestarter: ich bin keinem ähnlich.

E.T.: damit kann ich was anfangen. dann ähnelst du mir.

Firestarter: nein, dir auch nicht. du bist hässlich.

E.T.: ich bin eine frau. und ich bin schön.

Firestarter: bist du nicht eher eine frau, die einem mann ähnelt?

E.T.: erraten. genau das bin ich. und was bist du?

Firestarter: wie ich schon sagte. genau das gegenteil von dir.

E.T.: siehst du? das heißt, dass wir uns ähnlich sind! ich habe recht!

Lenin: E.T., ein arschloch kann gar nicht recht haben, sondern nur scheiße von sich geben.

Firestarter: lenin, wie wärs, wenn ich meinen mittelfinger in deine harddisc stecke?

Lenin: haha, du hurensohn, ich chatte aus nem e-café.

E.T.: vergiss den wichser. lass uns ins separee gehen.

Firestarter: ok, sag mir, wie sehen deine brüste aus? komm, mach mir die freude!

E.T.: klein und spitz. mit rosa nippeln.

Firestarter: ach, nee! ich glaub, ich lieb dich. ich liebe dich!

Etwas später an diesem Abend spritzte Etienne explosionsartig ab, mit dem berauschenden Gefühl, dass sie gleichzeitig gekommen waren.

Jetzt, auf dem Weg zum Café, war sich Etienne nicht sicher, ob es das Klügste gewesen war, die Einladung zum Treffen sofort anzunehmen. Hätte er wenigstens noch Zeit für eine schnelle Dusche gehabt. Aber er konnte auch nicht mehr absagen. Plötzlich fiel ihm auf, dass der Sommer bereits zu Ende ging, ohne dass er sein Kommen bemerkt hatte. Die Sache musste jetzt geklärt werden. Jedes Problem hatte seine Lösung, und Etienne hatte sie immer gefunden. Nur brauchte er diesmal auch ein bisschen Glück. Und da er sich bisher nie auf sein Glück verlassen hatte, konnte man annehmen, dass dieses unangetastet bereitstand. Allerdings trug er tief in seinem Inneren die Gewissheit, dass die Dinge letztendlich nicht vom Zufall abhingen. Er war sich ganz sicher, dass er den Stil erkannte. Irina war kantig, aber empfindlich. Nach so langer Zeit würde sie ihn nie direkt anrufen. Es war durchaus möglich, dass auch sie genau wie er durch die Straßen gestreift war. Allerdings immer durch andere Straßen.

Etienne trat in den schweren Schatten des Cafés und holte sich an der Bar eine Flasche Bier. Er goss es ganz vorsichtig ins Glas, ohne auch nur ein Bläschen aufzuschäumen oder einen Tropfen danebengehen zu lassen. So schaffte er es, die ganze Flasche auf einmal ins Glas zu füllen. Das Bier kam einen halben Millimeter über dem Glasrand zum Stehen. Etienne sah sich um und stellte fest, dass er der einzige Gast war. Er schlug seine langen Beine unter dem Tisch übereinander und begann zu warten, den Blick an den Sekundenzeiger seiner Uhr geheftet.

Fünf Minuten nach Abmachung betrat eine Frau das Zwielicht des Cafés, deren Silhouette er augenblicklich erkannte. Sie trug ein kleines schwarzes Kleid und elegante hochhackige Schuhe. Sie ging direkt auf Etienne zu, der sich aufzurichten versuchte, dabei aber das Bier verschüttete.

„Sieh einer an, Etienne, mein Schatz, was für eine schöne Überraschung!", rief sie freudig aus, um erst dann einen skeptischen Blick durch das leere Lokal zu werfen. „Was machst du denn hier um diese Zeit?"

„Gar nichts, Mama", gab Etienne zurück, auf ihre perlmuttfarbenen Nägel starrend.

Kindergeheimnisse

Die beiden führten sie die Kellertreppe hinunter. Die Stufen waren hoch, feucht und mit schwarzem Schlamm bedeckt. Vom Keller empor strömte der stechende Geruch nach fauligem Holz und Sauerkraut vom Vorjahr. Mit ihren dünnen Beinen machte sich Rossi an den Abstieg, wobei sie aufpasste, an nichts Feuchtes heranzukommen. Dennoch streifte ihr rechtes Bein hinten, gleich unter der Kniekehle, den Rand einer Stufe und bekam einen glitschigen Streifen ab. Marin und Svetljo gingen zu beiden Seiten neben ihr her und hielten sie fest an den Händen. Am Ende der Treppe angelangt, wurde klar, dass sie nur die Lampe für den ersten Teil des Kellers angeknipst hatten. Hinter der flackernden Glühbirne versank der Flur in undurchdringlicher Finsternis. Marin ließ ihre kleine Hand los und stieg noch einmal zu den Lichtschaltern hinauf. Da versuchte sich Rossi sofort loszueisen.

„Lasst uns wieder hochgehen. Kommt, lasst uns wieder hochgehen."

Svetljo hatte sie fest im Griff.

„Du hast wohl Angst, wie?"

„Hab ich nicht."

„Warum sollen wir dann wieder hoch?"

„Ich will das Geheimnis nicht mehr sehen."

„Du hast aber gesagt, dass du es sehen willst."

In der Zwischenzeit kam Marin zurück und schnappte sich ihre freie Hand. Rossis Widerstand schwand. Erschlagen von der Autorität der beiden älteren Freunde presste sie die Lippen zusammen und ging mit ihnen mit.

Schon eine Weile wollte sie von ihnen als ebenbürtig anerkannt werden. Aber Marin und Svetljo versuchten sich stets von ihr abzugrenzen und untereinander Geheimnisse auszu-tauschen. Letzteres taten sie mit ernsten, sorgenvollen Mienen und glichen damit den großen Männern, die neben dem halb-zerlegten Auto eines Nachbarn stehenblieben und zusammen mit dem Besitzer in den ausgeweideten Motor spähten. Immer wieder stieß Rossi dazu, um zu hören, worüber sie sprachen, aber sie schickten sie weg. Mit den Worten: „Du bist noch klein und hast keine Ahnung von alldem." Rossi lebte mit dem Gefühl, dass die Welt vor Geheimnissen nur so überfloss, denen die sichtbaren Dinge, wie zum Beispiel die Wände, die Bäume, die Menschen, die Steine im Hinterhof, Einhalt geboten. Sie wollte größer werden, um Zugang zur Welt der Geheimnisse zu erhalten. Hatte sich aber bereits damit abgefunden, dass sie, wie groß sie auch werden würde, immer vier Jahre jünger als Marin und drei Jahre jünger als Svetljo blieb. Aber ihnen hatte jemand die Geheimnisse erzählt, und sie waren alt genug, um darüber zu verfügen. Und sie hatten noch eigene dazu. Einmal wollten sie in den Park, Tauben jagen.

„Nehmt mich mit", bettelte sie Rossi an.

„Deine Eltern lassen dich nicht mit", sagte Marin bestimmt.

„Doch. Meine Mutter hat gesagt, ich soll bei euch bleiben, bis sie vom Einkaufen zurück ist. Drum muss ich die ganze Zeit mit euch spielen."

„Ja schon, aber wir müssen was erledigen und können nicht mit dir spielen", fasste Svetljo die Situation zusammen und suchte mit dem Blick Marins Zustimmung. Er gab sie ihm.

„Oma, Oma", brach Rossi in Geschrei aus und rannte unter die Fenster. Ihre Großmutter trat auf den Balkon, der mit heu-rigen Kompottgläsern und Bohnenkrautbündeln überhäuft war. „Darf ich mit Marin und Svetljo in den Park?"

Rossis Großmutter hatte nicht viel Zeit.

„Du darfst, wenn Marin und Svetljo versprechen, dass ihr bei der Ampel über die Straße geht. Und bleibt nicht zu lange weg, ja. Wenn deine Mutter heimkommt, gibt's Abendessen."

Rossi drehte sich um und sah, dass Marin und Svetljo wieder ihre verschwiegenen Mienen aufgesetzt hatten. Marin stand, Daumen in den Gürtelschlaufen, die Brust vorgereckt, da, und Svetljo grinste. Dann fuhr plötzlich etwas in ihn, und er begann sich unter der Last unsichtbarer Einkaufsnetze zu winden.

„Oh, oh", stöhnte er mit verstellter Stimme auf, „diese Taschen ruinieren mich, sie bringen mich noch um, nur die Rossi kann mir helfen, wenn sie beim Abendbrot brav ihr Gemüse isst. Rossi, wo bist du nur, Rossi! O-o-oh. Sie ist nicht da! Das war's, ich sterbe", und Svetljo sank theatralisch in Ohnmacht. Sein spitznasiges Gesicht fror in einer Pseudo-Totenmaske ein.

„Das ist nicht wahr, meine Mutter wird so was nicht sagen! Du hast doch gehört, dass ich mitgehen darf."

Marin verpasste Svetljo einen Stoß, und der wurde wieder lebendig.

„Rossi", sagte Marin, „da, pass auf meine Jacke auf, Svetljo und ich gehen nur kurz zu mir, Brot für die Tauben holen, und kommen dich gleich wieder abholen."

Svetljo tätschelte ihr den Kopf. So, mit Marins Jacke in den Händen, fand sie ihre Mutter zwei Stunden später unten im Hof wieder. Ihre Hände waren eiskalt, doch sie hatte die Jacke nicht angezogen, weil Marin ihr gesagt hatte, sie solle darauf aufpassen. Erst als ihre Mutter sie die Treppen hochzerrte, begriff sie, dass sie wieder nicht in die Gruppe aufgenommen worden war.

Ungefähr einen Monat später hatten Marin und Svetljo Sommerferien und verbrachten den ganzen Tag im Hof. Rossis Eltern kauften neue Küchenschränke und überließen den Kindern die Pappkartons, damit die sich ein Haus bauten. Marin und Svetljo bauten es, aber diesmal machte auch Rossi mit, weil sie gewissermaßen eine Mitbesitzerin war. Sie fühlte sich besonders glücklich, als sie zu dritt ins Haus gingen und sich auf den Pappboden hinsetzten.

Doch bald fingen Marin und Svetljo wieder mit der Geheimniskrämerei an. Jetzt verließen sie, um ihr Geheimnis zu wahren, das Haus und ließen Rossi drin zurück. Sie verschwanden irgendwohin und kamen nach einer Weile wieder. Einmal folgte ihnen Rossi in einiger Entfernung. Sie sah sie in den Keller steigen und passte sie dann bei der Tür ab. Als die beiden sie sahen, freuten sie sich gar nicht.

„Was willst du denn hier?", fragte Marin.

„Und ihr geht in den Keller! In den Keller runtergehen ist doch verboten?!"

„Wir sind groß", erklärte Svetljo. Und fügte dann hinzu: „Du erzählst doch meiner Mutter jetzt nichts davon, oder! Das ist ein Geheimnis."

„Ach, lass sie", winkte Marin ab. „Sie ist noch klein und wird alles rausposaunen."

„Ich bin nicht klein. Ich werd nichts rausposaunen."

„Doch, wirst du!"

„Werd ich nicht."

„Dann is ja gut."

Die zwei tauschten Blicke.

„Vielleicht zeigen wir dir morgen was", sagte Marin. Svetljo setzte ein Grinsen auf.

Das war nicht der erste Kellerabstieg für Rossi. Schon ein paarmal hatte sie ihre Großmutter mitgenommen, als sie die fertigen Einmachgläser einlagern ging. Dann aber zündete ihre Oma eine dicke Kerze an, die sie Rossi zum Tragen gab. In den dunklen Teilen der Flure, wo die Birnen gestohlen worden waren, kämpfte Rossi höchstpersönlich gegen die Finsternis.

Marin und Svetljo hatten keine Kerze und stießen langsam ins Innere vor, das kleinere Kind zwischen sich fest im Griff. Sie verließen die Reichweite der zweiten Glühbirne und kamen nun tappend voran. Das rhythmische Miauen eines Kätzchens war zu hören.

„Kommt, lasst uns umkehren", versuchte sich Rossi loszueisen.

„So, da wären wir", sagte Marin und begann eine halbverfaulte Holztür abzutasten.

Er öffnete sie und knipste drinnen die Lampe an.

Jetzt begann Rossi zu jammern.

„Ich will nicht in diesen Keller rein! Bringt mich zurück, ich will nicht in den Keller rein!"

„Sch-scht!", unterbrach sie, den Finger auf den Lippen, Svetljo und wies hinein. Dort, im Zwielicht der staubigen Lampe, war ein Haufen Ziegelsteine zu sehen, irgendein altes Regal und ein kleines Kätzchen, mit Heftpflaster am Stützbalken festgeklebt. Das Kätzchen wand sich und versuchte sich zu befreien, war aber um den Hals, über Kreuz um die Brust und um den unteren Bauchbereich festgemacht. Seine freien Pfoten warf es in Laufbewegungen um sich. Auf einmal hörte es auf, sich zu bewegen und schaute die Kinder mit starrem Blick an.

„Ach, ein Kätzchen", sagte Rossi und streckte den Arm hoch, „gebt es mir."

„Hände weg", schlug ihr Marin über die Finger. „Es ist unser Gefangener. Schau, was ich jetzt mache", sagte er und zog einen Reißnagel aus der Jackentasche. Svetljo verstellte die Tür mit dem Rücken. Rossi sah ihnen wie hypnotisiert zu.

Marin führte den Nagel zum Kätzchen. Dieses fauchte und machte noch einen rasenden Versuch, sich zu befreien. Marin packte seine Hinterbeine von unten her und drückte den Nagel in seinen Bauch. Das Kätzchen schrie auf. Doch der Nagel durchstieß seine Haut nicht. Sie wölbte sich nur um die Spitze herum nach innen. Rossi heulte laut los und drängte rückwärts zur Tür, drückte sie aber zu, statt sie zu öffnen.

„Halt seine Beine fest", sagte Marin zu Svetljo und nahm einen Ziegelstein. Svetljo übernahm die zappelnden Beine aus seinen Händen, und Marin schlug den Nagel mit dem Ziegelstein in den Bauch des Kätzchens ein. Etwas quoll da heraus, aber Rossi schaute nicht mehr zu, sondern schrie lauthals, um das langgezogene Miauen zu übertönen. Sie hörte es trotzdem.

„Da siehst du, was wir mit Verrätern machen", sagte Svetljo und klappte sein Taschenmesser auf. Rossi wollte nicht hinsehen und schrie weiter, an die Tür gedrängt. Sie warf den Kopf mal nach links, mal nach rechts, während Svetljo das Messer so vor ihrem Gesicht in Bewegung hielt, dass sie es sah, falls sie die Augen zufällig öffnete.

Jemand stemmte sich von außen gegen die Tür.

„Was treibt ihr da! Macht sofort auf!", war die Stimme von Rossis Großmutter zu hören. Svetljo packte das Taschenmesser wieder ein, Marin deckte das Kätzchen mit irgendeinem alten Lumpen zu. Es bewegte sich weiterhin, miaute aber nicht mehr. Die rote Spur aus seinem Bauch zog sich auch über den verstaubten Boden.

„Was habt ihr angestellt!", fragte die Großmutter abermals, während sie Rossi in die Arme nahm. Marin, unterm Auge blutbespritzt, war bemüht, zwischen der Großmutter und dem zugedeckten Kätzchen zu stehen. Svetljo starrte verlegen an die Wand.

Dreißig Jahre später bewältigte Rossica, nun Mutter zweier Kinder, ihren Arbeitsalltag als Physiotherapeutin gut, und ihr Stottern schränkte sie nicht ein. Soweit sie wusste, war Marin Leiter einer Autowerkstatt geworden, Svetoslav Anwalt. Sie hoffte, dass ihr Leben gänzlich frei von Geheimnissen war, wie das der meisten Menschen.

Vasko der Star

Villy Koleva schlug mit ihren von der Arthritis verformten Händen die Zeitung auf. Auf der Mittelseite stand in riesigen roten Lettern geschrieben „VASKO STERN IST NICHT SCHWUL".

Es gab viele Fotos, die Vasko Stern mit allerlei schönen Frauen zeigten. Vasko Stern auf einer Jacht, eine junge Frau im weißen Badeanzug im Arm. Vasko Stern inmitten von Palmen und blühendem Gesträuch mit einer lockköpfigen Blondine, beide an Cocktails von einer widernatürlich blauen Farbe nuckelnd. Vasko Stern in schwarzem Hemd und schwarzem Anzug auf einem Empfang, er hält eine Zigarre in der Hand und unterhält sich mit einer prominenten Geschäftsfrau mit einem bombastischen Ausschnitt. Er hat ein charmant schräges Lächeln aufgesetzt, sein Haar ist jungenhaft zerzaust, sein frisch sprießender Bart, als sei er aus Zerstreutheit die letzten drei Tage unrasiert geblieben, umreißt seinen unteren Rammkiefer. Seine Äuglein strahlen neckische Arroganz aus.

Wer ist eigentlich dieser Vasko Stern?

Villy Koleva runzelte die Brauen und versuchte sich zu erinnern, was sie über ihn wusste. Sie trug die Tasche mit den Einkäufen, die sie Stufe um Stufe hochgeschleppt hatte, hinein, setzte sich auf den Hocker hinter der Tür und zog die Schuhe aus, ohne sich zu bücken, indem sie die Ferse des einen Fußes mit den Zehen des anderen freimachte. Sie las regelmäßig Zeitung und war überzeugt, dass es ihr früher oder später gelingen würde, diesen Vasko Stern mit irgendwas Bekanntem in Verbindung zu bringen. Allerdings schwieg ihr Gedächtnis nun wie ein verlassenes Gebäude. Da war nicht die Spur von Vasko Stern.

Villy Koleva legte die Zeitung beiseite und zog den Mantel aus. Noch war sie ganz außer Atem vom Aufstieg in den dritten Stock. Molly, ein brauner Dackel mit dem krausen Fell irgendwelcher anderen Rassen, hatte die Zunge ebenfalls draußen. Villy Koleva war in jene Lebensphase eingetreten, in der der Körper, wie der Tag nach Mittag, ganz von selbst abnahm, ohne jede Diät, wobei nur der Bauch unberührt blieb. Molly, deren Hundealter vergleichbar mit dem menschlichen Rentenalter war, nahm weiterhin zu. Ihre schlanke Schnauze witterte sämtliche, in der Einkaufstasche enthaltenen Nuancen, und Villy Koleva wusste, egal welche Sorte Salami sie kaufte, für sie blieb höchstens die Hälfte. Manchmal hob sie Molly hoch und ließ sie mit sich am Tisch essen, aber das war eine Freizügigkeit, von der ihre Freitagabend-Freundinnen nie und nimmer erfahren durften. Es gab auch keinen, der ihnen davon hätte berichten können. Villy Koleva hatte keine Kinder. In ihrer Jugend nannte man sie alte Jungfer, später verlor dieses gesellschaftliche Urteil seinen Sinn, und noch später wurde der Begriff Jungfer nicht mehr mit ihr in Verbindung gebracht. Es gab niemanden, der sich um Villy Koleva hätte kümmern können, aber auch niemanden, der ihre Rente anzapfte, sodass sie sich, anders als viele ihrer Altersgenossinnen, Salami leisten konnte, ja sogar Hähnchen. Natürlich indem sie sparsam haushaltete.

Die Zeitung bekam sie von dem jungen Anwalt vom oberen Stock. Leider immer mit bereits gelöstem Kreuzworträtsel, aber abgesehen davon wirkte sie, als sei sie kaum aufgeschlagen. Und das Wichtigste, sie bekam sie noch am selben Tag. Er warf sie ihr in den Briefkasten, wenn er sein Büro verließ, und sie holte sie nach dem Abendspaziergang mit Molly heraus. Danach las sie die Nachrichten von vorne bis hinten durch, wobei sie sie mit den Fernsehnachrichten abglich. Im Kreis ihrer festen Freundinnen, den sie seit fünfzig Jahren unterhielt, wetteiferte sie insgeheim um den Ehrenplatz der Bestinformierten. Schließlich hatte sie was von der Welt gesehen – mal als Übersetzerin in einem Pharma-Institut, mal als Geliebte eines Theaterregisseurs, mal als Haushaltshilfe bei einer Schulfreundin, die mit einem belgischen Diplomaten verheiratet war. Manchmal sprach Villy Koleva von sich wie von einer Wissenschaftlerin, die durch die politische Konjunktur Schaden genommen hat, und deutete an, wegen rebellischem Geist und Untreue zur Partei aus dem Schoß der Akademie verstoßen worden zu sein. Ihr Problem war, dass die meisten Menschen, die sie kannten, sie schon ziemlich lange kannten und ihr in ihrer Fantasterei nicht beipflichteten.

Der Anwalt war ein anständiger junger Mann, der zuletzt ziemlich zugelegt hatte. Von Zeit zu Zeit kam er auf ein Tässchen Kaffee zu ihr herunter. Er brachte Gebäck mit, und während Villy Koleva mit zittrigen Händen das Mokkakännchen aufsetzte, klagte er über das Chaos im Staat. Eine billige Zigarette im Mundwinkel hörte Villy Koleva sich seine monoton vorgetragenen persönlichen Probleme an und sagte von Zeit zu Zeit: „Ja mei, kannst nie wissen, was dir das Leben auftischen wird." Sie hatte gelernt, sehr aufmerksam zuzuhören, weil sie es brauchte, zu gefallen und geliebt zu werden. Dies war freilich eine Kunst, die einem im Laufe der Jahre abhandenkam. Am Ende drehten beide ihre Mokkatassen um, legten sie auf die Untertassen und deponierten sie auf Servietten, damit der letzte Rest Flüssigkeit ablaufen konnte. Gab es keine Servietten, diente gut zusammengefaltetes Toilettenpapier dem selben Zweck. Villy Koleva tauschte ihre Brille gegen die Lesebrille, die an einer feinen Pseudo-Goldkette um ihren Hals hing, und stierte in den braunen Kaffeesatz des jungen Anwalts.

„Ich sehe hier eine große Veränderung, die sich anbahnt, und zwar eine zum Guten… Schau nur, wie dein Weg verläuft, mal dahin, mal dorthin, immer so im Zick-Zack hinauf und plötzlich… unglaublich, sieh dir das an!"

Geld sagte sie ihm nie voraus, da seine ganze Familie es wie Heu scheffelte. Warum kamen Leute, die von Geburt an Geld hatten, nie darauf, wie wichtig Geld für andere Menschen ist, und nahmen sich heraus, in deren Gegenwart so zu tun, als sei Geld ganz und gar unbedeutend, anstatt mal etwas Tolles mitzubringen und zu spendieren? Hätte er doch eine Scheibe Schinken mitgebracht statt dieser Kekse, damit nicht nur sie, sondern auch Molly was davon hatte. Der junge Anwalt ihr gegenüber nickte begierig.

„Aus einem fernen Land, nein, in einem fernen Land… eine unerwartete Begegnung…"

Er runzelte die Brauen.

„Mit einem Mann oder einer Frau?"

„Mit einer Frau!"

„Mit einer Frau?"

„Na klar, mit einer Frau… doch nicht mit einem Mann… schau mal, es ist nicht ganz deutlich erkennbar. Die Person tritt ganz plötzlich auf den Plan, einfach so, du hast sie noch nie gesehen, aber sie wird für dich von entscheidender Bedeutung sein."

„Hm", sagte er und konnte es nicht so recht glauben, war aber hochzufrieden.

Tag für Tag legte er ihr seine Zeitung in den Briefkasten, und Villy Koleva sah darin die triumphale Verbindung des Nutzens mit der Freundschaft. Eigentlich freute sie sich sehr, wenn er auf ein Tässchen Kaffee zu ihr kam. Sie verstand es als höchstes Kompliment. Was den Nutzen anging, so wirkte dieser schon lange in allen ihren Gedanken als Faktor mit. Villy Koleva wusste nicht, dass sie so dachte.

Sie hievte die Einkaufstasche auf den Tisch, und während sie die Lebensmittel herausholte, nahm sie sie nacheinander ein zweites Mal in Augenschein. Sie waren für Freitagabend bestimmt. Der Schmaus, der dem Kartenspiel voranging, bot Gelegenheit zur Entfaltung der Vorstellungskraft auf einem begrenzten Gebiet. Jedes Mal besorgte eine der vier Freundinnen die Zutaten für das Abendessen, was schon im Laufe der Woche Anlass zu einer Vielzahl telefonischer Kommentare gab. Jedes Gericht wurde unter die Lupe genommen, analysiert, mit ähnlichen Vorbildern aus der Vergangenheit verglichen und nach seinem Röstgrad beurteilt. War Villy Koleva an der Reihe, so gab's gewöhnlich Hähnchen. Leichte, gesunde Kost und zu erschwinglichen Preisen. Aber vor allen Dingen gesund.

Villy Koleva sortierte die Lebensmittel in den Kühlschrank mit dem vernickelten Griff, einem Importprodukt aus der Epoche Leonid Brežnevs, und stellte sich ans Fenster. Die Küche und das Wohnzimmer ihrer Wohnung boten einen Blick auf den Hinterhof mehrerer Wohnblocks, die aneinanderklebten wie die Mauern einer gegen die Außenwelt aufgerichteten Zitadelle, während sich das Schlafzimmer – infolge eines Versehens oder aufgrund des eigentümlichen Humors der Architekten – just über der Straße mit den Straßenbahnen befand. Infolgedessen schlief Villy Koleva im Wohnzimmer, während das Schlafzimmer verschlossen blieb wie der Sarkophag eines totgeborenen Kindes. Die Scheibe verströmte Kälte. Der Herbstabend hatte die Balkone der gegenüberliegenden Wohnungen in Dunkelheit gehüllt, und so sprangen einem jetzt nur ihre glotzäugigen Fenster entgegen. Weit oben, über dem Krater aus zusammengedrängten Gebäuden, flimmerten ein paar Sterne, wie um zu zeigen, dass der Himmel nicht verschwunden, sondern nur enger geworden war. Villy Koleva erschauerte. Zog die resedafarbenen Gardinen zu und setzte sich an den Tisch, um in Ruhe ihre Zeitung fertigzulesen. Molly kauerte zu ihren Füßen. Um die beiden noch zu erreichen, mussten die Straßengeräusche jetzt über die kantigen Dächer springen, in den Hof hinabsinken, zwei Fensterscheiben überwinden und den Vorhang passieren. Das konnten sie nie und nimmer.

Villy Kolleva aß mit Molly zu Abend, schaute im Nachthemd die Serie zu Ende, trug das Plastikschälchen, in dem sie ihr Gebiss aufbewahrte, zum Bett, und legte sich schlafen.

„Ich werde kommen", flüsterte eine hallende Stimme mitten in der Nacht in ihr Ohr. „Du wirst sehen, ich werde kommen. Und dann wirst du mich erkennen." Woher diese Stimme die Fähigkeit hatte, neuerdings in ihre Träume einzudringen, war unklar. Sie brachte es fertig, im geheizten Zimmer wie bei offenem Fenster aufzutauchen, ja sogar in ihren angenehmsten Träumen von Reisen in unbekannte Städte. Villy Koleva war es gewohnt, allein zu leben, und schluckte zwei Baldriantabletten.

Am nächsten Tag verging die Zeit mit dem Reiben von Äpfeln und der Zubereitung des Strudels. Aus dem aufgetauten Huhn ließen sich eine Suppe und ein kleines Ofengericht machen. Molly lief ihr ständig vor die Füße und kläffte bei jedem Öffnen des Backofens den viereckigen Schlund an, als würde ein Störenfried hervorkriechen. Ein eisiger Nieselregen begann gegen das Fenster zu peitschen, aber wenigstens am Herd war es warm. Nach dem Abendspaziergang schüttelte Villy Koleva ihren Schirm im Hauseingang aus und schloss den Briefkasten auf. Drin erwartete sie, noch zweimal gefaltet, die neue Ausgabe der Zeitung.

„EIN BAUER HAT MEINE TOCHTER REINGELEGT", posaunte es auf der Seite mit den Kulturnachrichten. Es war ein Interview mit der Schwiegermutter von Vasko Stern. Naive Leute hätten in ihm eine gute Partie gesehen, sie aber habe sofort erkannt, welcher Spezies er angehöre. In ihr Haus sei er, rundheraus gesagt, mit einer roten Lederjacke aus dem

Basar Kapalı Çarşı und einer Plastiktüte Schmutzwäsche gekommen. Ihre Tochter, ja, die sei blind vor Liebe gewesen. Allerdings nur bis zu dem Augenblick, da sie genug erfahren hätte. „Wie genug?", fragt die Journalistin. „Genug, damit es ein Ende hat", antwortet die Mutter. Und hüllt sich fortan in Schweigen. Es gab auch ein Foto der Frischvermählten in einem Ruderboot zwischen Wasserlilien. Die junge Frau sieht ebenfalls gut aus, blickt mit strahlenden Augen ins Objektiv und scheint sagen zu wollen: „Ich hab gewonnen, Welt! Vasko Stern gehört mir!" Während Vasko Stern irgendwohin außerhalb des Bildes lächelt.

Villy Koleva sann vor sich hin. Es musste etwas auf sich haben mit diesem Jungen. Er kam wie aus dem Nichts. Oder war er vielleicht doch einer von denen? Es hat sie ja auch damals gegeben, aber da hat man keine zwei Seiten über sie geschrieben. Man schämte sich. Oder fürchtete sich. Das war gewöhnlich ein und dasselbe. Sie steckte sich eine Zigarette an. Draußen war es nun ganz finster, die Leute hatten sich in ihre Wohnungen verkrochen. Sie schaltete den Fernseher ein, um zu sehen, was in der Welt außerhalb der Küche geschah. Überschwemmungen, Überfälle, Explosionen, Abkommen. Sie zappte die Kanäle durch und stieß auf ein bekanntes Gesicht.

Vasko Stern in Großaufnahme. Er mühte sich ab, auf irgendwelche Fragen mit den möglichen Antworten a, b, c und d zu antworten. „Welcher der folgenden Himmelskörper ist kein Planet?" Jupiter, der Mond, Venus oder Mars? Vasko hat Schwierigkeiten. Und überspielt es mit einem Lächeln. Seine Zähne sind weiß, gerade, hier und dort scharf an den Spitzen, ach, hoffentlich kann er sie noch lange so erhalten. Er schwankt, ob er nicht doch einen Freund anrufen soll. Der Moderator bestärkt ihn, dass er es auch alleine schaffen kann, wenn er nur logisch nachdenkt. „Mars... ist sicher ein Planet...", beginnt Vasko, „weil es da Spuren antiker Zivilisation gibt." Dem

Moderator verschlägt es die Sprache. „Hat man schon welche gefunden?" Vasko öffnet den oberen Knopf seines schwarzen Hemdes und lässt den Nacken knacken. „Ich mein, in den Filmen." „Ja, ja", pflichtet ihm der Moderator bei, „in den Filmen gibt's die schon."

„Der Mond, du Dummchen!", flüstert es ihm Villy Koleva mit der Fernbedienung in der Hand zu, spürt aber, dass sie ihm nicht wirklich böse werden kann.

Als Vasko Stern endlich, mithilfe logischer Überlegungen, auf dieselbe Antwort kommt, überschlagen sich die Ziffern seines Gewinns zu einer neuen Summe. Das Publikum im Saal applaudiert. Villy Koleva merkt, dass ihr Blutdruck in die Höhe geschossen ist, und fängt an, ihr Medikament zu suchen. In der Schublade neben den Löffeln liegen nur leere Packungen. Am Ende durchstöbert sie ihre Handtasche und findet neben dem Abo für den Öffentlichen Verkehr mit Rentner-Abschlag einen verformten Blister mit ein paar Tabletten drin. Sie schluckt eine und zieht die resedafarbenen Küchengardinen zu. Molly findet einen Weg, in ihren Schoß zu klettern. Beschnuppert den Aschenbecher und niest. Villy Koleva würde gern ein Buch lesen, schlägt aber die Zeitung auf und beginnt die Lösungen des Anwalts zu korrigieren. Ein kultivierter Junge, schreibt aber, was ihm gerade in dem Kram passt.

Am späten Freitagnachmittag waren die Salate im Wohnzimmer aufgetischt, und das Hähnchen, das bereits seine Suppe abgegeben hatte, ließ neuerlich seinen Duft aus dem Ofen strömen. Als erste klingelte Božana, reichte der Gastgeberin ihren nassen Regenmantel und marschierte schnurstracks in die Küche unter dem Vorwand, ein Glas Wasser zu brauchen. Villy Koleva sprang ihr hinterher, um sich ihr in den Weg zu stellen.

„Warte, setz dich, ich schenk dir ein!"

Schon lange hasste sie die plötzlichen Inspektionsgänge ihrer sich leicht ekelnden Freundin. Sie wusste, dass sie Molly für eine Überträgerin seltener Krankheiten hielt und mit der Gabel heimlich jedes Gericht nach Hundehaaren absuchte.

„Mach dir keine Umstände, das kann ich auch selbst", schob Božana sie aus dem Weg. „Mmmmh, Strudel, bravo!"

Sie sah sich in der Küche um, trank zum Beweis ihrer Bedürfnisse ein halbes Glas Wasser und legte erst dann ihren Hut ab. Hervor sprang ein ausgeleierter Haarknoten, der nach einem Versuch aussah, Madame Pompadours Frisur in einer nüchterneren Zeit hinzukriegen. Božana war wohlhabend aus offenbaren und geheimen Gründen. Der offenbare war das vorzeitige Ableben mehrerer Verwandter mit Wohnungen im Zentrum von Sofia. Der geheime hing mit dem Aufenthalt ihres Sohnes in Spanien zusammen. Božanas imposante Manieren rührten aber nicht vom Geld her. Viele Jahre bevor sie als reiche Frau aufgewacht war, hatte sie als Lehrerin für bulgarische Sprache und Literatur gearbeitet.

Wieder klingelte es an der Tür.

„Ein s-s-selbstgebackenes B-brot hab ich mitgebracht, w-w-wie wir abgemacht haben!"

Es war Sija, mit einer rührend verschmierten Schminke und einem orangefarbenen Halstuch, das zu den Handschuhen passte. Unter einer umfassenden Faltensammlung hatte sie ihre mädchenhafte Ausstrahlung bewahrt. Seit Jahren lebte Sija getrennt von ihrem Mann, und die beiden achteten einander sehr.

„Brot wär nicht nötig gewesen, ich hab Strudel gemacht", sagte Villy Koleva und half ihr aus dem Mantel.

„D-d-d- "

„Das ist was anderes", setzte Božana ihren Gedanken fort. Sija schüttelte abwehrend den Kopf. Aber keiner schenkte ihr Beachtung, weil in dem Moment die vierte im Bunde dazustieß, Zveta. Sie war klein und rund. Sie teilte ihre Zeit ein zwischen den Enkeln, der Oper, wo sie immer noch irgendein kleines Logistikamt innehatte, und dem Chor, in dem sie mit fünfzehn weiteren leidenschaftlichen Amateuren ihre wahre Seele zum Ausdruck brachte. Ihr Atem roch häufig nach Rakija. Sie kam herein, tauschte mit jeder Freundin Schmatzer aus und setzte sich an den Tisch. Gabeln begannen zu klappern, Salate wurden hin und her gereicht, Gläser wurden aufgefüllt, Geschmäcker wurden beurteilt, Aschenbecher wurden ausgewechselt.

Zwei Stunden später hielt jede von ihnen fünf Karten über dem aufgeräumten Tisch und fragte sich, ob sie reizen sollte oder nicht.

„Herz", ließ Božana nonchalant fallen.

„Pik", warf ihr Villy Koleva einen durchdringenden Blick zu.

„Ohne T-t-trumpf", reizte Sija und lächelte schuldbewusst. Sogar die Nägel ihrer fleckigen Hände waren mit orangenem Lack angemalt, der zum Halstüchlein passte.

„Wohl bekommt's", zuckte Zveta ihre kräftigen Schultern. Und Sija warf ihrer Partnerin Božana einen besorgten Blick zu, die daraufhin ihr Blatt zusammenfaltete, es zu einem Fächer aufschlug, dann wieder zusammenfaltete, und es Gesicht nach unten auf den Tisch warf.

„Das war's, keine Chance!"

Villy Koleva zwinkerte Zveta zu und gab die Karten aus. Sija begann umgehend, ihr neues Blatt zu sortieren, doch Božanas vernichtende Blicke hinderten sie daran, sich zu entspannen.

„W-w-was ist?"

„Was 'was ist'? Erst reizt du, ohne zu überlegen, und dann 'was ist'."

„Aaah, n-n-n..."

„Nönönö, aber so kommen wir nirgendwo hin! Du hast doch gehört, was ich angesagt habe? Wer hat dir denn das Messer an die Kehle gesetzt, dass du reizen musst? Hör bloß auf, so mit den Augen zu rollen wie Vasko Stern bei 'Die Millionenfrage'.“

„Ach, so ein hübscher Junge, dieser Vasko. Wäre ich nur zwanzig Jahre jünger…“, sagte Villy Koleva und legte eine verträumte Sieben ab.

„Sag doch lieber vierzig“, korrigierte sie Zveta und nahm den Stich. „Wirst du mir ewig nur Siebenen vorsetzen?“

„Ein P-p-prachtkerl“, blinzelte Sija, die ihren Fehltritt gegenüber ihrer Partnerin schon vergessen hatte. „Aber er t-t-taugt nix. Er hat eine junge F-F-Frau reingelegt…“

„Blödsinn!“, unterbrach sie Božana. Sijas geschminkte Augen begannen ob des unverdienten Rüffels zu blinzeln. „Vasko Stern ist der Schwiegersohn von General Pazderov. Er war in irgendwelche Geschichten verwickelt, und der General hat ihn herausbugsiert.“

„W-w-wie dein Sohn!“, zischte Sija.

„Was, wie mein Sohn? Das hat damit nichts zu tun…“

„Ja, wie geht es denn deinem Sohn?“, fragte Villy Koleva höflich, um den Ton des Gesprächs zu ändern. „Schreibt er? Ist schon lange nicht mehr heimgekommen, oder?“

Die Blätter fielen drei um drei auf den Tisch, denn Zveta hatte sich zum Vollspiel in den Oberfarben aufgeschwungen. Auch Božana warf, was sie in der Hand hielt, auf den Sammelhaufen.

„Mein Sohn ist in Spanien. Ihr wisst, er hat da eine Firma.“

„Für P-p-pro…“

„Professionelle Models! Mein Sohn ist ein Businessman.“

Sija sah beleidigt aus, und es verstand sich von selbst, dass das nicht der Beruf war, den sie hatte nennen wollen.

„Los, Sija, teil aus!“

„Ich als Doktor der Philologie bin schon sehr davon beeindruckt, wie das Wort ‚Businessman' in letzter Zeit mir nichts dir nichts Einzug hält in Bulgarien", versuchte Villy Koleva das Gespräch in eine unverfängliche Richtung zu lenken. „Image. Software. Man hat unsere Sprache verunreinigt! Wo sind die schönen bulgarischen Worte ‚Unternehmer', ‚Arbeitgeber' abgeblieben, heute nennt sich jeder…"

„Doktor, so weit kommt's noch, Violetchen", eröffnete Božana das Feuer, die sich von allen Seiten angegriffen wähnte. „Du hast ja nicht mal die Philologie abgeschlossen!"

„Das hab ich, aber im Fernstudium."

„W-w-wen juckt's, jetzt s-s-sind wir alle R-r-rentnerinnen."

„Dann, zeig mal dein Diplom her!"

„Ha, das fehlte noch! Was glaubst du, wer du bist? Bewerbe ich mich etwa für einen Job bei der Firma von deinem Sohn?"

„Ha-ha-ha", brach Božana in Lachen aus und begoss sich mit Wein. Ihr Kleid nahm einen unerwartet synthetischen Farbton an. Božana schnappte sich die Serviette vom Tisch und presste sie gegen den Fleck. „Dafür bist du nur um ein halbes Jahrhundert zu spät."

„Wer ist dran mit Geben?", fragte Zveta.

„Immer der, der fragt."

„Bravo, Božana, vielen Dank", murrte wie zu sich selbst Villy Koleva, während sie ihre Karten vom Tisch nahm, um sie der Farbe nach zu sortieren, ohne sich darauf zu konzentrieren. „Ich habe das volle Dienstalter als Übersetzerin erreicht, um mir am Ende von meiner besten Freundin sagen zu lassen, ich hätte kein Diplom! Wo ich doch so gut war als Studentin, immer nur Bestnoten!" Villy Koleva beantwortete jeden Stich, es war aber, als ob eine andere an ihrer Statt handelte. Sie zählte weder die Trümpfe noch achtete sie auf die Asse. „Professor, wie war sein Name noch, Gott hab ihn selig, hat mich regelrecht bekniet, seine Assistentin zu werden, oh ja. Und als ich mit Stamen Stamenov ausging, da schrieb auch ich Lyrik. Wir tauschten täglich Gedichte aus. Ich hab noch eine ganze Schachtel voll. Ich kann sie euch auf der Stelle zeigen. Was für Zeiten das waren, was für Zeiten..."

„W-w-wieder habt ihr uns abgezockt."

„Und bis heute bin ich die Einzige von euch hier, die liest", brachte Villy Koleva ihren Gedanken zu Ende.

„D-d-das stimmt."

Zveta zählte die Karten und schmunzelte. Božana trommelte mit den Fingerkuppen auf den Tisch, und ihr Haarknoten schwankte drohend.

„Und wir sind alle Analphabetinnen, wie?"

„Ihr vertreibt euch die Zeit mit Fernsehen. Während ich noch keine FERNSEH-Zuschauerin bin! Bin ich einfach nicht."

„Und was liest du gerade, wenn ich fragen darf?"

„Bücher, Zeitungen."

„S-s-sie liest über Vasko Stern", kicherte Sija los. „H-h-hat sich aber auch seine Sendung angeschaut."

Alle außer Villy Koleva brachen in Gelächter aus.

„Wird mir vielleicht jemand sagen, wer Vasko Stern ist?", fragte Zveta.

Drei Köpfe drehten sich ihr zu.

„Wie, hast du denn noch nicht von Vasko Stern gehört? Er ist in aller Munde. Der Liebling der Klatschpresse."

„Ja, ja, aber wer ist er?"

„Er ist sehr berühmt. Aber heimlich verheiratet, und seine Schwiegermutter hasst ihn", erklärte Villy Koleva kurz.

„Er ist doch nicht heimlich verheiratet", korrigierte sie Božana. „Das haben ihm jetzt die Nachrichtendienste angedichtet."

„Also ist er wirklich schwul?", geriet Villy Koleva in Verlegenheit. „Wo er doch so gar nicht danach aussieht. Aber wer weiß heute noch, wer was ist ..."

„N-n-nein, er ist nicht schwul. Von einem Freund, der Yoga-meister ist, d-d-die Nichte hat sich t-t-total die F-f-finger ver-brannt an dem Jungen", an der Stelle machten sich endlich alle die Mühe, Sija bis zum Ende anzuhören. Sie las vielleicht keine Zeitung, aber sie kannte mehr Leute, als ein Durch-schnittsblatt Leser hatte. „Ein G-g-gauner. Man hat ihn beim F-f-fernsehturm in ihrem Auto mit zwei S-s-schachteln antiker Münzen unter d-d-dem Sitz erwischt."

„Nicht zu glauben", flüsterte Villy Koleva, enttäuscht und dennoch hoffnungsfroh. „Aber wer ist er denn? Wo kommt er her?"

„Wahrscheinlich kriegen wir den in irgendeiner Reality-Show angedreht", sagte Zveta. „Man macht uns schon einmal heiß auf ihn."

„Tja, schon möglich, aber warum gerade auf ihn, na? Und dass man ihn beim Fernsehturm, an der griechischen Grenze erwischt hat, stimmt denn das wirklich?"

„N-n-na klar doch."

Die Karten flitzten in Höchstgeschwindigkeit.

„Das ist eine typische General-Geschichte, klarer Fall für mich, wie es mit euch steht, weiß ich nicht. Ksch!", sagte Božana. Molly, wahrscheinlich von der Serviette angelockt, war zu ihr gekommen, um den Weinfleck zu beschnuppern. „Die Medien haben es auf ihn abgesehen und behalten ihn nun im Auge. Stern ist ein Spezi von seinem Schwiegervater. Zusammen haben die beiden fünfundfünfzig Millionen Euro aus Geschäften mit Militärliegenschaften abkassiert, und der ganze Batzen liegt auf einer Bank in Liechtenstein."

„Woher willst denn du das wissen?", fragte Zveta und kippte mit der Gewandtheit eines Zauberkünstlers ihr Glas.

„Lass das meine Sache sein. Eine andere Finanzgruppie-rung, die, sagen wir mal, mit der Regierung in Verbindung steht, hat ihn den Medien zum Fraß vorgeworfen. So erinnern sie den General ununterbrochen daran, dass seine Machenschaften ganz knapp davor sind, aufgedeckt zu werden. Und also wagt der es nicht, sich zu rühren, nicht wahr. Wie dem auch sei, ich bin ins Plaudern gekommen", ließ Božana die Granate der Verschwörungsexperten hochgehen und tauchte in kompetentes Schweigen ab.

Zveta hörte Božana mit gespielter Naivität an und versetzte dann Villy Koleva einen Tritt unter dem Tisch. Diese freilich spuckte weiterhin Karten wie ein Maschinengewehr. Irgendwann erhob sie sich, ging ins ewig verschlossene Schlafzimmer, und dann war von innen ein Zerren und Schleifen von Pappkisten über dem Boden und ein Durchwühlen von Gegenständen zu hören. Das Spiel fror einstweilen ein.

„Da sind sie!", sagte Villy Koleva und warf ein Dutzend Briefe mit den immer gleichen Marken und beim Öffnen zerfransten Umschlägen auf den Tisch. „Jetzt könnt ihr sehen, was für Briefe mir die zeitgenössischen Klassiker der bulgarischen Literatur geschrieben haben. Da habt ihr sie, lest selbst!"

Ihre verkrümmten Finger tauchten in den Stapel der Briefe und zogen das erstbeste Blatt heraus. Die drei Freundinnen sahen sie verblüfft an.

„Still schwamm über Wolken und Küsten der Mond, im Gestern schwelgt mein trauriges Chanson, das zärtlich nach dir ruft: Komm zu mir, komm …"

Villy Koleva verschluckte sich. Tränen tropften von ihren Augen, und sie tastete nach einer Serviette über den Tisch.

„M-m-mach mal halblang…"

Zveta zog ihr den Brief aus der Hand, legte ihn in den Umschlag zurück und zupfte ihre Freundin am Ärmel.

„Komm, Villy, setzt dich lieber wieder hin und lass uns fertig spielen."

Villy Koleva hielt sich die Schläfen und atmete schwer, als wäre die Luft um sie ganz dünn.

„Nein, dieses Schauspiel halte ich nicht aus!", schrie Božana und erhob sich von ihrem Platz. „Schönen Abend allerseits, es war mir ein Vergnügen."

„Lies doch, lies! Du wolltest doch mein Diplom sehen!"

„Ist das dein Diplom? Das da? Ein paar Briefchen! Ein Diplom verdient man sich mit dem Kopf und nicht mit…"

Božanas Haarknoten war oben ein wenig aus der Form geraten, und auf der einen Seite hing eine Strähne wie ein abgerissener Ast.

„B-b-b-ožana, b-b-b…"

„Ajajaj, noch könnt ihr diesen Stamen Stamenov nicht unter euch aufteilen, du meine Güte, was für ein Waschlappen", sagte Zveta den Blick an ihre Zigarette geheftet.

„Schäm dich!", riefen Villy Koleva und Božana wie aus einem Mund, und sahen einander im nächsten Moment verdutzt an. Božana drehte sich zur Seite und tat, als hätte sie nichts gesagt. Weiterhin im Profil begann sie die Karten in die Schachtel zu räumen. Das Set gehörte ihr.

„Raus mit euch! Los, alle raus!"

Villy Kolevas Gesicht glühte feuerrot. Sie holte ihre Tasche aus dem Flur, öffnete sie im Licht der Lampe und begann zwischen Puderdosen, Lippenstiften, einem alten Handy in einer Hülle und zerknitterten Taschentüchern herumzukramen.

„D-d-da, nimm von m-m-meinem Medikament."

Sija reichte ihr die eigene Packung Pillen, ganz andere, aber geprüft in der Wirkung.

„Ach, raus mit euch."

Schirme, Mützen, Mäntel, vieldeutige Blicke, wütendes Schweigen. Hinter den drei Freundinnen ging die Tür zu. In der Küche blieb Villy Koleva inmitten des Geschirrhaufens, der Bleche mit nicht aufgegessenen Gerichten, der Teller mit Salatresten, des Beinhauses eines gemeinsamen Abendessens stehen und brach in lautes Weinen aus. Als die Schluchzer nachließen und die Tränen ihre rauschhafte Linderung brachten, machte sie das Fenster auf. Der Zigarettenrauch zog in Schwaden in den Innenhof und in die ungewisse Freiheit, die ihn weiter hinten erwartete. Villy Koleva machte sich an den Abwasch, und das Letzte, was ihr Blick speicherte, waren ihre eigenen verkrümmten Hände.

Die folgenden Tage waren nicht einfach für Vasko Stern. Jemand, der ihm übelwollte, hatte den Medien ein Foto von ihm mit einem langhaarigen Mädchen in einem Pool zugespielt. Das Spannendere war allerdings, dass beide angezogen waren. Und nach Meinung der Zeitung war nicht einmal das das Spannendste, sondern die Tatsache, dass sich das Ganze in der Villa eines prominenten Mafioso abspielte, den Interpol schon lange suchte und nie fand. Offenbar sah sich Interpol nicht in Villengärten um. Diverse Gäste waren als ehemalige Militärs identifiziert worden.

„Verdammt nochmal!"

Villy Koleva warf die Zeitung beiseite. Sie hatte einen Wollschal um den Hals gewickelt, mit Kampferspiritus beträufelt, falls die feuchtkalte Luft an ihren Hals herankam. Sie lief im Wohnzimmer auf und ab, und Molly folgte ihr auf Schritt und Tritt, in der Hoffnung auf einen zweiten Spaziergang. Draußen schüttete es wie aus Eimern, der Regen strömte wie ein vertikaler Fluss durch den Innenhof. Es sah ganz so aus, als hätte Božana recht gehabt. Die haben sich den Staat aufgeteilt! Haben gestohlen, was es zu stehlen gab! Und wir, wir lesen in der Zeitung von ihnen, als würde es uns interessieren! Als würde uns überhaupt irgendjemand die Wahrheit sagen! Wo ist denn die verdammte Wahrheit abgeblieben? Früher war ich überzeugt, dass mir alles klar ist, und jetzt, je mehr Zeit vergeht... Božana hat ausgesorgt, mir soll's recht sein. Generäle, Beziehungen, für alles kennt sie den richtigen Mann. So ist es halt, in diesen Kreisen helfen die einander. Und immer tun sie so geheimnisvoll. Diesen „Was weißt du schon"-Blick, den eignen sie sich als erstes an. Božana übt sich darin schon seit jener Zeit, als wir vermeintlich alle gleichgestellt waren. Und mag sie auch zu den ganz äußeren Kreisen gehören, so kreist sie dennoch um das Feuerzentrum der Finanzsonne, wie so ein Saturn oder Pluto, oder welcher war noch der letzte Planet, den man aus der Liste der Planeten gestrichen hat. Weder sieht noch kennt man sie, und doch ist sie ein rechtmäßig anerkannter Teil des Systems. Und Villy Kolleva, wer kümmert sich um sie? Der Spiegel zeigte tiefe Falten um ihren Mund, um ihre rätselhaften, sinnlichen Lippen, deren Schmollen Herzen zu brechen, Familien zu zerstören und Pläne für das Wochenende zunichtezumachen pflegte. Zum Glück eine immer noch gerade Nase. Leider etwas herabhängend. Beim Abschied ist die Welt grausam zu den Menschen und will nicht wissen, wie sie auf ihrem ersten Passfoto ausgesehen haben. Villy Koleva wählte eine Telefonnummer.

„V-v-vergiss Božana! D-d-die hat ne W-w-wut auf alle!"

„Nein, Sija, das stimmt doch so nicht. Sie benimmt sich nicht wie ein Mensch. Sie hat mich so was von beleidigt! Ich bin immer noch mitgenommen. Und warum sollte sie eine Wut auf andere haben? Sie hat doch alles. Auch einen Sohn – Businessman in Spanien. Der da Geschäfte macht. Während wir, die Intellektuellen, bei diesen Renten an Hunger sterben."

„Er s-s-s…"

„Ich kann jeden Menschen verstehen, der wirklich leidet, der in Not ist, aber Tatsache ist, dass Božana schon lange nicht mehr eine von uns ist. Das ist sie einfach nicht und Punkt. Sowas spürt man."

„Er s-s-sitzt im Gefängnis."

„Wie bitte?"

„Ihr S-s-sohn sitzt im Gefängnis."

„In Spanien?"

„Mhm."

Das warf ein neues Licht auf das Ganze. Villy Koleva holte tief Luft, um die Neuigkeit auszukosten.

„Also gibt es doch Gerechtigkeit auf dieser Welt! Und zu alldem ist sie noch unverschämt!"

„Ich s-s-schau gerade ‚Dancing Idols'. R-r-ruf mich doch später wieder an."

Villy Koleva schaltete den Fernseher ein. Tatsächlich zeigte einer der Sender eine Tanzshow. Politiker, Fernsehjournalisten, Sportler, Schauspieler und andere wiedererkennbare Personen schwangen die Hüften im Rhythmus eines heißen Sambas. Trägerkleider glitzerten, schwarze Smokings wurden strapaziert. Das Publikum musste per SMS abstimmen, wer bleiben sollte und wer gehen musste. Diejenigen, die gingen, wurden vor der Jury einem Kreuzverhör unterzogen, und nicht einmal danach war sicher, ob genau sie gehen würden oder ein anderes Paar, das im letzten Moment doch mit weniger SMS unterstützt worden war. Villy Koleva blieb dran. Nicht dass sie es spannend fand, aber wenn Sija dieselbe Sendung schaute, dann würde womöglich am Freitag die Rede davon sein. Die Orchestermusiker spielten und wiegten sich mit einem Salonlächeln im Takt, während im Dunkel hinter ihnen ein Publikum zu sehen war, wie in einem richtigen Nachtklub. Dies war ein Ort frei von allen Problemen und voller Spiegel. Der Boden unter den Füßen glänzte. Villy Koleva versank in Gedanken darüber, wie oft sie diesen Ort aus der Nähe gesehen hatte, wie er seine Tore für einen Moment geöffnet hatte, wie um sie für immer einzulassen, und wie er letzten Endes im Fernsehapparat geblieben war und sie auf dem abgewetzten Sofa gegenüber mit Molly auf dem Schoß.

Auch Vasko Stern war unter den Tanzenden.

Sein Körper nahm den Rhythmus geschickt auf und schien die Musik durch seine Bewegungen geradezu durchsichtig werden zu lassen. Sein Gesicht sah irgendwie traurig aus. Wie sollte es anders sein, nach so viel Dreck, der sich in der Presse über ihn ergossen hatte? Jeder andere würde an seiner Stelle nicht den Mut finden, sich auch nur auf der Straße zu zeigen. Wer wohl seine glückliche Partnerin war? Eine Reporterin aus dem Frühstücksfernsehen. Ein sympathisches Mädchen, aber von schlichter Natur. Vasko Stern brauchte Hilfe. Villy Koleva zog ihr Handy, das sie für Notfälle aufbewahrte, aus der Hülle, und schickte eine SMS zugunsten von Vasko Stern. Die Massen wussten ja gar nicht, wie sie einen Menschen zerstören konnten.

In der Nacht träumte sie, sie sei bei einer Prüfung. Sie konnte den grauen Anzug des Professors ihr gegenüber ganz genau sehen, die Knöpfe seines Jacketts, die Krawatte, nur nicht das Gesicht. Sein Gesicht verlor sich im Halbdunkel. Er reichte ihr ein Blatt Papier. Darauf war ein Dreieck gezeichnet mit den Spitzen A, B und C. „Wie lautet die Antwort?" fragte er sie. „Wie lautet die richtige Antwort?" Villy Koleva geriet in Panik, versuchte sich zu fassen, begriff, dass sie es nicht schaffen würde und sprach in ihrem Entsetzen das erste, was ihr in den Sinn kam, aus. „Die Antwort liegt in Punkt D, der sich außerhalb der Zeichnung befindet", sagte sie. „Stimmt!" jauchzte der Professor auf und reichte ihr ein neues Blatt. Es war ein Foto, auf dem Sija, Božana und Zveta zu sehen waren. „Wie lautet die Antwort?", fragte er sie. „Die Antwort liegt in Punkt D, der sich außerhalb des Bildes befindet", sagte Villy Koleva und spürte, dass sie alle Antworten kannte. Nichtsdestotrotz nahm sie zwei Baldriantabletten.

Als Villy Koleva am nächsten Tag aufwachte, schmerzten ihre Knochen von der Feuchtigkeit, aber ihre Seele schwebte. Sie hatte einem jungen Menschen geholfen, die Attacken der kriegerischen Mittelmäßigkeit zu überstehen, während Božanas Sohn in einem spanischen Gefängnis verrottete. So war selbst die feuchte Welt jenseits der Laken besser auszuhalten. Villy

Kolleva stand auf und machte eine Art Schongymnastik, die alle schmerzenden Körperpartien aussparte und alle anderen, die kein Problem hatten, in Gang brachte. Wie die Bedingungen in den spanischen Gefängnissen wohl waren? Man hörte so Geschichten, dass die Gefängnisse im Ausland besser seien als die Häuser bei uns. Man habe da einen Fernseher und einen Fußballplatz, ja sogar ein Kotelett zu Mittag, und sei dazu noch zu zweit in der Zelle. Aber Villy Koleva glaubte nicht dran. Wer wäre denn so verrückt, seine Koteletts den Häftlingen abzugeben? Die sind doch nicht im Gefängnis, um da Koteletts zu essen!

„Solang's ein Gefängnis ist, kannst du es mir noch so anpreisen", sagte sie laut und stimmte sich, weil kein Zuhörer in der Nähe war, selbst mit einem Nicken zu. Dann frühstückte sie mehr schlecht als recht, gerade genug, um ihre Pillen einnehmen zu können, steckte sich eine Zigarette an und wählte Zvetas Nummer.

„Was gibt's, Villy, ich hab Gebäck im Ofen."

Hinter ihrer lauten Stimme waren ein paar streitende Stimmchen zu hören, die versprachen, einmal genauso laut zu werden. Villy Koleva schwieg einen Moment, um den Honig der Genugtuung auszukosten.

„Weißt du, wo Božanas Sohn ist? Und warum er in letzter Zeit gar nicht mehr aus Spanien zurückkommt?"

„Wenn ich dich erwische, reiß ich dir die Ohren ab! Entschuldige, Villy, ich hab nichts gehört."

Villy Koleva schluckte.

„Weißt du, wo Božanas Sohn ist?"

„Im Gefängnis?"

„Ja. Also weißt du's. Ach, es gibt doch noch Gerechtigkeit auf der Welt!"

„Nein, gibt es nicht! Sie haben jetzt nen Weg gefunden, ihn da rauszukriegen. Sie haben zwei Anwälte aus Madrid angestellt, und alles läuft wie geschmiert."

„Sie? Wer ist denn ‚sie‘?“

„Sie… seine Freunde. Seine Business-Partner. Ich weiß nicht, wie man das jetzt nennt. Und Božana natürlich.“

Villy Koleva sah zu, wie die zarten Sonnenstrahlen, die es nach mehreren Zickzacks durch den Innenhof zu ihrem Fenster schafften, ergrauten. Wie verqualmt die resedafarbene Gardine war und dass dünne Rinnsale auf der Scheibe eingetrocknet waren. Das Fenster glich einem verweinten Auge, von innen gesehen. Eigentlich so, wie man ein Auge üblicherweise sieht. Allerdings eines von einem anderen Menschen. Ihr wurde ganz traurig zumute. Und zwar nicht, weil Božanas Sohn dem Gefängnis entrinnen würde. Wenigstens hatte der Freunde.

„Warum erfahre ich so was immer als Letzte?“

Eine Zeitlang kam keine Antwort. Möglicherweise riss Zveta ihre Enkel auseinander. Vielleicht aber auch nicht.

„Du bist empfindlicher. Wie könnten wir dich mit so etwas belasten.“

„Božana hat sich euch anvertraut, und euch angehalten zu schweigen, nicht wahr?“

„Da, siehst du, wie du bist?“

Und sie hatten auch geschwiegen. Während sie Strudel für sie buk.

Villy Kolleva zerbröselte ein wenig Brot in Mollys Milchschälchen und setzte sich vor den Fernseher. Sie warf sich eine Decke über und stellte den Aschenbecher auf den leeren Platz neben sich. „Wenn ich jetzt sterbe“, dachte sie, „werden es diese Idiotinnen erst am Freitag erfahren.“ Einer der Sender zeigte Vasko Stern. Villy Koleva freute sich über sein bekanntes Gesicht. Er erklärte, dass er rein zufällig auf jenes Fest geraten sei. Ein Freund habe ihn mitgenommen. Ohne ihm zu sagen, wo es hingehe. Er habe eine unbekannte junge Frau in den Pool fallen sehen und sei hinterhergesprungen, um ihr zu helfen. Er stockte. Er legte die Hände auf die Stirn und fuhr sich mit den Fingern durchs Haar.

Der Bildschirm teilte sich. In der neuen Hälfte erschien ein Mann mit breiter Nase und Basecap. „Vasko Stern ist ein alter Bekannter in diesen Kreisen", fing er an und fuhr fort, Fakten auf Fakten zu häufen. Oder Behauptungen. Vasko Stern hörte bestürzt zu, sprang immer wieder von seinem Platz auf und widersprach, aber es war nicht zu hören, was er sagte. Nur der Fettsack mit der Kappe war zu hören.

„Halt mal die Klappe, du Mistkerl! Warum versteckst du deine Augen?", zischte Villy Kolleva, und Molly, erschrocken über ihre Stimme, fing an in Richtung Tür zu bellen. Am unteren Bildschirmrand zeigte eine Skala an, wem von beiden die Zuschauer recht gaben. Villy Koleva begann eine SMS nach der anderen zu verschicken, wobei sie immer wieder zu dem Dicken sagte „Da, friss das! Und das! Und das! Friss! Friss!". Er wusste noch nicht, dass keiner ihm glaubte.

Und doch bewies das gar nichts.

Villy Koleva ließ Molly im Hinterhof hinter den Tauben herlaufen und ging ein Stockwerk höher. Die Tür dort sah nicht wie ihre aus, mit dem vom vielfachen Polieren dunkelgewordenen Furnier, sondern war hellbernsteinfarben wie eine Stradivari-Geige. Villy Koleva berührte sie. Sie war aus Metall. Der junge Anwalt machte auf, er trug einen schwarzen Anzug und Latschen.

„Ah? Komm rein."

Er trat zurück, um ihr den Weg freizumachen, brachte aber das Staunen nicht aus dem Gesicht. Vermutlich erwartete er keinen Besuch und überhaupt, weiß Gott, was er genau machte. Villy Kolleva trat, sich umsehend, über die Schwelle.

Das Büro entsprach in seinen Grundzügen ihrer Wohnung eine Etage weiter unten, allerdings auf eine nicht wiedererkennbare Weise. Hier warfen die klaren Linien der Möbel das

Licht reinweiß und unberührt zurück, das dicke Schreibtischglas war, von der Seite besehen, bodenlos grün, während die wenigen Ablageordner leer aussahen. An den Wänden hingen Diplome und Urkunden verschiedener Universitäten, während sich an der Stelle der Küche eine Theke befand und noch mehr gerahmte Papiere. In der Mitte des Raumes machten sich auf dem schwarzen Marmorboden ein Sofa und zwei Sessel von surrealistisch übertriebener Größe breit. Sie waren mit weißem Leder gepolstert. Die zwei Wohnungen ähnelten Zwillingen, die bei der Geburt getrennt worden waren, doch während der eine von einem Kaiser-Asketen adoptiert worden war, hatte den anderen eine fahrende Theatertruppe entführt. Auf der Theke lag eine halbe Pizza, die darauf wartete, fertig gegessen zu werden.

„Hast dich gut eingerichtet hier..."

Er sah sich um, als sähe er alles zum ersten Mal.

„Meinst du?"

Die Sessel waren unerwartet unbequem für ihr üppiges Aussehen. Villy Koleva versank in den Kissen, ihre Knie ragten in die Höhe, und der eine Strumpf ließ eine Laufmasche sehen. Mit seinem runden Gesicht saß ihr der Anwalt lächelnd gegenüber. Ein kleiner Glastisch, der zum Schreibtisch passte, trennte sie.

„Ich sag dir, warum ich hier bin..."

„Zivilprozesse führe ich nicht."

„Nein, nein", Villy Koleva war glücklich darüber, diese Bedingung leicht erfüllen zu können. Sie überlegte, wo sie anfangen sollte. Um die Pause zu überbrücken, setzte sie ein charmantes Lächeln auf. „Kennst du General Pazderov?"

Der junge Mann sah aus wie ein Mensch, der immer nur wegen Gefälligkeiten aufgesucht worden war und nicht ein einziges Mal um seiner selbst willen. Die Frage stimmte ihn nicht besonders glücklich.

„Ich kenne ihn."

„Aber kennst du ihn gut?"

„Was brauchst du? Es kann auch wer anderes erledigen."

„Nein, nein."

Das Gespräch, das in Villy Kolevas verqualmter Wohnung, neben dem Bücherregal mit den Liebesromanen und den Stromquittungen, zwischen den Gobelins an den Wänden und den Hundehaaren auf den Sesseln so selbstverständlich ablief, kam hier kaum ins Rollen. Etwas in diesem Büro hemmte den jungen Mann, er selbst zu sein. Vielleicht war er aber auch gerade hier er selbst.

„Ich will dich einfach nur etwas über ihn fragen. Aber ich weiß nicht, wie gut du ihn kennst. Ist es wahr, dass seine Tochter mit Vasko Stern verheiratet ist?"

„Wie bitte?"

Der junge Anwalt verharrte eine Zeit lang mit gehobenen Augenbrauen, dann brach er in Kichern aus. Er lachte mit einem Frauenlachen, das seinen molligen Bauch erbeben ließ. Ihm stiegen die Tränen in die Augen, und irgendwann sah er ganz verheult aus. Villy Koleva lächelte ein wenig mit, um ihm Gesellschaft zu leisten, allerdings war nicht offensichtlich, was denn daran so lustig war.

„Der hat doch zwei Söhne, der jüngere ist mit mir zur Schule gegangen. Ein richtiges Arschloch. Wie kommst du drauf, dass er eine Tochter hat? Und nicht nur, dass er eine Tochter hat, sondern dass sie auch noch mit… wie hieß er noch… verheiratet ist?"

„Vasko Stern."

„Wer soll der denn sein, Vasko Stern?"

„Wie, weißt du etwa nicht, wer Vasko Stern ist?"

„Nein. Muss ich das wissen?"

„Na… klar."

„Und wer ist er?"

„Naja, man sagt, er sei der Schwiegersohn von Pazderov, also, eine Freundin von mir sagt das. Sie meint eh immer, dass sie alles weiß. Aber ich glaube ihr nicht, weil in der Presse ganz was anderes stand…"

Der junge Anwalt erhob sich und öffnete eine Schublade, die sich als unabgeschlossen erwies. Er zog einen Stapel Zeitschriften hervor, einen roten britischen Bus im Miniaturformat, ein paar bedruckte Seiten und einen Stapel Fotos, dem er nach kurzer Durchsicht eines entnahm. Er reichte es Villy Koleva, die sich mit letzter Kraft aus dem Griff des Sessels befreit hatte und zu ihm trat.

„Hier. Über Stern kann ich dir nichts sagen, aber das sind unsere beiden Familien bei der Feier zum sechzigsten Geburtstag des Generals. Das da bin ich, das ist er mit seiner Frau und seinen beiden Söhnen. Hätte er eine Tochter, müsste sie hier drauf sein. Ich sehe ein bisschen dick aus, findest du nicht?"

„Ach was! Du bist eher zu mager. Also, sag mir nochmal, wer wer ist."

Er stellte noch einmal alle im Lächeln erstarrten Figuren auf dem Foto vor. Es freute ihn, so einfach helfen zu können.

„Darf ich das Foto kurz ausleihen?"

Villy Koleva wartete ab, bis die Nachmittagssendung mit Vasko Stern zu Ende war, um ihn nicht um ihren Beistand kommen zu lassen, was ein Glück war, denn sein Paar wäre um ein Haar ausgeschieden. Irgendein Zwerg, sonst ein bekannter Schauspieler, der aber eher aufgrund seines komödiantischen Talents Bekanntheit erlangt hatte, hüpfte im Takt eines Paso Doble mit einem aufgeklebten Schnurrbart herum und verwandelte die ganze Würde des Tanzes in eine Farce. Es hagelte nur so SMS zu seinen Gunsten, und wäre da keiner gewesen, um sich dem entgegenzustellen, hätte er noch vor der letzten Runde gewonnen. Die Kamera fiel auch auf Vasko Stern, dessen Lächeln nicht mehr einfach triumphierend, nicht mehr einfach gequält, sondern geheimnisvoll war. Er schwebte mit seinem vollkommenen Körper über die Tanzfläche, drehte seine Partnerin mit nur einer Hand herum, wartete abseits der Scheinwerfer auf die Entscheidung der Zuschauer über sein Schicksal, und es schien, als ob nicht er, sondern etwas in ihm sagte „ich bin unantastbar". Er war unter den Leuten, aber jenseits der Leute, jenseits ihrer dummen Sorgen und argwöhnischen Hintergedanken, jenseits ihrer Ansprüche, ihn ihrem Wir einzuverleiben. Sein Haarschopf, zerzaust wie die Mähne eines eben im Wald gefangenen Hengsts, seine auf den ersten Blick verschlagenen, aber eigentlich wilden Augen, die elegante Leichtigkeit, mit der er seine Schultern bewegte, all dies zeigte, dass das ein geborener Tänzer war, die Tänze aber nur die Oberfläche der Sache sind, eine Nebenbeschäftigung, wenn du in Wirklichkeit dazu geboren bist zu tanzen. Villy Koleva sah ihn auch dann, wenn er außerhalb der Reichweite der Kameras war.

Dann putzte sie sich mit Lippenstift heraus, setzte den braunen Hut auf und machte sich, mit Mollys Leine in der Hand und dem Foto von General Pazderov in der Tasche, auf den Weg zu Božana.

Die Straße mit den auf dem Gehsteig geparkten Autos und den zu unterschiedlichen Zeiten errichteten Gebäuden war belebt. Vielleicht ein wenig belebter als üblich. Villy Koleva schritt eilig zur Bushaltestelle, um sich vom O-Bus in Božanas Nobelgegend befördern zu lassen. Sie hatte nicht vorher angerufen, um ihr keine Möglichkeit zu geben, irgendeine Ausflucht zu erfinden. Die ganze Zeit hatte sie die Geschichte um ihren Verbrecher-Sohn geheim gehalten und gleichzeitig allen möglichen Leuten von ihm erzählt, außer Villy Koleva. Weil sie sie nicht begriffen hätte? Was gab es denn da groß zu begreifen? Nein, Božana musste groß aussehen, unnahbar, kompetent.

Was willst denn du mit deinem Zeitungstratsch, ich kenne die ganze Wahrheit. Wir, General Pazderov und ich, trinken täglich Rakija zusammen, auch über ihn weiß ich Bescheid, ebenso wie über seine Tochter und seinen Schwiegersohn, während ihr jämmerlicher Pöbel seid. Herrje, die ganze Eifersucht aus Jugendjahren hört ein Leben lang nicht auf, Früchte zu tragen, bis heute. Aber wir werden sehen, was sie zu sagen hat, wenn sie das Foto sieht. Sofern sie ihre Zunge nicht verschluckt.

Die Menschenmenge rundum belebte sich immer mehr, wurde dichter, quoll aus den Quergassen und floss in die breitere Straße. Die Straßenbahnen hielten, fuhren an und machten sich schrillend den Weg frei. Gutgekleidete Menschen, vorwiegend jüngere, eilten in ein und dieselbe Richtung und überholten Villy Koleva. Zwei junge Frauen stießen sie sogar aus dem Weg.

„He, passt doch auf!", rief sie und bückte sich ächzend, um ihren Hut aufzuheben. Eine Gruppe von Männern überholte sie, indem sie im letzten Moment zu beiden Seiten an ihr vorbeidrängten. Molly kauerte an der Mauer und traute sich keinen Schritt weiter. Mit starrem Hals widersetzte sie sich, und ihr Kopf drohte aus dem Halsband zu rutschen. Villy Koleva war unschlüssig, wo sie langgehen sollte.

Die Straßenbahn blieb stehen und entließ noch mehr Menschen, die in dieselbe Richtung weitergingen. Nun stand gar nicht mehr zur Debatte, ob Villy Koleva weiter- oder zurückgehen sollte. Die Menge trug sie vorwärts, ihre Schuhsohlen berührten kaum den Boden, Molly hüpfte, die Leine um Villys Beine verwickelt. Verkäufer waren vor ihre Läden getreten und sahen dem Menschenstrom neugierig zu. Ihre Gesichter wechselten vor Villy Kolevas Augen wie Aufnahmen auf einem Filmband, das nur einmal projiziert wurde, um darauf zu einer dunklen Rolle aufgewickelt und den Blicken des verwunderten Publikums entzogen zu werden. Eine Schulter stieß sie an, sie strauchelte und schaffte es gerade noch, sich am Ärmel einer Lederjacke vor sich festzuhalten. Der junge Mann, der diese trug, drehte sich um und starrte sie neugierig an. Er hatte eine geckenhafte Gelfrisur.

„Was ist denn hier los? Wo gehen all die Leute hin?"

„Zum Casting. Für den coolsten Fan von ‚Dancing Idols'. Gehst du auch dahin?"

„Kiro, komm schon, wir verpassen noch die Promo", zog ihn ein Freund mit, und beide versanken im vorwärtsreißenden Menschenstrom.

Villy Koleva spürte ihre Glieder merkwürdig weich werden. Sie stützte sich an der Motorhaube eines roten Wagens am Straßenrand ab und versuchte tief einzuatmen. Ihr schwindelte auf eine eigenartige Weise, die sie bisher nie empfunden hatte. Abrupt kramte sie in ihrer Tasche nach dem Telefon, stellte aber, sobald sie es hatte, fest, dass sie niemanden anrufen konnte. Eine freundliche Stimme vom Band beschied ihr, sie müsse neuen Kredit aufladen. Ihr war übel. Eisige Schweißtröpfchen brachen auf den Schläfen hervor. Da sie seit Jahren nicht mehr geschwitzt hatte, irritierte sie die Empfindung geradezu. Ihre Hände kamen ins Zittern, obwohl sie an der Motorhaube abgestützt waren. Sie versuchte, das Zittern zu unterdrücken, schien aber keine Macht darüber zu haben. Die lärmende Menge der Menschen in ihren bunten Jacken und taillierten Halbmänteln teilte sich um sie und den Wagen, ging in Zentimeter-Abstand an ihr vorbei und floss wieder zu einem einzigen brodelnden, voranschreitenden, durcheinanderredenden, schaukelnden Fluss zusammen. Manche rempelten sie im Vorbeigehen an, doch wie die Hände wollten auch ihre Füße nicht von der Stelle weichen. Wie ein Strahl blitzte ein starker Schmerz hinter der Stirn auf und flutete ihre Kehle mit Galle. Ihre Knie knickten von selbst ein. Der Schmerz. Der Schmerz. Der Schmerz.

Wie aus dem Nichts tauchte die Finsternis auf und verschluckte die Welt.

Ein hartnäckiger Puls wollte in ihrem Kopf andauern, aber die Finsternis war stärker und hüllte alles in ihre schwarze Watte. „Das war's", dachte Villy Koleva und flog in ihre dunkle Umarmung.

Die Menschen wichen ihrem am Boden liegenden Körper aus, genauso wie als dieser noch aufrechtgestanden hatte, bloß mit dem Unterschied, dass sich ihre Gesichter in einem Moment vorgetäuschten Mitgefühls verkrampften. Molly, völlig in Panik geraten, zog an der Leine auf und ab und kam immer wieder zurück, um an ihrer Freundin zu schnuppern. In einem letzten Versuch, die Würde der Situation zu wahren, hatte Villy Koleva ihre Tasche an die Brust gedrückt. Der braune Hut war beiseite gerollt.

Villy Koleva tanzte, tanzte Walzer und spürte das Gewicht ihrer Beine nicht. Ihr Körper, schwerelos und geschmeidig, schwebte durch die Luft. Im Klang einer zauberhaften, sich immer wiederholenden Musik machte sie abwechselnd einen langen und zwei kurze Schritte. Jemand drehte sie mit Leichtigkeit, indem er sie an der Taille stützte und sie dann zu sich zog. Sein viereckiges Kinn berührte ihre Stirn. Diesen Mann ohne Gesicht gegenüber kannte sie doch! Sie waren einander schon mal begegnet! Sie spürte seinen Atem. Seine unerwartet festen Hände. Nahm die Wärme seiner Haut wahr. Villy Koleva hatte einen Körper aus Kälte. Er schien einen echten zu haben. Der nach Hühnersuppe roch.

„Doktor Koleva. Doktor Koleva! Wie geht es Ihnen?"

Noch mehr Wasser ergoss sich über ihr Gesicht und rann hinab. Sie öffnete die Augen. Es war der junge Geflügelhändler. Er hielt sie auf seinen linken Arm gestützt, mit der rechten

Hand bespritzte er ihr Gesicht mit Leitungswasser. Ihre Beine hingen in der Luft.

„Doktor was?"

„Doktor Koleva… Soll ich einen Krankenwagen rufen?"

Wahrscheinlich hatte sie auch ihm gesagt, sie sei promovierte Wissenschaftlerin. So lustig. Doktor der Wissenschaften. Was bedeutet das überhaupt, Doktor, und was sind das für Wissenschaften… Vor ihren Augen hing eine ganze Reihe gerupfter Hühner in gequälten Posen. Dann wurde ihr bewusst, dass er sie immer noch festhielt.

„Nicht nötig", sagte sie. „Ich hab mich schon lange nicht mehr so wohl gefühlt."

Der Lichtbeauftragte

Theodor Bogdanov war dabei, sich das Gesicht zu pudern.

„Manchmal meine ich, dass er mich verfolgt. Nein, ich bin mir sicher, dass er mich verfolgt. Er steht unter dem Vordach des Hauseingangs gegenüber und wartet, dass ich auftauche. Und dann, während ich prüfe, ob man einen Schirm braucht, und mich aufraffe, ja buchstäblich aufraffe, den ersten Schritt zu tun, springt er mir plötzlich entgegen. In der linken Hand hält er einen Plastikbecher Kaffee, während er mit der rechten den einen oder anderen Stummel fertigraucht, wobei ich mir gar nicht vorstellen kann, von wem er den hat. Mich hat er nie angehalten, um eine Zigarette zu schnorren. Und auch nicht um zu betteln", sagte Theodor während der großen Pause, selbst mit einem Kaffeebecher in der Linken.

Der Schminkspiegel leuchtete ihm mit einer ganzen Batterie frischer Glühbirnen entgegen, das schien ihm aber kein Grund zur Freude zu sein. Dabei hatte er, als vor einer Woche die Hälfte davon durchgebrannt war, regelrecht den Mut verloren. Er machte Tante Zveta eine gewaltige Szene, woraufhin die sich ein paar Zahlen ins Inventarbuch notierte. Tante Zveta war es gewohnt, mit Opernstimme angeschrien zu werden, ließ noch ein wenig Zeit verstreichen, und als einer der Scheinwerfer Rauch spie, bestellte sie das ganze Material auf einmal. Funktionierte aber etwas, dann gab es nichts zu diskutieren.

„Warum beklagst du dich dann über den Mann? Wo er dich doch um nichts gebeten hat?"

Mira stand hinter Theodor und hielt seinen Säbel. Sie war nach drei drängenden SMS und zwei Anrufen hergekommen. Gleich würde sie zum x-ten Mal „Don Carlos" ansehen müssen, noch dazu ab der Inquisition, statt mit einem Blech gerösteter Sonnenblumenkerne vor dem Fernseher sitzenzubleiben. Mira war Dr. med. „Ohren, Nase, Hals" und leistete für gewöhnlich lieber physischen Beistand. Allerdings brauchte ihr Marquis Posa, der gerade in den Spiegel starrte und sein Make-up auf eventuelle Mängel hin inspizierte, ihre psychische Unterstützung aus dem Publikum.

„Er soll mich auch um gar nichts bitten! Was ich dir sage, ist, dass ich dauernd erwarte, dass er mich um etwas bittet. Geld, Zigaretten, was sie halt von einem so wollen, Leute wie er. Der Quartierphilosoph! Allein schon, wenn er mir vor die Augen tritt – hager, zerzaust, mit seinem weißgewordenen Bart, der in alle Richtungen zeigt –, und ich…"

„Ich weiß, wie er aussieht, ich hab ihn auch schon gesehen."

„Wer nicht! Aber bei mir taucht er extra auf."

„Du bist ein wenig angespannt wegen der Vorstellung. Ich hab gehört, es läuft gut."

„Nein, nein, nein, nein, nein! Es ist noch viel zu früh, um was sagen zu können. Mir steht das Duett im Gefängnis bevor, ich muss noch sterben und all das, also bitte, lass gut sein. Dieser Mensch – ich wiederhole! – taucht extra vor mir auf, um mir Unglück zu bringen. Irgendeine fremde Macht oder so schickt ihn mitten auf meinen Weg. Er ist wie die schwarze Kehrseite des Lebens", Theodor hüllte sich in seinen Umhang und rückte seinen Gürtel zurecht. „Wo wir doch in einem guten Wohnviertel leben, alles ist neu, und nichtsdestotrotz kriecht dieser Typ aus irgendeinem Keller hervor und läuft einem über den Weg. Und treffe ich auf den – aus die Maus. Ein ganz schlechtes Omen. Sind die Deutschen da?"

„Sie sitzen in der zweiten Reihe."

„Sie werden mich nicht mögen, ich sag's dir."

Mira küsste ihn auf die Perücke, um sein Gesicht nicht mit Lippenstift zu besudeln. Theodor sah mächtig und grimmig aus mit seinen geschwärzten Brauen.

„Du bist ein Spitzensänger. Unmöglich, dass sie dich nicht mögen."

„Ach, Baritone wie mich gibt's wie Sand am Meer."

Ein paar Tage später fuhren die beiden mit der Rikscha im Park spazieren, als ein Anruf kam. Aus Theodors Tasche erdröhnte die Orchester-Ouvertüre von „Tannhäuser", er sagte mehrmals „ja, ja, ja" in den Hörer und hörte auf, in die Pedale zu treten. Sie waren an einem besonders sonnigen Ort stehen geblieben. Mira versuchte das Gefährt in den Schatten zu befördern, es gelang ihr aber nicht, die Steigung allein zu bezwingen. Erstarrt wie ein eben Verurteilter steckte Theodor das Handy wieder ein.

„Es wird kein offizielles Vorsingen geben, den Deutschen hat keiner gefallen."

„Tja, ihr Problem", sagte Mira, froh, dass sie wieder unterwegs waren. Die beiden begannen gerade das Fett der ersten Jahre sesshaften Lebens anzusetzen, doch keiner hatte genug Willenskraft, um allein Sport zu treiben.

„Das ist, weil mir jener Landstreicher über den Weg gelaufen ist. Ein Unglücksbote! Immer wenn ich ihn beim Rausgehen treffe, weiß ich, ich darf nichts Gutes erwarten. Auf der Tour nach Belgrad hatte unser Bus eine Panne. Bei der Premiere von ‚La Traviata' hat man mir den Frack versengt. Nein, unterbrich mich jetzt nicht! In Paris lief alles gut, bis zu dem Moment, wo mich diese höllische Kehlkopfentzündung erwischt hat. Ich hatte ihn gesehen, just bevor ich ins Taxi zum Flughafen stieg."

Theodor trat erbittert in die Pedale.

„Mach mal halblang, deine Kollegen haben doch auch gehofft, eingeladen zu werden. Prinzessin Eboli hat auf Teufel komm raus gesungen. Aber nichts da! Keiner hat eine Einladung gekriegt. Meinst du vielleicht, dein Freund hat die Hauseingänge von allen besucht heute früh?"

Theodor dachte nach.

„Sie haben wahrscheinlich ihre eigenen Unglücksbringer. Meiner ist der Landstreicher."

Nach der Arbeit machte Mira einen kleinen Spaziergang durchs Viertel. Die neuen Wohnblocks mit den abwechslungsreichen Knicken und den großzügigen Terrassen gaben sich alle Mühe, unter Beweis zu stellen, dass sie nicht die gewöhnlichen Plattenbauten für neu zugezogene Arbeiter waren. Im Parterre glänzten dienstbereite Schaufenster, die Dächer kletterten mit kunstvollen Maisonettes in die Lüfte, und nur die von den Baufahrzeugen aufgerissene Straße gemahnte die Bewohner daran, nicht der Selbstüberschätzung zu verfallen.

Sie fand ihn neben einer Garage. Er saß mit einem Becher Kaffee auf dem hohen Mäuerchen, das den Spielplatz mit den Ziersträuchern säumte, und rauchte ohne Filter. Seine Beine, in archaische Jeans gekleidet, zuckten von Zeit zu Zeit synchron zu irgendeinem inneren Rhythmus. Seine blassen Augen, von der Farbe eines leichten Vormittagsnebels und hoher Nachmittagstemperaturen, orteten sie, noch während sie auf dem Gehsteig um die Ecke kam. Er hatte keinen Grund zu erwarten, angesprochen zu werden.

„Sie suche ich", sagte Mira.

Der Landstreicher blickte sie an wie ein Staatsbeamter in seiner Sprechstunde.

„Worum geht es?"

Seine Stimme klang gebildet. In letzter Zeit fielen alle möglichen Leute aus dem sozialen Reigen und schafften es dann nicht mehr sich einzuklinken. Ihnen wurde gekündigt, sie verloren jemanden, der ihnen nahestand und damit die Motivation, für sich selbst zu sorgen, sie flogen aus ihrer Wohnung, erlagen dem Trinken, hörten plötzlich auf, im allgemeinen Wettrennen mitzulaufen. Ob dieser hier freiwillig oder gezwungen heruntergekommen war? Mira hatte sich ihre Begegnung nur bis hierhin vorgestellt und war jetzt unschlüssig, wie sie ihm antworten sollte.

„Ich bin gekommen, um Sie um etwas zu bitten. Ich wohne hier in der Nähe."

Er nickte und streckte ihr die Hand zum Händeschütteln entgegen.

„Ich bin der Lichtbeauftragte im Quartier."

„So was wie ein Techniker?"

„So was in der Art."

Miras Misstrauen wuchs ins Unermessliche. Solche Patienten schickte sie gewöhnlich zwei Sprechzimmer weiter, um erst einmal einen Test auszufüllen. Die beiden schwiegen sich eine Weile an.

„Kennen Sie einen Theodor, etwa so groß, mit Ankerbart?"

„Sänger."

„Ja, genau!"

„Schon mal gesehen."

„Woher wissen Sie dann, dass er Sänger ist?"

Er zuckte die Achseln. Und wartete, dass sie fortfuhr.

„Sehen Sie, ich bitte Sie inständig, unsere Straße für circa einen Monat nicht zu begehen, weil er ein wichtiges Vorsingen hat. Nachher können Sie wieder da lang."

„Wieso?"

„Na vielleicht müssen Sie mal unsere Straße lang, aufm Weg zu… irgendeiner anderen Straße."

„Nein, wieso soll ich da nicht lang, wenn ihm ein – wie sagten Sie noch? – bevorsteht?"

Mira war irritiert. Der Tag verwandelte sich allmählich in eine tiefe blaue Erinnerung, aber für die Sterne war es noch viel zu früh. Der Wind trug den Duft blühender Linden herbei.

„Er… er hat sich in den Kopf gesetzt, dass Sie ihm Unglück bringen."

„Ach so? Und ich dachte, dass er mir Unglück bringt. Immer, wenn ich ihm begegne, passiert mir was Unangenehmes. Es gibt sogar Probleme mit der Installation, und ich muss sie beseitigen. Und sonst irgendein Ärger hier im Viertel."

Mira schaute ihn bestürzt an.

„Ich möchte nicht in die Details gehen", sagte er abschließend und zog an seiner Zigarette.

Mira kehrte von ihrer dummen Idee, Kontakt zum „Streuner-Philosophen" oder genauer zum „Lichtbeauftragten" aufzunehmen, völlig entmutigt heim. Sie röstete frische Sonnenblumenkerne und setzte sich vor die Krimiserie. Theodor würde frühestens in eineinhalb Stunden heimkommen. Sie wusste, sie würde ihm nichts von ihrem Treffen erzählen.

Der bärtige Mann trank eilig seinen Kaffee aus. Machte sich auf den Weg zwischen die Häuserblocks und schlüpfte durch eine Metalltür, deren Existenz nur wenige bemerkt hatten. Drinnen roch es nach Staub und Taubenfedern. Er knipste einen kleinen Schalter an der Wand an, und das gähnende Treppenhaus vor seinen Füßen wurde von flimmernden Glühbirnen erleuchtet, vor die Drahtgitter gegen die Diebe montiert waren. Dann stieg er hinab, Rauchwölkchen ausstoßend, und folgte den gewundenen Gängen. Einer davon führte zu einem weitläufigen Betonraum. In der rechten Ecke befand sich ein System aus Zylindern, die ihre Wärmedichtungsrohre zur Decke streckten. In der linken stand ein bequem aussehender hölzerner Lehnstuhl eines Modells, das nicht mehr hergestellt wurde. Ein großer Schalter ragte aus der Wand über ihm. Neben die Tür hatte jemand mit Kreide eine Uhr gezeichnet. Das Ziffernblatt war mit ungelenk, aber gewissenhaft geschriebenen arabischen Ziffern versehen. Nach einem Slalom durch die Ziersträucher drang durch die schmalen kleinen Fenster unter der Decke das späte Licht des Tages ein.

Der hagere Mann eilte herein und blickte auf die Uhr an der Wand.

Ihre kreidenen Zeiger zeigten 9:10. „Ajajaj", sagte er zu sich, „im Sommer bin ich immer spät dran. Der eine mag Pech haben, der andere Glück, ach Gottchen, und ich verlier noch meinen Job." Er drückte langsam den Schalter herunter und ließ ihn erst los, als der Griff, am tiefsten Punkt angelangt, einen ganzen Halbmond gezeichnet hatte. Dann setzte er sich auf den Stuhl, lehnte sich genüsslich zurück und steckte sich eine Zigarette an.

Die kleinen Fenster versanken in tintenfarbiges Zwielicht. Die Uhr zeigte 9:15.

Schau mir in die Augen

Marta stieg an der Endhaltestelle vom O-Bus aus und sah sich um. Der Wind blies Zeitungen über die Betoninsel. Der Ticketkiosk war noch offen, und sein bescheidenes Schaufensterchen leuchtete wie eine Kapitänskajüte mitten im rasch sinkenden Schiff des Tages. Weiter hinten standen ein paar Taxis am Straßenrand, und damit erschöpfte sich auch schon das Leben des Verkehrsknotens. In der Ferne ragten Wohnblocks mit ungleichmäßig erleuchteten Fenstern empor. Die letzten Passagiere stiegen von den hohen Stufen des O-Buses und machten sich mit Einkaufstüten, Hand- und Sporttaschen beladen zu ihren Wohnungen auf. Für einen Augenblick lebte die Betoninsel auf, um gleich wieder zu verwaisen.

Aber er war schon da und wartete auf sie. Er hatte das Motorrad neben einem Gebüsch schräggestellt, stand davor und rauchte. Als er sie sah, blitzten seine Augen auf und fixierten sie, während sich seine Arme zu einer Umarmung ausbreiteten. Langsam. Weit und doch nicht allzu sehr. Die Zigarette wartete mit angehaltener Flamme im Mundwinkel die Umarmung ab, um wieder zwischen seine Finger zu gelangen. Marta stürzte zu ihm, schwang ihre Schultasche durch die Luft, warf sie über die Schulter, machte einen Satz und umschlang ihn mit beiden Armen und Beinen. Ihr langes, mit viel täglicher Pflege geglättetes Haar schlug wie eine Welle nach vorn, und der Mann drehte das Gesicht zur Seite, um es nicht anzuzünden. Ein schneller Kuss erreichte seinen bloßgelegten Hals, an der Stelle, wo der seitliche Reißverschluss seiner Lederjacke offenstand.

„Oh, warte, ich hab dich, glaub ich, mit Lippenstift vollgeschmiert", sagte Marta und begann ihn abzureiben.

„Kein Problem, Hase", sagte er, spuckte die Zigarette aus und drang mit der Zunge in ihren Mund. Bei der erstbesten Gelegenheit fügte er atemlos hinzu: „Ich hab auch für dich einen Helm mit."

„Warum hast du mich nicht gleich in der Schule abgeholt?" Er lachte.

„Du willst, dass dich deine Mitschülerinnen mit mir zusammen sehen, wie?"

Wäre sie nicht erst in der zehnten Klasse, hätte Marta wahrscheinlich zurückgefragt „Wieso willst du denn nicht, dass sie dich mit mir zusammen sehen?" Aber sie fühlte sich in ihren geheimsten Träumen ertappt und begann sogleich, jedes einzelne Wort zu widerlegen.

„Oder vielleicht willst du einfach nur, dass sie dich auf dem Motorrad sehen?", fuhr er fort.

Sein Gesicht zog sich in vorgetäuschter Kränkung zusammen. Seine blassblauen Augen beobachteten sie verschmitzt durch die verengten Pupillen.

„Ach was, wen kratzt schon dein Motorrad!"

Und doch war sein Motorrad mit den wie Hörner aufwärtsgebogenen Griffen, mit dem zum Sitz hin abfallenden, mächtigen Haubengrat und seinem strahlenden, verchromten Motor etwas, das sich wirklich sehen lassen konnte. Und Marta wollte, dass sowohl ihre Mitschülerinnen als auch die Schule und die ganze Welt sahen, wie Dejan sie hinten aufs Motorrad aufspringen ließ und sie beide in eine unbekannte, aber ganz spannende Richtung losfuhren. Sie wollte ihnen auch Dejan zeigen. Damit ihre Freundinnen voller Neid seinen sehnigen Körper, seine schwarzen Stiefel, die Tätowierungen auf beiden Händen betrachten konnten. Auf seiner linken Hand stand in Frakturschrift GERI geschrieben, auf der rechten FREKI. „Das sind Wotans Wölfe", hatte er ihr erklärt, „Gierig und Gefräßig. Sie kämpfen immer zusammen, schweigsam und geschlossen. So kämpfen Wölfe grundsätzlich. So verfahren auch meine Hände. Ich habe in meinem Leben alles mit diesen beiden Händen erreicht. Ich gehöre zu den Menschen, die ihre Arbeit selbst machen – was sein muss, wo es sein muss, wann es sein muss. Wer anpacken kann, hat ein breites Kreuz."

Marta gefiel diese Redensart ganz und gar nicht, weil sie nur langweilige Menschen wie ihre Mutter verwendeten, und zwar immer dann, wenn von ihnen erwartet wurde, dass sie halfen. Auch ihre Lehrer benutzten sie gern, und in letzter Zeit sogar ihre Schwester, wenn sie sich weigerte, ihre Hausaufgaben zu machen, aber nichts dagegen hatte, sich in ihr Zimmer zu stehlen, um sie auszuspionieren. Als sie sie aber auch von Dejan hörte, füllte sich die Redensart schlagartig mit einem neuen, tieferen Gehalt. Bei anderen war die Idee vom Wolf gleichsam im übertragenen Sinn zu verstehen, während Dejan sie wieder zu ihrer ursprünglichen Bedeutung zurückführte. Er erzählte gern von sich – nicht irgendwelche konkreten Dinge, wie sie die Leute üblicherweise miteinander bereden, sondern wichtige, große Geschichten von existenziellen Kämpfen, die ihm Erleuchtung gebracht hätten. Er erzählte ihr, wie er in Spanien auf dem Bau gearbeitet habe, wie er nach einer Panne auf einer Bohrinsel in der Nordsee mit dem Leben davongekommen sei, wie er sogar mehrere Monate lang LKW gefahren sei, um über die Runden zu kommen, während sein treues Motorrad unter einem Segeltuch darauf gewartet habe, wieder von ihm bestiegen zu werden. Doch nirgends sei er länger geblieben, da niemand Einzelgänger leiden könne. Die Kanadier wiederum hätten ihn da behalten wollen, so sehr habe er ihnen gefallen, allerdings habe er ihnen den Mittelfinger gezeigt, weil derjenige, der ihm sagt, was er zu tun hat, noch nicht geboren worden sei. „Der Mensch muss ein einziges Zentrum haben, einen Bau", schloss Dejan seinen

Vortrag ab und küsste nacheinander seine beiden Fäuste – erst die rechte, dann die linke. Marta blickte ihn begeistert an.

Der einzige Mensch, der sie bis zu diesem Moment zusammen gesehen hatte, war leider die fette Streberin, ihre Schwester. Eines Abends brachte Dejan Marta mit dem Motorrad fast bis zum Hauseingang, während Nina, die bis zur letzten Stunde in der Schule geblieben war, aus unklaren Gründen beschlossen hatte, einen neuen Heimweg zu nehmen, und sah, wie sie im Dunkeln übereinander herfielen. Marta saß seitlich auf dem Motorrad, während Dejan, das Gesicht an ihrem Hals vergraben und von einer Hand unterstützt, seine Hüften zwischen ihren Schenkeln rieb. Marta hoffte, ihre Schwester wäre an ihr vorbeigegangen, ohne sie zu erkennen, dann stellte sich aber heraus, dass Nina im Lift auf sie wartete.

„Was war denn das für ein Komplexhaufen?"

Aus ihrem pausbäckigen Gesicht strahlte ein selbstzufriedenes Lächeln. Ihre Schwester war zwar nur zwei Jahre jünger als sie, doch es war bereits deutlich, dass die beiden nie gleich groß werden würden.

„Der Komplexhaufen bist du, Brillenschlange."

„Durch die Brille sehe ich aber alles. Du gehst mit einem alten Komplexhaufen."

„Er ist überhaupt nicht alt, sondern ein erwachsener Mann, nicht wie die Hosenscheißer ringsum! Und überhaupt, seit wann verstehst denn du was von Männern?"

In letzter Zeit hatte Marta besorgt festgestellt, dass ihre Beleidigungen Nina nichts anhaben konnten. Sie war irgendwie immun dagegen geworden, und Marta musste sie doppelt und dreifach verstärken, damit sie durch ihre dicke Haut drangen. Nina lernte bis in die Nacht und schämte sich nicht deswegen, ihre Schulbücher waren von vorne bis hinten voller Unterstreichungen. Sie löste zum Spaß auch die Aufgaben aus Martas

Matheheften, hörte aber in dem Augenblick damit auf, als sie herausfand, dass Marta einen Nutzen daraus ziehen konnte. Sie hatte sich vollends von ihrer Familie freigemacht und zog ihr Ding durch, wie ein Mensch, der etwas in sich großzieht und es gut hütet.

Der Lift blieb im achtzehnten Stock stehen. Nun trennten sie wenige Meter von der Wohnungstür, und es war Zeit für einen letzten Austausch von Bedingungen. Marta beugte sich über Ninas Gesicht.

„Wenn du Mama was sagst, zünd ich dich an, während du schläfst und sag nachher, dass du im Bett geraucht hast. Hast du mich verstanden, du Hosenscheißerin?"

„Mal sehen", sagte Nina und trat als erste durch die Tür, die nicht abgeschlossen war.

Beim Abendessen sagte sie wirklich nichts, aber die Gefahr war nicht gebannt. Abgesehen von dem Geschrei und Gebrüll, das ihr bevorstand, wenn ihre Schwester sie verpetzte, wusste Marta, dass sie ihre Mutter, eine Verwaltungsbeamtin bei der Gemeinde, niemals davon überzeugen würde, welch ein seriöser Mensch Dejan war.

Dejan reichte ihr den roten Helm.

„Los, spring auf."

„Ich will vorn sein!"

„Vorn geht nicht. Nur Kinder lässt man vorn sitzen."

„Ach, nöööö!", sagte Marta und stampfte mit dem Fuß. Dann zog ein Schatten über ihr Gesicht: „Weiß dein Vater eigentlich, dass wir kommen?"

„Nein. Aber sobald er uns sieht, weiß er's."

„Du nimmst bestimmt alle deine Freundinnen zu deinem Vater mit. ‚Hallo Papa, hier ist meine neue Freundin.'"

„Blödsinn! Du bist was Besonderes, Hase. Los, steig auf."

Marta stieg aufs Motorrad, und ihre dünnen Arme umfingen Dejan durch die Jacke.

Sie fuhren Richtung Norden und ließen die Stadt mit ihren letzten Blocks, Autowerkstätten, Ghettos, Lagerhallen, Motels und Schrottplätzen bald hinter sich. Dejan nahm gekonnt die Kurven und überholte alles, was sich ihm in den Weg stellte, während Marta an seinem Rücken klebte und verzückt zusah, wie die Scheinwerfer der Autos und Lastwagen hinter ihnen versanken. Der Wind leckte ihren Körper mit seinen glatten Zungen, und sie dachte, dass, wenn sie jetzt sterben würden, sie zusammen sterben würden und ihrer beider Ruhm von Klasse zu Klasse, von Generation zu Generation fortdauern würde. Jeder würde sich wünschen, an ihrer Stelle gewesen zu sein, in diesem einen, einzigen Augenblick, in dem das Leben zweier Liebender, der freiesten Menschen der Welt, in einem Flug endet. Was das Enden angeht, so stellte sie es sich eben in einem einzigen Augenblick vor, wie ein Tschinellenschlag aus dem himmlischen Orchester. Alles andere würde den Triumph seiner Schönheit berauben. Die Bäume flogen mit schwarzen Ästen an ihnen vorbei.

Irgendwann verließ Dejan die Hauptstraße und fuhr die geschotterten Spuren eines schwarzen Gebirgswegs hinauf. Nun dröhnte das Motorrad noch lauter, wie der Herzrhythmus eines wohltrainierten Läufers. Marta hatte erwartet, dass Dejans Vater näher bei der Stadt wohnte, doch die Länge des Weges hatte keine sonderlich große Bedeutung. Ihrer Mutter hatte sie beim Weggehen einen Zettel hinterlassen, dass sie bei einer Mitschülerin übernachten würde. Es kam nicht in Frage, ihr zu sagen, wohin sie ging. Ihre Mutter konnte keine großen Entscheidungen treffen, alles machte ihr Angst. Sie war nicht fähig, die Tragweite von Situationen zu erfassen. Marta brannte nicht unbedingt darauf, irgendeinen alten Sack zu treffen, allerdings stand ihr nach dem Treffen eine lange und aufregende Nacht mit Dejan bevor, und auch hatte der Akt des Kennenlernens an sich etwas Feierliches. Immerhin hatte keiner von den Jungs, mit denen sie bisher ausgegangen war, den Wunsch geäußert, sie seinem Vater vorzustellen, ganz unabhängig davon, was sie miteinander bereits gemacht hatten oder noch zu machen planten. Nicht jeder hatte Stil.

Der Wald lichtete sich plötzlich, und vor ihnen tauchte ein Haus auf, dessen Fenster allesamt erleuchtet waren. Sein schwarzes Dach schnitt ein dreieckiges Stück vom nächtlichen Himmel ab, während darunter das Licht in alle Richtungen strahlte. Dejan hielt davor an, und sie stiegen ab. Marta nahm den Helm ab und strich sich mit ein paar Bewegungen das Haar glatt.

„Was meinst du, wird er mich mögen?"

„Bestimmt."

„Keiner schaut aus dem Fenster. Vielleicht hat er uns nicht gehört."

„Das glaub ich nicht."

„Und trotzdem hab ich das Gefühl, die Fenster schauen mich an."

Dejan drückte sie an sich und küsste sie.

„Du bist ein sehr kluges Mädchen!"

Er machte sich kurz am Motorrad zu schaffen, sie lehnte solange an der Mauer. Der Verputz war rau und kühl.

„Na, geh schon rein", forderte er sie auf, während er eine Flasche Whisky aus dem Gepäckfach zog.

Drinnen war es leicht staubig, aber relativ sauber. Sauber nicht so sehr, weil regelmäßig geputzt wurde, sondern weil das Haus neu war. Marta hängte ihre Jacke im Eingangsbereich auf und warf einen lächelnden Blick ins Wohnzimmer. Vor ihren Augen offenbarten sich ein Sofa mit zwei Sesseln, mit dickem Nylonstoff bezogen, ein kleiner Tisch, ein leerer Kamin, eine tiefe Kommode, so dies und das und ein paar Kartons, die gestapelt in der Ecke standen.

„Er ist nicht da", sagte Marta.

„Na, geh schon rein", wiederholte Dejan, öffnete die Flasche und stellte sie aufs Tischchen. „Doch, er ist hier."

„Vielleicht ist er in der Küche."

„Vielleicht."

Dejan setzte sich auf einen der Sessel, steckte sich eine Zigarette an und nahm einen Schluck aus der Flasche.

„Ich schlage vor, wir warten auf ihn, und in der Zwischenzeit erzähl ich dir was sehr Wichtiges über mich. Etwas, was ich dir bisher nicht erzählt habe."

Marta sah sich rasch um, zauderte kurz, setzte sich aber dann doch aufs Sofa und steckte sich eine Zigarette an. Das Nylon nahm ihren Körper mit einem starren Krachen auf. Dejan sah nicht aus, als platzte er vor Ungeduld, seinen Vater zu sehen. Der Wind drückte gegen das Fenster, und ein paar dünne Zweige stießen gegen die Scheibe.

„Meinst du, er könnte draußen sein?"

„Er ist sicher draußen, mach dir keine Sorgen. Möchtest du überhaupt hören, was ich dir sagen will?"

„Ja", gab sie mit gedämpfter Stimme zurück.

„Bis zu meinem fünfzehnten Lebensjahr kannte ich meinen Vater überhaupt nicht. Er hat meine Mutter verlassen, als sie mit mir schwanger war. Und ich hasste ihn. Ich kannte ihn nicht, aber ich hasste ihn. Die anderen Jungs hatten Väter, die mit ihnen Fußball spielten, zum Angeln gingen oder ans Meer fuhren, und ich, ich hatte an der Stelle ein Loch, einen Hohlraum. Nebel. Ich versuchte ihn mir vorzustellen und konnte es nicht. Und in dieses Loch, oder vielmehr, in diese Silhouette floss meine ganze Wut. Damals lernte ich, mit jedem zu kämpfen, der sich mir entgegenstellte, weil ich überleben musste. Weil keiner da war, um mich zu beschützen. Meine Mutter zog zu ihrem Freund und ließ mich alleine klarkommen. Ich wurde älter, und mir wurde immer klarer, dass die Menschen keine Menschen sind, sie verdienen es nicht, als

Menschen betrachtet zu werden, *sondern als Mittel*, zu meinen Zwecken."

„Sie sind Menschen", schaltete sich Marta zögernd ein.

„Hör mir gut zu, jetzt kommt der wichtigste Teil! Also, eines Tages, ich war fünfzehn, bekam ich einen Brief, in dem stand: ‚Blablabla, wenn du willst, dass wir uns treffen, komm und warte um ein Uhr an der Abzweigung nach Soundso auf mich.' Unterschrift: ‚Dein Vater.' Und was mach ich – erst sag ich mir, diesem Idioten schlag ich den Schädel ein, dann sag ich mir, ich gehe nirgendwo hin, und am Ende – was denkst du – am Ende stehe ich um eins an der Abzweigung und die Autos flitzen an mir vorbei. Und plötzlich sehe ich, irgend so ein Typ mit nem Motorrad kommt mir entgegen, bleibt vor mir stehen und sagt zu mir: ‚Steig auf!' ‚Was, ich?' ‚Ja, du.' Ich hatte erwartet, dass er eine miese Ratte ist, irgendein Wichser, der sich davongemacht hat, um sich vor seiner väterlichen Verantwortung zu drücken, und er – kräftig, groß, mit solchen Bizepsen. Er sagt, er sei nach Deutschland geflohen und deshalb von der Bildfläche verschwunden. Du weißt ja, wie es damals gewesen ist – Kopfschuss an der Grenze und tschüss! In der Zwischenzeit hat mein Vater auf dem Bau gearbeitet und ein bisschen was beiseite gelegt. Aber kaum dass man ihn in Rente geschickt hat, sei er nach Bulgarien gekommen, um mich zu suchen."

Marta atmete erleichtert auf und kippte ein paar Schluck Whisky. Rentner, Arbeit auf dem Bau, Grenzen, Familiendramen, der übliche Müll. Aus irgendeinem Grund war sie kurz in Panik geraten, aber Dejan wollte offenbar nichts anderes, als seine Lebensgeschichte erzählen. Und bis sein Vater zurück war, konnte sie ihn einfach anhören. Die Nacht hatten sie ja für sich.

„Er ließ mich also auf sein Motorrad steigen und brachte mich hierher, genau hierher, wo du jetzt sitzt. Damals war das eine nackte Wiese. Und er sagte zu mir: ‚Dejan, mein Sohn, das habe ich für dich gekauft. Man kann viele Orte bereisen, in der Welt herumkommen, aber man braucht ein Zentrum, einen Bau. Morgen beginne ich, dieses Haus zu bauen. Bist du dabei?' Ja, na klar, und ob! Wir haben gemeinsam das Fundament gegossen, wir haben das Material zusammen ausgeladen. Und er, er legte die Backsteine wie ne Maschine. Diese Wand da hinter mir hat er an einem Tag hochgezogen. Was ich gelernt hab, hab ich von ihm."

„Und wann hattet ihr das Haus fertig?", fragte Marta, teils um Interesse zu zeigen, teils um die Erzählung ein wenig abzukürzen.

Dejan schüttelte nachdenklich den Kopf.

„Wir haben es nicht zusammen fertiggebaut. Eines Tages kam ich hier an und sehe – er ist nicht da. Er ist verschwunden. Ich schaue in der Baracke mit dem Material nach, gehe ums Haus – Fehlanzeige. Sein Motorrad steht aber da. Und da sehe ich unter dem Baugerüst – er ist heruntergefallen, liegt kalt da, und um seinen Kopf eine Pfütze braunes Blut."

Marta stellte die Flasche auf den Tisch und spürte, wie eine Welle flüssiger Kälte ihren ganzen Körper durchströmte.

„Und wie hast du ihn gerettet?"

„Ich hab ihn nicht gerettet. Er war tot."

„Warum hast du mich dann hierhergebracht, um mich deinem Vater zu zeigen?"

„Willst du nicht wissen, was mit dem Haus passiert ist?"

„Nein!"

„Egal, ich werde dir die Dinge sowieso erzählen, wie sie passiert sind und wie ich will. Ich habe meinen Vater verbrannt. Meine Mutter habe ich nicht eingeladen. Sie hatte es nicht verdient, dabei zu sein. Den Bau habe ich allein abgeschlossen – mit diesen beiden Händen. Am Ende habe ich die Asche meines Vaters mit der Farbe vermischt und das Haus mit ihm angestrichen."

„Was?"

„Ich hab oben ein Zimmer extra für dich bereitgemacht. Komm mit, ich zeig's dir."

Dejan erhob sich vom Sessel und vergrub die Hand in seiner Tasche. Von innen war das Klimpern eines Schlüsselbunds zu hören.

„Lass mich nur meine Jacke holen", sagte Marta leise.

Sie ging zur Garderobe und holte sie wirklich, machte die Tür auf und stürzte hinaus. Sie rannte über Stock und Stein, durch Gestrüpp, tiefhängende Zweige, Ameisenhaufen, schlüpfrige Halden aus frisch gefallenem Laub. Sie rannte durch die Finsternis, die, je ferner das Haus, immer dichter wurde, und hielt die Arme vor sich, um sich vor den Ästen und Zweigen zu schützen. Auf einmal zog sich der Abhang abrupt nach unten, und Martas Füße trugen sie von selbst mit einem Tempo davon, das auch bei Tageslicht nicht zu steuern gewesen wäre. Sie fiel, überschlug sich mehrmals und lief weiter.

Dejan sprang über das Tischchen und setzte ihr nach. Seine Augen waren noch an das Licht im Zimmer gewöhnt, draußen umfing ihn mit undurchdringlicher Finsternis die Nacht. Und während Marta davonrannte, ohne die Richtung zu kennen, brauchte er mehrere Sekunden, bis er ihre Witterung aufgenommen hatte. Ihre Schritte entfernten sich den Hang hinunter, begleitet von ihrem schweren Atem. Dejan preschte los und brach durchs Gestrüpp, gerade in dem Moment aber fiel Marta hin und war nicht mehr zu hören. Das Knacken von Reisig unter ihren Füßen verstummte. Es verstummte das voranstoßende Rauschen ihres Körpers durch das noch heile Laubwerk. Da blieb auch Dejan stehen und horchte.

Er ging noch ein paar Schritte, war sich aber der Richtung nicht mehr gewiss. Er war sich einzig sicher, dass Marta nicht weit weg war. Es hatte keinen Sinn, die Augen in der Dunkelheit anzustrengen. Der Mond alterte vor sich hin und tauchte das Dickicht in sein halbherziges Licht, das gerade mal ausreichte, die eigenen Hände zu sehen.

„Marta! Wo rennst du denn hin? Komm zurück, Hase", rief er mit zärtlicher Stimme.

Irgendwo unten in der Schlucht lief Marta wieder los, und er stürzte dem Geräusch hinterher, aber dann wurde es wieder still, und er verlor ihre Spur. Dejan überlegte kurz und stieg wieder nach oben. Das kleine Luder würde zwangsläufig auf die Straße zurückkommen.

Marta lief weiter. Als sie vom Hügel her das Motorrad dröhnen hörte, begriff sie, was geschehen würde und blieb auf der glatten Seite eines großen Felsens stehen. Sie atmete geräuschvoll, atemlos. Stockend. Als wäre ringsum der Sauerstoff knapp geworden. Sie versuchte ihre Lungen zu beruhigen, schaffte es aber nicht. Ihr kam es vor, als hallte ihr Keuchen im Wald wider. Als würde Dejan sie am Dunst, der blasenweise aus ihrem Mund trat, aufspüren. Mit Entsetzen bemerkte sie, dass zusammen mit dem Atem ihrem Mund sich auch ein Winseln entrang, das Weinen ankündigte. Dieses konnte sie schon gar nicht steuern. Bei jedem Ausatmen kam es von selbst heraus und drohte sich in ein Gellen zu verwandeln. Trotz ihrer Panik war sich Marta bewusst, dass in dieser Wildnis niemand außer Dejan war, der auf ihre Hilferufe hätte antworten können. „Tief atmen, tief atmen", sprach sie in Gedanken zu sich selbst und fragte sich, wie lange es ihr noch möglich sein würde, diesen Befehl zu befolgen.

Aus der Ferne kam das Raunen des Motorrads herangeflogen, das bereits den schwarzen Weg herabkurvte. Marta begann wieder hochzuklettern, zurück zum leeren Haus, das ihr in diesem Moment weniger gefährlich vorkam als Dejan. Das Haus war der einzige von Mauern umschlossene Raum, der ihr in den Sinn kam, die einzige Festung. Aber stand es auch offen? Steckte an der Innenseite der Schlüssel, den sie umdrehen würde, sobald sie ihn fand? Gab es auch keinen Hintereingang, durch den Dejan reinkommen würde? Wie viel Zeit würde es ihn kosten, um die Tür einzutreten und sie zu kriegen?

Da leuchtete das Haus zwischen den Ästen auf, und Marta sah wieder die großen, glotzäugigen Fenster. Dejan brauchte die Tür gar nicht eintreten. So weit würde es gar nicht kommen.

Marta bog ab, ohne zu wissen, wohin es ging, sie machte ein paar Schritte und ihre Füße schlitterten einen unerwartet steilen sandigen Abhang hinab. Sie versuchte, irgendwo Halt zu finden und klammerte sich schließlich an den Stamm eines dürren Baumes. Sie hing geradezu daran. Kleine Steine, von der Sohle ihrer Turnschuhe losgetreten, rollten in dunkle Tiefen zu einem neuen Ort, wo sie die nächsten Jahrhunderte verbringen würden. Die Jacke, die sie völlig vergessen, aber unablässig mit der freien Hand festgehalten hatte, schwang nach vorn. Sie schwang geschmeidig, regelmäßig, nicht wie ein Stück Stoff, sondern wie ein Pendel mit einem Gewicht am Ende.

Marta durchstöberte ihre Taschen. Zog ihr Handy heraus und schaltete es ein.

Der Bildschirm erstrahlte vor ihren Augen mit der Güte der funktionierenden Zivilisation. Die bunten Icons leuchteten freundlich wie Heimstätten, die sie nur kurz verlassen hatte. Doch ihre Hände gehorchten ihr nicht. Sie zitterten. Bei einer abrupteren Bewegung entglitt ihr das Handy und flog weg. Sein eingeschalteter Bildschirm zeichnete im Fallen einen langen hellen Bogen und ging aus. Das Geräusch des schlitternden Plastiks dauerte noch einige Sekunden an, dann verstummte auch es. Marta begann sich zu der Stelle vorzutasten, wo sie ihr Handy vermutete. Irgendwo weiter unten versperrte ihr eine Wand aus dünnem Gezweig, womöglich ein Busch, den Weg, und sie forschte mit den Fingern durch sein Wurzelwerk. „Bitte, sei nicht weg, bitte nicht" flüsterte sie stumm in einem fort und hoffte, das Telefon würde sie irgendwie hören. So oft hatte sie es benutzt, um mit jemandem zu sprechen, diesmal sprach sie aber zu ihm selbst. Sie war bereit, auch zu den Bäumen zu sprechen. Und zu den Steinen. Und zu dem rutschigen Laub um sie herum. Ganz unerwartet ertastete ihre linke Hand seine glatte Hülle, und sie hatte es wieder fest in der Hand.

Im selben Augenblick ging der Motor des Motorrads, nun irgendwo in der Schlucht unter ihr, aus. Die Stille dröhnte noch stärker um sie als vorher der Lärm.

„Marta! Wo bist du, Marta! Ich liebe dich, Hase!"

Dejans Stimme klang beinahe vertraut, nur dass sie einem Holztisch ähnelte, von dem die Samtdecke weggezogen worden war. Es waren Schritte zu hören, und diese kamen nun vorsichtig, aber entschlossen den Hang hinauf.

Marta wischte fiebrig mit den Daumen über das Display, schaltete dabei aber ungewollt mal die eine, mal die andere unnötige Funktion ein. Auf einmal erschien vor ihren Augen der Name ihrer Schwester, und sie tippte drauf. Zum Glück gab's Empfang, und auf der anderen Seite erklang ein normales Signal. Ein normales Geräusch aus einer fernen normalen Welt.

„Was willst du denn jetzt wieder von mir?"

Es war Nina. Marta fing an, die Hand vor dem Mund, ins Telefon zu flüstern.

„Nina, ruf die Polizei! Es ist sehr wichtig."

„Wo bist du?"

„In irgend nem Wald."

„Was für ein Wald?"

„Keine Ahnung!"

„Und wie soll ich dann die Polizei zu dir rufen?"

„In der Nähe ist Dejans Haus, aber ich kenn seinen mittleren Namen nicht. Der Typ ist total geistesgestört!"

„Aha, Dejan? Lass mich mal mit ihm reden."

In der Zwischenzeit war Dejan schon zu Marta hochgeklettert und erblickte ihr Gesicht halbbeleuchtet vom blauschimmernden Display. Als er sie seinen Namen aussprechen hörte, hielt er den Atem an. In dem Augenblick sah auch Marta ihn.

„Da! Er ist hier! Auaaa, lass mich los, du dreckiger Hurensohn!"

Dejan verdrehte ihr den Arm und sah sie ganz nah an.

„Meine Schwester, meine Schwester will mit dir reden…"

Dejan setzte ein schiefes Grinsen auf. Er hatte nicht vor, mit wem auch immer zu reden, nahm aber das ihm gereichte Handy entgegen und presste es herablassend ans Ohr, während er mit der freien Hand Martas Arm immer weiter verdrehte. Eine Zeit lang sagte er gar nichts. Sein ironisches Lächeln blieb wie unter seinen Augen angeklebt stehen, und nur von Zeit zu Zeit teilten sich seine Lippen, um das eine oder andere „Ja, und?" rauszulassen. Dann wurde sein Gesicht ernst. „Hör zu, kleines Mädchen", zischte er, „ich werde dich finden und dir die Eingeweide aus dem Körper reißen." Ninas Stimme summte weiter im Hörer. Plötzlich stieß Dejan einen Lacher aus, aber in seinem Lachen steckten weder Freude noch Vergnügen, noch der siegessichere Beiklang, den gekünsteltes Lachen üblicherweise an sich hat. „Blödsinn!", sagte er, „Das ist überhaupt nicht die Nummer von meinem Motorrad!" Er wiederholte es noch ein paarmal, horchte aber weiterhin ins Telefon und klang jedes Mal weniger überzeugend. Am Ende brüllte er:

„Ich hab dich gehört! Jetzt halt die Fresse! In einer Stunde bring ich sie dir wieder heim. Als hätte ich sie nötig, die kleine Dreckschlampe. Die Behörden brauchen wir nicht einschalten!"

Er warf das Handy auf den Boden und stampfte drauf herum. Dann gab er Marta zwei Ohrfeigen und zerrte sie hinab, wo das Motorrad auf sie wartete.

Auf der Fahrt nach Hause wandte sie ihr zerschrammtes Gesicht zurück zum Hügel und sah, wie sie das Haus mit seinen leuchtenden Fenstern nach und nach aus dem Auge verlor.

Die Körper der Leute

Es klingelte. Ich warf ein frisches Laken über die Liege und packte die Watte von der vorangehenden Kundin in den Mülleimer. Sie ist eine ältere Dame, der ich den Schnurrbart wegmache. Üblicherweise kommt sie dann, wenn sie ihre Rente kriegt. Allerdings hat sie in letzter Zeit damit angefangen, mich mit Büchern zu bezahlen. Mit „schönen, alten Büchern", wie sie sie nennt. Ich bin aber keine verfickte Archäologin. Und da ist auch noch ein anderes Problem. Ich esse keine Bücher, und mein Sohn auch nicht, und seine neue Freundin, die in letzter Zeit immer bei uns isst, genauso wenig.

Im Flur stieß ich mit meinem Vater zusammen, der sich ebenfalls aufgemacht hatte zu öffnen. Er schleift die Hausschuhe nach und schnellt mit ausgestrecktem Arm zur Türklinke. Die Vorstellung fällt mir schwer, dass dieser Mensch einmal Abteilungsleiter bei den Verkehrsbetrieben war. Wahrscheinlich fällt sie auch ihm schwer. Seit mehreren Jahren besteht seine Hauptbeschäftigung darin, die Laken meiner Kunden für mich zu bügeln. Man entwickelt sich ein Leben lang, bis man am Ende ganz entwickelt ist, wie eine Spule.

„Margi, es klingelt! Wahrscheinlich ist es eine Kundin", flüsterte er mir von der Tür her zu. Um sicherzugehen, dass ich ihn verstehe, zieht er Grimassen und spricht die Silben mit weit geöffnetem Mund aus.

„Hast recht, es ist eine Kundin, verzieh dich."

Mein Vater trat einen Schritt zurück ins Wohnzimmer und blieb am Türspalt stehen, um zu sehen, wer es war. Für mein Geschäft ist das schlecht. Keiner Frau gefällt es, wenn irgendwelche Greise dabei zusehen, wie man ihr den Botev-Bart wegmacht. Allerdings ist für ihn alles ein Ereignis. Menschen haben einander totgeschlagen – Ereignis. Eine Bombe ist explodiert – Ereignis. Ein Vulkan ist ausgebrochen – Ereignis. Steffi von Block A ist gekommen, um sich die Pickel ausdrücken zu lassen – Ereignis. Ich zog die Wohnzimmertür zu, und er blieb dahinter zurück.

Dann guckte ich durch den Spion. Die Schultern draußen waren so breit, dass sie das Treppenhaus verdeckten. Ein Kopf war überhaupt nicht zu sehen. Der Fokus des Spions war direkt auf den Reißverschluss seiner Jacke gerichtet, auf dem *O'Neill* geschrieben stand. Mehr brauchte ich nicht, um zu wissen, dass es Ivan Denčev die Natter war. Ich löste den Riegel.

Er warf einen raschen Blick in alle Ecken des Flurs und betrat die Praxis. Sein Haar war frisch mit dem Rasierer gestutzt, sodass man von vorne seine Kopfhaut sah und im Profil einen feinen braunen Umriss ums Oval. Eine Art Mikroaureole. Seine flachgedrückten Ohren hielten den Rahmen seiner Armani-Brille fest, der so weit auseinandergespreizt war, dass ein allgemeiner Eindruck von Vergewaltigung entstand.

„Guten Tag", sagte er höflich und legte seine Jacke zusammen mit dem T-Shirt ab. Die Natter hat der Kanadier zu mir gebracht. Ich enthaare sie alle beide. Warum sie sich enthaaren lassen, weiß ich nicht. Ich frag auch nicht nach, es geht mich nichts an.

„Soll ich mich hinlegen?", fragt er mich und verlagert das Gewicht vom einen auf den anderen Fuß mit dem T-Shirt in den Händen. Er verhält sich mir gegenüber wie zu einer Lehrerin.

„Gern, auf die Liege", sage ich und bringe das heiße Körperwachs herein. Bei der Arbeit trage ich einen weißen Kittel. Nicht dass es notwendig wäre, so haben die Kunden einfach Vertrauen. Üblicherweise fangen sie, kaum dass sie sich aufs Laken ausstrecken, zu plappern an, als hätte ich eine Münze in einen Automaten geworfen. Der so, die so, die Preise so, das Leben so. Die Natter redet nicht, wenn er nicht gefragt wird.

„Ivan, wie steht's, habt ihr euer Auto repariert?"

Er schluckt vor Schmerz, während ich ihm die Haare von der Brust abziehe. Ich schmiere ein und reiße. Hie und da treten kleine Blutstropfen hervor, die ich abtupfe, bevor sie platzen. Manche Hauttypen bluten gar nicht, andere strömen wie geschnitten. Wäre er nicht derart haarig, würde ich sagen, dass die Natter Babyhaut hat.

„Ja, hab ich, geht nicht anders. Am Nachmittag muss ich was besorgen, ohne Auto läuft nix."

Er ächzt, stöhnt, und was sehe ich am Ende, er ist bleich geworden. Damit er zu sich kam, bot ich ihm einen Eistee aus Hagebutten an. Ich sagte ihm, er sei reich an Vitaminen.

„Danke, gerne", erwiderte er und nahm diszipliniert einen Schluck.

Dann sehe ich, wie es in ihm arbeitet, er will scheint's was sagen. Irgendwann spuckte er es aus.

„Könnten Sie mich auch von der Taille abwärts enthaaren?"

„Natürlich", sagte ich. Jeder zusätzliche Zwanziger ist mir willkommen. „Machen Sie sich frei, bitte."

Dann sehe ich, dass er wieder stottrig wird oder so.

„Ch-hmm, da gibt's ein Problem. Ich habe eine Erektion."

Also, ich fahr regelmäßig Rad, alle sagen mir, dass ich gut aussehe usw. Ich kann die Zunft nicht kompromitieren. Aber die Natter ist mindestens fünfzehn Jahre jünger... Die kommt hundertpro von den Schmerzen. Ich ziehe die Lippen zusammen und sage gleichmütig:

„Für mich ist das kein Problem. Sofern Sie nicht aggressiv werden."

Die Natter schüttelt verneinend den Kopf, während er seine Jeans auszieht. Etwas Schweres klirrte zu Boden. „Nichts passiert, nichts passiert", wiederholte er, hob eine schwarze

Pistole auf und schob sie unter die Jeans. Am Ende streckte er sich auf der Liege aus und presste die Zähne zusammen.

Das war eine felsenfeste Erektion, die ich mit Wachs umschiffen musste. Das Blut quoll derart hervor, das Laken triefte. Mal hob die Natter den Kopf, um zu sehen, was los war, dann wieder warf er sich zurück, um nicht zuzuschauen, wobei er in Intervallen errötete. In Wadennähe wurde es einfacher.

„Fertig", ließ ich endlich verlauten und räumte auf.

„Darf ich den Spiegel benutzen?", fragte er. Der Ganzkörperspiegel ist das einzige Prachtstück in meiner Praxis. Natürlich, wenn man die Gerätschaften nicht mitrechnet, aber die sind alt, während der Spiegel für die Ewigkeit ist, weil er aus reinstem Kristall besteht.

„Klar", sagte ich und warf das blutige Laken in den Wäschekorb, um mich beschäftigt zu geben, während er sich betrachtete. Er war glatt und kraftvoll wie antibakterielle Seife. Und sehr zufrieden. Er gab mir drei Leva Trinkgeld. Und Trinkgeld ist sonst nicht so sein Ding. Was du ihm sagst, das zahlt er, lässt aber höchstens einen Lev. Ich habe das Gefühl, ich hätte auch dreihundert Leva sagen können, er hätte genauso und auf dieselbe Weise mit den dicken Fingern durchs Portemonnaie gewühlt, den genauen Betrag herausgekramt, um am Ende zögernd den einen oder anderen Lev hinzuzufügen. Natürlich habe ich den Preis nie aufgestockt. Ich erwarte ihn ja in einem Monat wieder.

Bis zum Abend kamen noch fünf Kundinnen: Kräutermaske, Komedonen, Bartschatten. Nichts Besonderes, aber im Ganzen war's ein guter Tag. Von Zeit zu Zeit musste ich an die Sorgen der Natter denken und das Lachen unterdrücken. Würde ich die Körper der Leute begaffen, bräuchte ich einen anderen Job. Und der will sich entschuldigen und so was! Andererseits zeigt es, dass er mich nicht als Möbelstück betrachtet oder so. Ach, wer weiß. Und wieder kam das Lachen hoch.

Ich brachte die letzte Frau zur Tür und zog den Kittel aus. Der Fernseher im Wohnzimmer donnerte schon im Flur. Mein Sohn und seine Freundin liegen sich auf dem Sofa in den Armen, mein Vater bügelt die Laken für morgen. Ich verpasste ihnen zwei Ellbogenstöße, damit sie mir Platz machten. Mein Vater hat den Blick auf die Nachrichten geheftet, als werde da wer weiß was verkündet.

„Macht doch mal was anderes an als diese Nachrichten, herrje. Mir platzt der Kopf."

„Gleich, gleich", beschwichtigt er mich und glotzt weiter, das Bügeleisen schwingend.

Ich griff mir die Fernbedienung und war gerade dabei den Sender zu wechseln, da höre ich: „Heute wurde bei einer Schießerei Ivan Denčev getötet, in Underground-Kreisen als die Natter bekannt. Mit zwei Kugeln in der Brust und einer im Oberschenkel starb der Verletzte auf dem Weg ins Krankenhaus."

Tödlich getroffen in seiner enthaarten Brust und im Oberschenkel. Zuerst kam es mir vor, als sei ein Fehler passiert. Am Mittag war er noch quicklebendig gewesen. Dann hatte ich wieder das Gefühl, dass alles wahr war, ich aber in zwei verschiedenen Leben lebte. Im einen ist die Natter am Leben, im anderen gibt's ihn überhaupt nicht, und ich schaue Nachrichten. Ich warf die Fernbedienung beiseite und lief rüber in die Praxis.

Es war dunkel, von jener bläulichen Dunkelheit, die es nur in den Städten gibt, weil ringsherum immer was weiterleuchtet. Ich brauchte keine Lampe. Dort im Korb war alles noch unberührt. Das Laken mit dem Blut der Natter lag fast zuunterst. Es war zerknittert steifgeworden, so, wie ich es in die Wäsche geworfen hatte. Ich kannte diesen Menschen nicht, ich weiß nicht, welcher Beschäftigung er nachgegangen ist. Eigentlich wusste ich's doch, drum habe ich nie gefragt. Jetzt aber hielt ich in meinen Händen einen Teil von ihm, der in nur wenigen Tagen der einzige Teil von ihm sein würde.

Ich ging zum Spiegel und starrte ins Dunkel. Es war, als wollte ich seine Filmrolle zurückdrehen, die vorhergehenden Bilder aus ihm herausschütteln und die Natter von vor vier Stunden herausziehen, wie er sich betrachtet, lebendig und zufrieden mit dem Ergebnis. Und plötzlich sah ich.

Ich sah mich, in Tränen aufgelöst, mit einem blutigen Laken in der Hand. Ich sah, was gesehen werden konnte.

Der Gesandte

Petăr, in engeren Kreisen auch „Der Bart" genannt, in den unermesslichen staatlichen Institutionen unter dem unauffälligen, auf „ov" endenden Familiennamen bekannt, schnürte seinen Morgenmantel zu und stand auf, um zu öffnen. Das Klingeln war einmalig, abwartend. Wäre es ein wenig kürzer gewesen, hätte er es als „zaghaft" bezeichnet, wäre es ein wenig länger gewesen, wäre es ins Dreiste gekippt. Deppen schliefen mit dem Finger auf der Klingel ein, sie fand er aber uninteressant. Gerne rätselte Petăr anhand des Klingeltons am Charakter seiner Besucher herum. Bevor er aufmachte, warf er zwei Mentholdragees ein und einen Blick auf seine Zähne im Spiegel. Nicht, dass es nötig gewesen wäre.

An der Schwelle stand ein Junge mit gefütterter Kapuze, cirka einen Meter fünfzig groß. Seine Nase hatte ihre kindliche Lieblichkeit verloren, und ein strenger Höcker drängte durch den Kamm. Seine Wangen waren von dunkler Hautfarbe oder dreckig, oder beides. Unter dem Schatten der Kapuze sahen die unteren Hälften zweier großer, schwarzer Augen empor.

„Mitko schickt mich."

Petăr öffnete die Tür etwas weiter und winkte ihn hinein.

Der Junge sah sich um, versuchte hinter den fleischigen Körper des Mannes zu spähen, dann, als hätte er abrupt entschieden, wo lang, rieb er die Schuhsohlen am Vorleger ab und trat ein. Petăr streckte die Nase ins Treppenhaus und warf einen kurzen Blick über das Geländer in den Brunnen aus Stockwerken unter sich. Jetzt war es an ihm, sich umzusehen. Von seinem Treppenabsatz aus waren die Türen der Wohnungen in den unteren Stockwerken nicht zu sehen, allerdings stieg aufgrund eines akustischen Effekts jedes Treppenhausgeräusch ganz nach oben, um unter dem Dach überdeutlich zu werden. Gerade waren keine Spuren irgendeiner Bewegung vernehmbar. Zufrieden folgte Petär dem Jungen hinein und schloss die Eisentür hinter sich ab. Er war ein kräftig gebauter Mann mit krausem Bart wie bei einem Holzfäller, einem Maler oder einem Kinotechniker, und einem gutmütigen, etwas babyhaftem Gesicht, in dessen Mitte zwei starre Augen saßen.

„Und wo bleibt Mitko?"

„Er hat eine Matheprüfung."

Der Junge sprach die Worte unsicher aus, als gehörten sie einer fremden, später erlernten Sprache an. Er achtete auf die Betonung.

„Geht er etwa zur Schule?"

„Na klar."

„Und du, nimmst du die Kapuze nicht runter?"

Der Junge tat so, als hörte er ihn nicht, oder er hörte ihn wirklich nicht. Er betrachtete den luxuriösen Plattenspieler, der letzte Schrei der Technik aus jener Zeit, in der diese Technik ihre letzten Schreie von sich gegeben hat. Die Kommode mit der Schallplattensammlung. Die Gegenstände auf der Kommode. Die Wasserpfeife mit dem aufgewickelten Schlauch. Die Nische mit dem Vorhang aus roten Glasperlen, hinter dem ein großes, ungemachtes Bett zu sehen war. Wieder die Kommode. Das kleine Porträt einer Frau in einem muschelbesetzten Rahmen.

„Ist das deine Freundin?"

„Nein, das ist meine Mutter."

„Deine Mutter ist aber jung."

„Jetzt nicht mehr."

„Schön, dass du eine Mutter hast."

Petär seufzte voller Ungeduld. Der Junge verstand das als zweite Einladung und nahm die Kapuze ab. Sein Haar war braun und leicht verfilzt. Eine schräg genähte Narbe teilte seine rechte Braue entzwei. Sein Hals mit dem noch undefinierten Adamsapfel war erstaunlich dünn.

„Mitko sagte, dass du ihm Turnschuhe gekauft hast."

„Sind drüben, unterm Bett."

„Und noch vierzig Leva."

„Geld hab ich nicht. Über Geld haben wir nicht geredet."

„Zeig mal die Turnschuhe her."

„Nachher."

Der Junge vermied es, ihm in die Augen zu schauen, auch dann, wenn er ihm Fragen stellte.

„Wie alt bist du denn?", fragte Petăr, teils um das Thema zu wechseln, teils, weil es ihn wirklich interessierte.

„Zwölf."

„Ich hätt dich älter geschätzt."

„Bin ich aber nicht."

„Und wie heißt du?"

„Man nennt mich Ahle."

„Cooler Spitzname."

Ahle lachte mit unterdrücktem Stolz auf. Petăr zauste ihm das Haar.

„Wir müssen duschen."

„Gibst du mir das da?"

Es war eine kleine Ronaldo-Figur mit einem Ball neben dem Fuß.

„Das lässt du lieber, wo es ist."

Der Junge stellte die Figur widerwillig auf die Kommode zurück. Petăr hatte den Gürtel seines Morgenmantels aufgeknüpft, darunter war ein haariger, von zwei immer noch muskulösen, leicht hängenden Brüsten bekrönter Bauch zu sehen. Auf seinen Boxershorts prangte die Aufschrift „Speedy Gonzales". Er griff nach dem wattierten Sweatshirt des Jungen und riss es ihm über den Kopf.

„Warte, erst ich und dann du, ja?"

Petär zuckte mit den Schultern, verschränkte die Finger und ließ sie knacken. Der Junge trat ins Badezimmer und zog die Tür von innen zu, wo kein Schlüssel steckte. Er ließ Wasser in die Wanne laufen und kippte den Inhalt der Shampoo-Flasche dazu. Der honiggelbe Strahl zog sich in luxuriöser Dichte, bis er in Kontakt mit dem Leitungswasser kam und zu Schaum explodierte. Petär hätte jeden Moment hereinkommen können, aber der Junge brauchte nicht viel Zeit, um sich vorzubereiten. Er streifte sich vorsichtig die zerfledderten Jeans ab und legte sie auf dem Korb für Schmutzwäsche zusammen. Das warme Wasser in der Badewanne war ein Luxus, den man sich nicht entgehen lassen konnte. Er legte sich hinein, tauchte den Kopf unters Wasser und verschwand. Auf der Erde ist er nicht, weil sie hart ist, im All ist er nicht, weil es kalt ist, im Meer ist er nicht, weil es tief ist – er ist einfach und nur das, und über ihm ist eine ganze Handbreit Schaum.

Petär trat ins Badezimmer mit flatterndem Morgenmantel, angespanntem Lächeln und einem Körper, zu Heldentaten bereit. Er setzte sich in die Badewanne und zog den Jungen an sich. Im ersten Moment spürte er nichts. Zuckte zurück. Ein kleines unvorhergesehenes Problem, aber noch waren seine Hände in reger Bewegung. Aus seiner Brust ragte der gelbe Plastikgriff eines Schusterwerkzeugs. Verwundert griff er danach, doch die kleine Hand war schneller. Beim Herausziehen der Ahle schoss das Blut heraus, und seine roten Stöße verfärbten das Wasser. Es folgten noch ein paar Hiebe. Seine Beine begannen gegen das Wasser zu treten. Der Schaum teilte sich, blieb aber da, wo es ihn noch gab, weiß.

Der Junge wich den durch die Luft rudernden Armen aus, schnappte sich seine Jeans und ging sich im Zimmer anziehen. Die Turnschuhe unterm Bett erwiesen sich als billig und passten ihm auch gar nicht, aber zu irgendwas würden sie schon nütze sein. In einer Schublade unter dem Plattenspieler fand er Geld. Aus dem Bad war nichts mehr zu hören, und er ging nochmal hin, seine Ahle holen. Petăr der Bart, erstarrt in angstvollem Taumel, wie ein Mensch, der bewegende Musik hört, hatte sich in einen Leib verwandelt. Der Junge steckte die kleine Ronaldo-Figur ein und begann die Eisentür aufzuschließen.

Kurz vorm Rausgehen zögerte er, ging nochmals hinein und nahm das kleine Porträt der Mutter mit.

Inhalt

Blind Date   9

Der Schulhof   29

Die Stufen bis oben   37

Die schwarzen Seiten   49

Die Werbemenschen   65

Beichte einer Sexpuppe   89

Wünsch dir was   97

Die gute Tat des Pablo Fernandez   111

Action   123

Das Lächeln   131

Die Steckdose   145

Ich und mein Spiegelbild   151

Die Stimme   165

Ein Freudenhaus   173

Etienne   189

Kindergeheimnisse   209

Vasko der Star   217

Der Lichtbeauftragte   251

Schau mir in die Augen   261

Die Körper der Leute   279

Der Gesandte   287

Zeichnungen: Maja Hürst, tikathek.com

Lektorat: Olga Sadnik

Korrektorat: Alba Ristovski

Reihengestaltung: Iza Hren

Satz: Ernst und Mund, Leipzig

Druck und Bindung: DZA Druckerei zu Altenburg GmbH

Papier: Focus Book/Lessebo Design Smooth

Schrift: Plantin, Nimbus Sans Novus T

Printed in Germany
ISBN 978-3-906811-14-7